ENCORE TRICOLORE 3
nouvelle édition

Heather Mascie-Taylor, Michael Spencer and Sylvia Honnor
ICT Consultant: Terry Atkinson

 Nelson Thornes

Published in 2002 by:
Nelson Thornes Ltd
Delta Place
27 Bath Road
CHELTENHAM
GL53 7TH
United Kingdom

10 11 12 / 14

A catalogue record for this book is available from the British Library

ISBN 978 0 17 440343 2

Illustrations by Art Construction; Bruce Baillie; David Birdsall; Colin Brown;
Mik Brown; Judy Byford; Tony Forbes; Phil Garner; Geoff Jones; Andy Peters;
Sue Tewkesbury; John Wood

Page make-up by AMR Ltd

Printed and bound in China by 1010 Printing International Ltd.

Les pays et les régions francophones

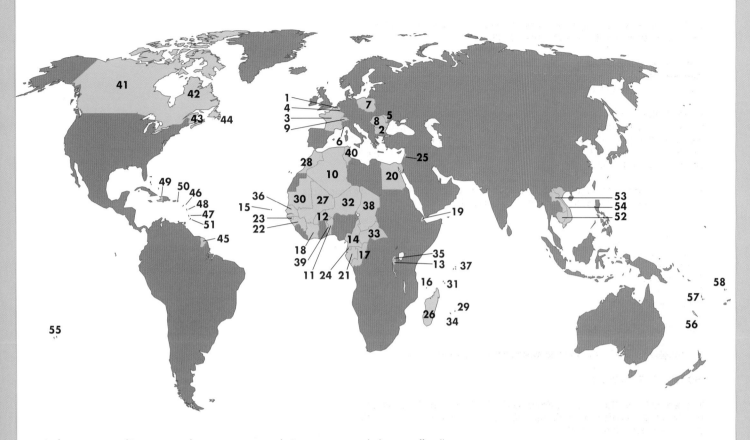

Le français est parlé et compris dans ces pays mais il n'est pas toujours la langue officielle.

En Europe
1 la Belgique
2 la Bulgarie
3 la France
4 le Luxembourg
5 la Moldavie
6 Monaco
7 la Pologne
8 la Roumanie
9 la Suisse

En Afrique
10 l'Algérie
11 le Bénin
12 le Burkina Faso
13 le Burundi
14 le Cameroun
15 le Cap-Vert
16 les Comores
17 le Congo
18 la Côte d'Ivoire
19 Djibouti
20 L'Égypte
21 le Gabon
22 la Guinée
23 la Guinée-Bissau
24 la Guinée équatoriale
25 le Liban
26 Madagascar
27 le Mali
28 le Maroc
29 l'île Maurice
30 la Mauritanie
31 l'île Mayotte
32 le Niger
33 la République centrafricaine
34 la Réunion
35 le Rwanda
36 le Sénégal
37 les Seychelles
38 le Tchad
39 le Togo
40 la Tunisie

En Amérique du Nord
41 le Canada
42 le Québec
43 le Nouveau-Brunswick
44 Saint-Pierre-et-Miquelon

En Amérique du Sud et aux Caraïbes
45 la Guyane Française
46 la Guadeloupe
47 la Martinique
48 la Dominique
49 Haïti
50 La République démocratique de Saint-Thomas-et-Prince
51 Sainte-Lucie

En Asie
52 le Cambodge
53 le Laos
54 le Vietnam

En Océanie
55 la Polynésie Française
56 la Nouvelle-Calédonie
57 Vanuatu
58 Wallis-et-Futuna

Table des matières

Table des matières

Les symboles

Work in pairs or groups.

Listen to the recording for this activity.

À toi! An activity where you can apply the language you have learnt.

Pour t'aider
Words and phrases to help you do an activity.

You could use a computer to help you with this activity.

DOSSIER-LANGUE
Grammar notes to help you understand the patterns and rules of French.

SOMMAIRE
A summary of the main language covered in the unit.

unité

1

Des jeunes francophones

I Des correspondants

Lis cet extrait d'un site web, puis fais les activités.

Céline

Salut à tous! Ce n'est pas la première fois que j'écris, mais j'espère que beaucoup de personnes vont correspondre avec moi. Je me présente: je m'appelle Céline et j'ai 14 ans. J'habite à Genève, en Suisse.

Comme sports, je pratique la natation et le tennis, et je fais aussi du ski et du roller. Je commence à faire du skate, mais je n'arrive pas à faire beaucoup de figures; enfin, j'apprends. Je sais parler français (bien sûr!), anglais, et un peu allemand.

Donc voilà, je recherche des correspondants fidèles. À bientôt, j'espère.

Ibrahim

Salut tout le monde! Si tu es d'Afrique, d'Europe, d'Australie, d'Amérique ou d'Asie; bref, si tu es sur la planète Terre et si tu parles français, écris-moi.

Je m'appelle Ibrahim et j'ai 14 ans. Mon anniversaire est le 19 septembre. J'habite à Marrakech, au Maroc. Je parle arabe à la maison, mais j'apprends le français au collège. J'adore le sport. Je fais de la natation et de la planche à voile, et je joue au foot et au basket. Bon voilà, si vous voulez en savoir un peu plus, écrivez-moi bientôt! Réponse assurée à 100%.

Salut, je suis Laura et j'habite en Martinique. Je vais avoir mes 15 ans le 21 novembre. J'aime danser, aller au cinéma avec mes amis, surfer sur Internet, faire de nouvelles rencontres, etc. Mais je peux aussi être calme car j'aime lire, écrire et dessiner. J'adore écouter de la musique de tous les genres. Je fais du piano depuis cinq ans.

Ma couleur préférée est le bleu.

Voilà – alors j'espère que toi, fille ou garçon de 14 à 16 ans, de tous les endroits du monde, tu vas me répondre vite car j'attends vos réponses avec impatience!

Laura

Nicolas

Le correspondant idéal, c'est *moi*!

Je me présente: je m'appelle Nicolas, j'ai 15 ans et j'habite à Bordeaux, en France. Je suis assez grand, j'ai les yeux bruns et les cheveux châtains.

Je recherche des correspondants allemands et anglais, pour perfectionner ces deux langues, car je suis un peu nul à l'école. J'aime surfer sur Internet et jouer aux jeux en ligne. J'aime aussi faire du théâtre. Le week-end, j'aime aller au cinéma ou regarder un film vidéo.

Alors voilà, même si tu n'as pas les mêmes intérêts que moi, écris-moi tout de suite. Je réponds très vite à tous mes messages.

francophone – *French-speaking*

a *Lis les phrases et décide si c'est vrai (**V**), faux (**F**) ou pas mentionné (**PM**).*
Exemple: 1 *V*

1 Céline est Suisse.
2 Elle ne parle pas anglais.
3 Ibrahim a une sœur et trois frères.
4 Il aime les sports nautiques.
5 Laura aime sortir.
6 Elle n'aime pas rencontrer des gens.
7 Nicolas a les yeux bleus et les cheveux blonds.
8 Il adore la musique et il commence à jouer de la guitare.

b *Écris les initiales (ou le nom) des personnes qui correspondent à chaque phrase.*
Exemple: 1 *C (Céline) et I (Ibrahim).*

1 Qui est très sportif/sportive?
2 Qui n'est pas fort(e) en langues, mais veut faire des progrès?
3 Qui va fêter son anniversaire en novembre?
4 Qui cherche uniquement des correspondants francophones?
5 Qui aime faire des jeux sur Internet?
6 Qui s'intéresse beaucoup à la musique?
7 Qui apprend à faire du skate?
8 Qui préfère la couleur bleu?

2 🎧 Deux conversations

Écoute et choisis les bonnes réponses.
Exemple: 1 *a (en Guadeloupe)*

Bruno

1 Bruno habite
   a en Guadeloupe
   b en Suisse
   c en Belgique
2 Comme langue, il parle
   a anglais   b espagnol
   c français

3 Le week-end, il aime
   a jouer sur l'ordinateur
   b aller au cinéma
   c danser
4 Comme sports, il pratique
   a le football et le volley
   b la natation et la planche à voile
   c le basket et le rugby
5 Sa couleur préférée est
   a le
   b le
   c le

Marion

1 Marion habite
   a au Maroc
   b au Sénégal
   c au Canada
2 Comme langue maternelle, elle parle
   a français
   b anglais
   c allemand

3 À l'école, elle apprend
   a l'espagnol
   b l'arabe
   c l'anglais
4 Le week-end, elle aime
   a jouer de la guitare
   b faire les magasins
   c faire du vélo
5 Sa couleur préférée est
   a le
   b le
   c le

3 🎧 Le français – une langue internationale

Devine les bonnes réponses. Puis écoute pour vérifier.

1 Beaucoup de gens, qui n'habitent pas en France, sont francophones – c'est-à-dire qu'ils parlent français. Dans le monde entier, il y a environ combien de francophones?
   a 50 millions   **b** 100 millions   **c** 160 millions
2 Ils habitent dans environ combien de pays différents?
   a 25   **b** 50   **c** 75
3 Beaucoup de gens parlent français, mais le français est seulement la neuvième langue parlée dans le monde.
   Quelle est la première langue parlée au monde?
   a l'anglais   **b** l'hindi   **c** le mandarin
4 La langue française compte plus de 85 000 mots, mais on en utilise environ combien, normalement?
   a 1000–2000   **b** 2000–3000   **c** 4000–5000
5 Voici des mots anglais. Lesquels sont d'origine française?
   a chef   **b** gâteau   **c** circle   **d** rendezvous   **e** town

4 À toi!

a À discuter *Travaillez à deux. Posez des questions et répondez à tour de rôle.*
  – Quelles langues parles-tu?
  – Qu'est-ce que tu aimes faire le week-end?
  (*J'aime ...*)
  – Qu'est-ce que tu pratiques, comme sport?
  (*Je joue au ... Je fais du/de la/de l' ...*)
  – Quelle est ta couleur préférée?
  (*Ma couleur préférée est le ...*)

b À écrire *Écris tes réponses aux questions.*

5 Après l'école

Trouve les paires.

1	Moi, je rentr...	**a**	...ent en ville.
2	Pour me relaxer, j'écout...	**b**	...e si elle va être en retard.
3	Mes parents travaill...	**c**	...e de la musique.
4	Ils rentr...	**d**	...ons la télé ensemble.
5	Ma mère téléphon...	**e**	...es faire le soir?
6	Normalement, nous mange...	**f**	...e à 4 heures et demie.
7	Après le dîner, je commenc...	**g**	...ent vers 6 heures.
8	Puis nous regard...	**h**	...ez beaucoup à table?
9	Est-ce que vous discut...	**i**	...ons à 7 heures et demie.
10	Qu'est-ce que tu préfèr...	**j**	...e mes devoirs.

DOSSIER-LANGUE

The present tense (regular verbs)

The present tense is used:
– to describe things that do not change
– to say what usually happens
– to say what is happening at the current time

Regular verbs form the present tense in one of three ways:

infinitive	-er	-re	-ir
	jou**er**	répon**dre**	fin**ir**
je	joue	répon**ds**	fin**is**
tu	joue**s**	répon**ds**	fin**is**
il/elle/on	joue	répon**d**	fin**it**
nous	jou**ons**	répond**ons**	fin**issons**
vous	jou**ez**	répond**ez**	fin**issez**
ils/elles	jou**ent**	répond**ent**	fin**issent**

Many verbs are regular **-er** verbs, but a few **-er** verbs are slightly different:
- *acheter* (to buy), *lever* (to raise)
  The *je/tu/il/elle/ils/elles* forms have a grave accent, e.g. *j'ach**è**te, il l**è**ve la main.*
- *préférer* (to prefer), *espérer* (to hope)
  In the *je/tu/il/elle/ils/elles* forms, the **é** changes to **è**, e.g. *j'esp**è**re, tu préf**è**res.*
- *manger* (to eat), *ranger* (to tidy, sort out)
  There is an **e** before the ending in the *nous* form, e.g. *nous mang**e**ons.*

6 On cherche un correspondant

Complète les phrases avec la forme correcte du verbe.   **Exemple: 1** *habite*

A
J' (**1 habiter**) en Martinique. C'est une île tropicale, loin de la France. Je (**2 parler**) français et j' (**3 apprendre**) l'anglais au collège. Au collège, les cours (**4 finir**) à une heure et demie parce qu'il fait très chaud. Après les cours, je (**5 jouer**) au football. J' (**6 adorer**) le sport, surtout le football et les sports nautiques.
                                      Pierre (Martinique)

B
Salut! Je m'appelle Nicole et j' (**1 habiter**) en Suisse. Je (**2 parler**) français et allemand. J'ai 14 correspondantes, mais pas de garçons. Alors les garçons, qu' (**3 attendre**)-vous? Je (**4 répondre**) vite à tous mes messages.   Nicole (Neuchâtel, Suisse)

C
Je suis un garçon de 15 ans et je (**1 désirer**) correspondre avec des jeunes de tous les pays. Mes passions sont la musique et l'informatique – je (**2 jouer**) de la trompette et du piano. Ma sœur, Aurélie, (**3 chercher**) aussi des correspondants. Elle a 13 ans et elle (**4 aimer**) le sport, surtout le tennis et le badminton. Nous (**5 attendre**) vos lettres avec impatience.
                                      Laurent (Belgique)

D
Nous sommes deux amies de 14 ans et nous (**1 chercher**) des correspondants entre 14 et 16 ans qui (**2 parler**) français ou arabe. Nous (**3 aimer**) le sport, surtout la natation, la danse et la gymnastique.
                                      Karima et Syra (Maroc)

Now you can...
- exchange personal information
- use the present tense of regular verbs

1.2 La vie de famille

Toutes les familles sont différentes. Il y a des familles nombreuses, avec quatre enfants ou plus, et des familles plus petites, avec un seul enfant. Et il y a aussi des familles recomposées avec des demi-frères et des demi-sœurs.

1 🎧 Tu as des frères et sœurs?

Copie la grille. Écoute les jeunes et note les détails.

	frères/ demi-frères	sœurs/ demi-sœurs	autres détails
1	**Ex.** 1 (17 ans)	1 (11 ans)	*sœur va dans le même collège*

DOSSIER-LANGUE

Irregular verbs

Some common verbs are irregular in the present tense. These are all listed in **Les verbes** (page 157). *Avoir* and *être* are the two most common verbs and they are both very irregular. Look for some examples in task 2.

avoir to have	**être** to be
j'ai	*je suis*
tu as	*tu es*
il/elle/on a	*il/elle/on est*
nous avons	*nous sommes*
vous avez	*vous êtes*
ils/elles ont	*ils/elles sont*

---

4 La famille

Travaillez à deux. Une personne choisit trois questions et pose ces questions à l'autre. Puis changez de rôle.

- Il y a combien de personnes dans ta famille?
  (*Il y a cinq personnes: mon père, ma mère, mon frère, ma sœur et moi.*)
- Comment s'appellent-elles? (*Mon père/Mon demi-frère/Ma petite sœur, etc. s'appelle …*)
- Ton frère, quel âge a-t-il?
- Ta sœur, quel âge a-t-elle?
- Tu as des grands-parents? Où habitent-ils?
- Tu as des cousins? Est-ce qu'ils habitent tout près?

2 Notre famille

Trouve le bon mot pour compléter le texte.
Exemple: 1 e (mère)

À la maison, nous sommes cinq: quatre enfants et ma …(**1**)… . Nous avons aussi deux …(**2**)… . J'ai une …(**3**)…et deux frères. Ma sœur est plus …(**4**)… que moi. Elle a 20 ans. Mes frères ont …(**5**)… et …(**6**)… ans, donc ils sont plus jeunes. J'ai aussi un demi-frère, mais il n'habite pas avec nous. Mes parents sont divorcés et mon père s'est remarié. Mon demi-frère est toujours un bébé. Il a cinq mois. J'ai aussi des grands-parents. Je ne les vois pas souvent parce qu'ils …(**7**)… loin d'ici, mais je leur envoie souvent des …(**8**)… .

a âgée	**b** chats	**c** e-mails	**d** habitent	**e** mère
	f neuf	**g** onze	**h** sœur	

3 Des questions et des réponses

a Complète les questions et les réponses avec la forme correcte des verbes **avoir** ou **être**.
Exemple: 1 tu as

b Trouve les paires.
Exemple: 1 f

1 Est-ce que tu … des frères et des sœurs?
2 Il … comment ton frère, physiquement?
3 Et ta sœur, quel âge … -t-elle?
4 Est-ce que vous … des animaux?
5 Vous … de Paris?
6 Tu … un ordinateur dans ta chambre?

a Non, nous … de Martinique, mais nous … français.
b Non, nous n'… pas d'animaux, mais mes cousins … un chien.
c Elle … 16 ans.
d Il … assez grand. Il … les cheveux blonds et les yeux bleus.
e Non, mais nous … un ordinateur dans la salle à manger.
f Oui, j'… un frère et une sœur.

5 Une petite sœur dans le même collège

*Lis les lettres. Écris vrai (**V**), faux (**F**) ou pas mentionné (**PM**).*
Exemple: 1 V

1 Sophie et sa sœur vont au même collège.
2 Sophie est plus âgée que sa sœur.
3 Elles ne s'entendent pas bien en ce moment.
4 Sophie a un frère aîné aussi.
5 Mathieu a un frère qui est plus jeune que lui.
6 Il se dispute souvent avec son frère au collège.
7 À son avis, le problème de Sophie n'est pas très grave.
8 Corinne est fille unique.
9 Elle a une amie qui a une petite sœur dans le même collège.
10 Elle comprend le problème et propose une solution.

6 🎧 Vous avez un animal?

Écoute les conversations et trouve l'image qui correspond.
Exemple: 1 b

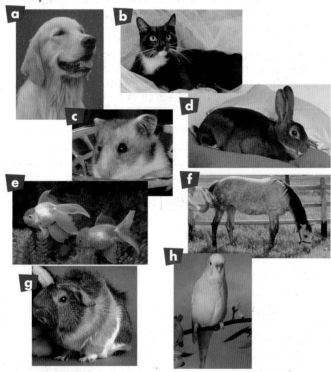

8 👥 À toi! ☞

a **À discuter** *Travaillez à deux. Posez des questions et répondez à tour de rôle.*
  – Quel est ton animal, préféré?
  – Tu as un animal ou tu connais quelqu'un qui a un animal?
  – Qu'est-ce que c'est? Il/Elle est comment? Comment s'appelle-t-il/elle?
b **À écrire** *Écris quelques phrases sur ta famille (frères, sœurs, grands-parents, cousins, animaux, etc.).*

J'ai 13 ans et je suis en 4ᵉ. Depuis septembre, ma petite sœur, Lucie, va dans le même collège que moi. Elle est en 6ᵉ et elle me cherche toujours pendant la récréation. Ça m'énerve et je l'évite tout le temps. Mes parents ne sont pas contents. Qu'est-ce que je dois faire?
Sophie ....

Moi aussi, mon petit frère arrive dans mon collège cette année, mais ce n'est pas si grave. Il ne faut pas en faire une montagne. Parle simplement avec ta sœur, et dis-lui que c'est ta vie et que tu veux qu'elle garde ses distances un peu. C'est tout!
Mathieu ....

Ma meilleure amie est dans la même situation. Mais sa petite sœur a son propre groupe d'amis et elle ne vient pas nous retrouver tout le temps. Cependant, si elle a un problème, nous allons discuter avec elle. Essaie de comprendre pourquoi ta sœur veut te retrouver.
Corinne ....

7 Un jeu de définitions

Lis la définition et identifie l'animal.
Exemple: 1 b (un cheval)

1 C'est un grand animal qu'on cherche quand on veut faire de l'équitation.
2 Cet animal a de longues oreilles et une toute petite queue. Il est végétarien.
3 Il est petit et il vit dans l'eau. Il est souvent rouge, mais il peut être très coloré.
4 C'est un oiseau qui se nourrit de graines. Il est originaire des pays chauds.
5 Il est assez petit, mais plus grand qu'une souris. Il est originaire de l'Amérique du Sud.
6 Il est de taille moyenne et il peut être noir, gris, blanc ou tigré. Il est très populaire comme animal domestique.
7 C'est un petit animal de couleur jaune. Il est nocturne, c'est-à-dire qu'il dort pendant la journée et il se réveille la nuit. Il se nourrit de graines.
8 Il y a beaucoup de races différentes de cet animal. Ils peuvent être petits ou grands, noirs ou blancs, bruns ou jaunes. Cet animal est souvent très fidèle à son maître et on dit que c'est le meilleur ami de l'homme.

> **a** un chat **b** un cheval **c** un chien
> **d** un cochon d'Inde **e** un hamster **f** un lapin
> **g** une perruche **h** un poisson rouge

Now you can ...
● exchange information about families and pets
● use some irregular verbs, such as *avoir* and *être*

1.3 On se connecte

1 🎧 Internet, c'est utile

a Lis les textes et devine les mots qui manquent.

b Écoute pour vérifier.

1 J'utilise Internet surtout pour envoyer des e-mails. Je ...(**1**)... des messages à mes amis et quelquefois à mes ...(**2**)..., puis je me connecte pour les envoyer. Je reçois des ...(**3**)... en même temps. Puis je me déconnecte et je lis mes messages. Comme ça, je ne passe pas trop de temps ...(**4**)... .

| **a** en ligne | **b** grands-parents | **c** messages | **d** tape |

2 J'adore utiliser Internet. J'aime ...(**1**)... . Je regarde surtout les sites pour les ...(**2**)..., comme Okapi et Mômes. Quelquefois, je participe aux ...(**3**)... . On discute souvent de sujets intéressants. Je tchatche aussi avec mes amis. On s'écrit des messages, ou bien, on utilise le ...(**4**)... pour se parler. C'est génial!

especially [handwritten annotation]

| **a** forums | **b** jeunes | **c** micro | **d** surfer |

3 Nous n'avons pas d'...(**1**)... à la maison, mais je peux utiliser un ordinateur au ...(**2**)... . Pendant la pause-déjeuner, j'utilise Internet pour travailler et pour faire des ...(**3**)... . En ce moment, je consulte des sites sur l'Afrique pour un devoir de géographie. C'est ...(**4**)... .

| **a** collège | **b** intéressant | **c** ordinateur | **d** recherches |

4 Moi, j'adore la ...(**1**)..., alors je cherche des sites où je peux écouter de la musique. Je cherche des ...(**2**)... intéressants et je clique sur les ...(**3**)... . Quelquefois, je télécharge des ...(**4**)..., mais ça prend du temps. Je regarde aussi des sites sur les chanteurs et les groupes.

| **a** chansons | **b** liens | **c** musique | **d** sites |

5 Nous avons Internet à la ...(**1**)... et nous avons un forfait. C'est-à-dire que nous pouvons nous connecter gratuitement pendant certaines périodes. Je me connecte surtout le ...(**2**)... . Je joue aux jeux ...(**3**)... . J'aime tous les jeux, et comme je suis enfant unique, ça m'arrange bien. Je trouve des partenaires aux jeux, sans problème. Je joue aux jeux électroniques, mais aussi aux jeux classiques, comme les ...(**4**)... et le bridge. Quelquefois, je télécharge des jeux.

| **a** échecs | **b** en ligne | **c** maison | **d** week-end |

2 📄 💻 À toi!

a **À discuter** *Travaillez à deux. Posez des questions et répondez à tour de rôle.*
  – Est-ce que tu as un ordinateur/Internet à la maison?
  – Est-ce que tu peux utiliser un ordinateur/Internet au collège ou à la bibliothèque?
  – Quand est-ce que tu l'utilises? (*pendant la pause-déjeuner/après les cours/le soir, le week-end*, etc.)
  – Quel genre de sites aimes-tu regarder?
  – Quelles sont tes sites favoris?

b **À écrire** *Écris un e-mail à un(e) ami(e) français(e). Écris tes réponses aux questions et pose deux questions (ou plus) à ton ami(e).*

Exemple

Est-ce que tu as un ordinateur à la maison?
  Chez nous, il n'y a pas d'ordinateur, mais nous utilisons des ordinateurs au collège pendant les cours d'anglais et de maths. En plus, je peux utiliser un ordinateur pendant la pause-déjeuner. Je l'utilise pour préparer mes devoirs et pour faire des activités interactives. Je peux aussi me connecter à Internet pour faire des recherches et pour envoyer des e-mails.
  Et toi, est-ce que tu surfes sur le Net? Quels sont tes sites favoris?
À bientôt,
Catherine

---

3 Lexique informatique

Trouve les paires.
Exemple: 1 f

1	le clavier	**a**	*discussion group*
2	un écran	**b**	*file*
3	un fichier	**c**	*printer*
4	un forum	**d**	*screen*
5	une imprimante	**e**	*computer*
6	un lien	**f**	*keyboard*
7	en ligne	**g**	*to download*
8	un ordinateur	**h**	*mouse*
9	la souris	**i**	*link*
10	télécharger	**j**	*on-line*

Now you can ...
● talk about using ICT and the Internet

1.4   J'ai de bons amis

1 🎧 On parle de ses amis

Écoute les descriptions et choisis l'image qui correspond.

Exemple: 1 *b*

Jonathan Leblanc

Fatima Boucher

Mathieu Legrand

Stéphanie Laforêt

Émilie Bernard

Louis Dubois

2 Des noms de famille

Il y a beaucoup de noms de famille différents. Certains ont, comme origine, le nom d'un lieu (M. Dupont), d'un aspect physique (Mme Petit, Mlle Lebrun), d'un métier (M. et Mme Boulanger), ou d'un prénom (La famille Thomas). 'Martin' est le nom de famille le plus commun.

Trouve un nom de famille de chaque catégorie parmi les noms de l'activité 1.

3 Trouve des adjectifs

Dans la case, trouve:

a douze adjectifs pour décrire la personnalité
b sept adjectifs pour décrire les cheveux
c trois couleurs pour les yeux
d deux adjectifs qui indiquent la taille

sympa   raide   sérieux   bavard   généreux   frisé   grand   noir   patient   roux   bleu   impulsif   fou   sociable   timide   long   petit   amusant   court   vert   marron   sportif   blond   paresseux

---

DOSSIER-LANGUE

Adjectives

Many adjectives describing character are cognates, e.g. *patient, sociable, responsable.* Look out for these as you work through this area.

In French, adjectives must agree with the nouns they describe. Regular adjectives follow a standard pattern. These are the most common patterns:

singular		plural	
masculine	feminine	masculine	feminine
grand	grande	grands	grandes
actif	active	actifs	actives
curieux	curieuse	curieux	curieuses

- Adjectives which end in **-e** (with no accent) stay the same for masculine and feminine:
  Claire est un peu timide, mais son frère est très timide.
- Adjectives which end in **-s** stay the same for singular and plural:
  Ma grand-mère a les cheveux gris et elle a un chat gris.

Some adjectives are irregular:
bon (**bonne**) good   *blanc* (**blanche**) white
fou (**folle**) mad
Others are invariable and don't change:
marron brown   *sympa* nice

For more details, see **La grammaire**, page 148.

4 Des amis

*Complète les descriptions avec un adjectif dans la case (activité 3). Pour t'aider, regarde le **Dossier-langue**.*
Exemple: 1 *grand*

1 J'ai un très bon copain qui s'appelle Djamel. Il est assez (**1** *tall*). Il a les cheveux (**2** *short*) et (**3** *black*) et les yeux (**4** *brown*). Nous sommes dans la même classe au collège. Comme moi, il est très (**5** *sporty*). Il est très (**6** *nice*).

2 J'ai une amie qui s'appelle Élodie. Je la connais depuis l'école primaire. Elle est (**1** *small*) et elle a de (**2** *long*) cheveux (**3** *black*) et (**4** *straight*), et les yeux (**5** *brown*). Nous allons souvent aux magasins ensemble. Elle est (**6** *generous*), mais quelquefois un peu (**7** *shy*).

3 Un de mes meilleurs copains s'appelle Luc. Il n'est pas très (**1** *tall*), il a les cheveux (**2** *ginger*) et (**3** *curly*) et les yeux (**4** *green*). Il est très (**5** *talkative*). Quelquefois, il est complètement (**6** *mad*), mais il est toujours (**7** *fun*).

4 Ma meilleure amie s'appelle Claire. Elle est de taille moyenne. Elle a les cheveux bruns et les yeux (**1** *blue*). Elle est très (**2** *sociable*), mais quelquefois un peu (**3** *lazy*). On s'amuse bien ensemble.

5 C'est qui?

*Travaillez à deux (**A** et **B**).*
***A** choisit une personne de l'activité 4.*
***B** pose des questions pour identifier la personne.*
***A** répond seulement **Oui** ou **Non**.*
Exemple: **B** *C'est une fille?*
      A *Non.*
      B *Ah, c'est un garçon. Est-ce qu'il a les cheveux noirs?*
      A *Oui.*
      B *Est-ce qu'il est sportif?*
      A *Oui.*
      B *C'est Djamel?*
      A *Oui!*

7 Une description

Écris une description d'un(e) ami(e), d'un(e) petit(e) ami(e) ou d'un membre de ta famille. (Nom, aspects physiques, caractère, quelque chose que vous faites ensemble.)
Exemple:

> *Ma petite amie s'appelle Hélène. Elle a les cheveux courts et bruns, et les yeux marron.*
>
> *Elle est un peu bavarde, mais elle est très sympa. Nous sortons ensemble depuis deux semaines.*

*Voir aussi **L'amitié, c'est important pour toi?**, page 19.*

6 Infos-langue

Complète les listes.

anglais	français
dangerous	dangereux(-euse)
curious	...
nervous	...
ambitious	...
amusing	amusant(e)
...	intéressant(e)
charming	...

Pour t'aider

Mon	(petit) ami frère père	est n'est pas	assez très	grand(e). petit(e).
Ma	(petite) amie sœur mère		de taille moyenne. mince.	
Il a Elle a	les cheveux courts, etc. et les yeux bleus, etc.			
Il Elle	est	sympa. amusant(e). sociable, etc.		

Nous jouons au badminton ensemble.
Nous allons au même club de gym.

Now you can...

- talk about and describe friends and other people
- use adjectives

1.5 La vie des jeunes

1 🎧 Les jeunes au micro

Lis le texte et devine les mots qui manquent. Puis écoute pour vérifier.

1 Je m'entends bien avec ma ...(1)... aînée, mais avec mon petit ...(2)..., c'est différent. Nous nous disputons souvent (surtout pour des ...(3)... idiotes), mais au fond, on s'aime bien. D'ailleurs, on se réconcilie presque ...(4)... .

| **a** choses | **b** frère | **c** immédiatement | **d** sœur |

On se dispute, mais on se réconcilie vite après.

2 Je connais ma meilleure amie depuis l'...(1)... primaire. Maintenant, on va dans des écoles différentes, mais on se voit assez ...(2)... le week-end et pendant les vacances. On parle beaucoup au ...(3)... et on se dit tout. Si l'une ou l'autre se dispute avec ses ...(4)... ou si on a des problèmes au collège, on se téléphone.

| **a** école | **b** parents | **c** souvent | **d** téléphone |

3 Mon frère, Luc, et moi sommes ...(1)..., mais on ne se ressemble pas. Luc s'intéresse beaucoup au ...(2)... . Il se lève tôt le dimanche matin et il va à la ...(3)... avec ses amis. Moi, je me lève tard. Je reste au ...(4)..., j'écoute de la musique et je me relaxe.

| **a** jumeaux | **b** lit | **c** piscine | **d** sport |

4 Je m'intéresse beaucoup au ...(1)... . Le samedi après-midi, je sors avec mes amis. On se retrouve en ...(2)... et on va voir un film. On s'amuse bien. Le samedi soir, je me couche plus ...(3)... que d'habitude. Le dimanche matin, je me repose un peu, donc je me lève tard – vers ...(4)... heures et demie.

| **a** cinéma | **b** dix | **c** tard | **d** ville |

DOSSIER-LANGUE

Reflexive verbs

In task 1 there are many examples of reflexive verbs:
je m'entends I get on with *on s'amuse* we have fun

Can you find some more?

Reflexive verbs are listed in a dictionary with the pronoun **se** in front of the infinitive, e.g. *se lever*. The **se** means 'self', and these verbs often express the idea of doing something to oneself or to each other:
je me lève I get (myself) up
on se dit tout we tell each other everything

Many reflexive verbs are regular **-er** verbs, e.g. **se** *laver* to wash (oneself)/to get washed:

je **me** lave	nous **nous** lavons
tu **te** laves	vous **vous** lavez
il **se** lave	ils **se** lavent
elle **se** lave	elles **se** lavent
on **se** lave	

The words in bold type are called the reflexive pronouns. They nearly always go immediately before the verb itself:
*je **m**'entends bien avec ...* I get on well with ...
*on **se** ressemble* we are similar
*nous **nous** disputons* we argue

2 Les jeunes et leurs parents

Trouve les paires.

1 En général, les jeunes s' ...
2 Normalement, mon père et moi, nous ...
3 Il s' ...
4 Alors moi, je ...
5 Elle ...
6 Tu ...
7 Non, je me ...
8 Mais après un peu de discussion, on s' ...
9 Ma mère s' ...
10 Elle s'énerve surtout le dimanche si je ...

a arrange plus ou moins.
b énerve si je passe trop de temps à bavarder avec mes amies.
c s'inquiète trop et je n'aime pas ça.
d entendent bien avec leurs parents.
e dispute assez souvent avec mes parents, surtout à propos des devoirs.
f nous entendons bien, sauf au sujet du téléphone.
g énerve facilement.
h me lève tard.
i t'entends bien avec tes parents?
j m'entends bien avec mon père, mais moins bien avec ma mère.

3 🎧 On se dispute

Quelquefois, les jeunes se disputent avec leurs parents sur les points suivants. Écoute et note le point qui correspond.
Exemple: 1 *c*

a le travail scolaire **e** Internet
b la télé **f** l'heure de se coucher
c la chambre **g** l'heure de se lever
d le téléphone

4 💻 Les jeunes, qui sont-ils?

Complète le reportage.
Exemple: 1 *les élèves français se lèvent*

> Les jours scolaires, les élèves français (**1 se lever**) tôt, en moyenne à 6 heures 50.
> Ils ...(**2 s'habiller**) de préférence en jean et en sweat. Beaucoup de jeunes aiment porter des vêtements de marque.
> Selon les adultes, les jeunes ... (**3 se ressembler**) beaucoup dans leur apparence. En semaine, ils ne sortent pas souvent. Le soir, ils ... (**4 s'occuper**) de leurs devoirs. Puis ils ... (**5 se détendre**) en regardant la télévision ou en jouant sur l'ordinateur. Ils ... (**6 se téléphoner**) aussi. Le week-end, ils ... (**7 s'amuser**). Ils ... (**8 s'intéresser**) souvent au sport et à la musique. De temps en temps, ils ... (**9 se reposer**), bien sûr, et ils lisent des magazines. Ils ... (**10 se coucher**) à 22 heures 40, en moyenne.

5 📱 On se parle

Posez des questions et répondez à tour de rôle. Notez les réponses.

1 Pendant la semaine, tu te lèves avant ou après 7 heures? *(Je me lève ...)*
2 Tu te couches avant ou après 10 heures? *(Je me couche ...)*
3 Pendant les vacances, tu te lèves à quelle heure?
4 Tu te couches à quelle heure, en général?
5 Tu t'entends bien avec qui? (ton père, ta mère, ton frère, ta sœur, tes grands-parents, etc.)
   (En général, je m'entends bien avec ..., sauf au sujet de/du/de la/de l' ...)
6 Tu t'intéresses à quoi? (au sport/cinéma, à l'informatique, à la musique, etc.)
   (Je m'intéresse surtout au/à la/à l' ...)

6 🎧 Une journée scolaire

a *Écoute et choisis la bonne réponse.*
1 Normalement, je me réveille à
   a 6h30 **b** 6h45 **c** 7h00
2 Je me lève et je me prépare. Pour l'école, je m'habille
   a en uniforme scolaire **b** en jean et en sweat
   c en pantalon et en pull
3 Je vais au collège
   a en voiture **b** en bus **c** à pied
4 Les cours commencent à
   a 8h00 **b** 8h30 **c** 9h00
5 On s'arrête pour déjeuner à
   a 12h00 **b** 12h15 **c** 12h30
6 Pendant la pause-déjeuner, je retrouve mes amis. On
   a joue au football **b** se promène dans la cour
   c travaille
7 Les cours finissent à
   a 15h00 **b** 16h00 **c** 17h00
8 Le soir, je me couche
   a avant 10h00 **b** à 10h00 **c** après 10h00
b *Adapte les réponses pour décrire ta journée scolaire.*
Exemple: Normalement, je me réveille à 7 heures et demie (etc.).

> **Now you can ...**
> • understand and describe aspects of daily life
> • use reflexive verbs

1 La page des lettres

Lis les lettres, puis fais les activités.

Je cherche des correspondants

Je m'appelle Alex Delarue et j'ai 14 ans. Mon anniversaire est le 9 juillet. J'habite à Bruxelles, en Belgique.

J'ai une sœur et un frère. Ma sœur s'appelle Stéphanie et elle a 7 ans. Mon frère, Philippe, est plus âgé que moi. Il a 16 ans. Je m'entends très bien avec ma petite sœur, mais avec mon frère, on se dispute assez souvent!

Toute la famille aime les animaux et nous avons un chat et deux lapins. Est-ce que tu as un animal à la maison? Quel est ton animal préféré?

Qu'est-ce que tu pratiques comme sport? Moi, je fais de la natation, du ski et du vélo. Est-ce que tu as Internet à la maison? Moi, j'adore surfer le Net. J'aime beaucoup regarder les sites sur les films et sur les vedettes. Quel genre de sites est-ce que tu aimes regarder?

À bientôt, j'espère!

Alex (Belgique)

Les amis sont importants pour moi

À mon avis, il est très important d'avoir des amis. Je suis enfant unique et mes amis forment une seconde famille pour moi.

Le week-end, j'adore sortir avec mes amis. J'ai de la chance d'avoir beaucoup d'amis très sympa. Il y a par exemple, Sophie, ma meilleure amie. Elle est petite, mince et complètement folle! Elle a un bon sens de l'humour et on s'amuse bien ensemble.

J'ai aussi un petit ami, Marc. Il est grand, aux cheveux bruns. Il est très gentil, mais un peu sérieux. Je le connais depuis longtemps, mais ça fait seulement un mois que nous sortons ensemble. On s'entend très bien, sauf au sujet du football. Il est passionné par le foot, mais ça ne m'intéresse pas du tout.

Lucie (Québec)

Je ne m'entends pas avec ma mère

Moi, je m'appelle David et j'ai 15 ans. J'ai un problème: je m'entends bien avec mon père, mais avec ma mère, c'est souvent difficile. Elle s'intéresse trop à mon travail scolaire. Elle trouve que je passe trop de temps devant la télé ou sur l'ordinateur.

En semaine, je me lève toujours à 7 heures moins le quart, mais le dimanche matin, j'aime rester au lit. Normalement, je me lève vers 11 heures, mais ma mère n'est pas contente. Elle dit que je suis paresseux. Puis on se dispute au sujet de ma chambre. Elle trouve que c'est la pagaille chez moi. C'est vrai que ma chambre est un peu en désordre, mais je l'aime comme ça. Et puis, après tout, personne n'est parfait!

Et vous autres, est-ce que vous vous entendez avec vos parents?

David (Suisse)

Tu as bien compris? Réponds aux questions.

Alex
1 Il y a combien d'enfants dans sa famille?
2 Avec qui est-ce qu'il s'entend bien?
3 Qu'est-ce qu'il a comme animaux?
4 Qu'est-ce qu'il aime comme sports?
5 Qu'est-ce qu'il regarde comme sites web?

Lucie
1 Est-ce qu'elle a des frères et sœurs?
2 À ton avis, est-elle timide ou sociable?
3 Qui est petite, mince et complètement folle?
4 Marc, comment est-il?
5 Depuis combien de temps est-il le petit ami de Lucie?
6 Quel est son sport préféré?

David
1 Quel est le problème de David?
2 Qu'est-ce que David aime faire le soir, à ton avis?
3 À quelle heure se lève-t-il, le dimanche?
4 Comment est sa chambre?

> **c'est la pagaille** – *it's a shambles*
> **personne n'est parfait** – *nobody's perfect*

2 Une lettre à écrire

Écris une lettre, par exemple:

– **Une lettre à un(e) correspondant(e).** *Tu peux parler de tes loisirs, de ta famille, de tes amis, de tes problèmes ou d'Internet. Pose des questions aussi.*

– **Une réponse à une de ces lettres.** *Réponds aux questions et pose des questions en plus.*

*Pour t'aider, regarde les lettres ci-dessus et aussi le **Sommaire**, page 17.*

Now you can …
• understand and give information about yourself, your family, leisure interests, pets, friends and everyday life

SOMMAIRE

Now you can ...

● give personal information

Je m'appelle ...	I'm called ...
J'ai ... ans.	I'm ... years old.
Comme langues, je parle ...	The languages I speak are ...
Comme passe-temps/	For hobbies/
Le week-end, j'aime ...	At the weekend, I like ...
Comme sports, je pratique .../	For sports, I practise .../
je joue au/à la/à l' .../	I play .../
je fais du de la/de l'...	I do ...
Ma couleur préférée est le ...	My favourite colour is ...

● talk about families
(see also **Vocabulaire par thèmes**, page 165)

J'ai ... frères/... sœurs.	I have ... brothers/ ... sisters.
Je n'ai pas de frères et sœurs.	I don't have any brothers and sisters.
J'ai un demi-frère/ une demi-sœur.	I have a half-brother/step-brother/half-sister/step-sister.
Je suis enfant/fils/fille unique.	I'm an only child.
Mon père/Ma mère est mort(e).	My father/mother is dead.
Mes parents sont divorcés.	My parents are divorced.

● talk about animals

un chat	cat
un cheval	horse
un chien	dog
un cobaye, un cochon d'Inde	guinea pig
une gerbille	gerbil
un hamster	hamster
un lapin	rabbit
un oiseau	bird
un perroquet	parrot
une perruche	budgerigar
un poisson rouge	goldfish
une queue	tail
un serpent	snake
une souris	mouse
une tortue	tortoise
As-tu un animal à la maison?	Do you have a pet?
Mon animal préféré est ...	My favourite animal is ...

● talk about using a computer
(see also **Vocabulaire par thèmes**, page 162)

● talk about friends

un(e) ami(e)	friend
un(e) camarade	colleague, classmate
un(e) copain (copine)	friend
mon (ma) meilleur(e) ami(e)	best friend
un(e) petit(e) ami(e)	boyfriend/girlfriend
francophone	French-speaking
le sens de l'humour	sense of humour

● use adjectives (see also page 12)

Mon frère est grand avec les cheveux blonds et les yeux bleus.	My brother is tall with blond hair and blue eyes.
Il est assez sérieux.	He's quite serious.
Ma sœur est petite avec les cheveux noirs et frisés, et les yeux bruns.	My sister is small with black, curly hair and brown eyes.
Elle est complètement folle.	She's completely mad.

● ask questions

Comment t'appelles-tu?	What's your name?
Comment ça s'écrit?	How is it spelt?
Quel âge as-tu?	How old are you?
C'est quand, ton anniversaire?	When is your birthday?
Où habites-tu?	Where do you live?
Tu as des frères et sœurs?	Do you have brothers and sisters?
Quelle est ta couleur préférée?	Do you have a favourite colour?
Quels sont tes passe-temps?	What are your hobbies?
Quel est ton animal préféré?	What is your favourite animal?
Qu'est-ce que tu pratiques, comme sport?	What sports do you do?

● describe everyday life

Pendant la semaine, je me lève à ...	During the week, I get up at ...
En général, je me couche à ...	Usually I go to bed at ...
Le week-end, je me repose.	At the weekend, I relax.
Le dimanche, on s'amuse.	On Sunday, I have fun.

● use reflexive verbs (see also page 14)

s'amuser	to have fun, have a good time
s'appeler	to be called
se baigner	to bathe, swim
se coucher	to go to bed
se dépêcher	to hurry
se disputer	to have an argument
s'ennuyer	to be bored
s'entendre (avec)	to get on (with)
s'habiller	to get dressed
s'intéresser à	to be interested in
se laver	to get washed
se lever	to get up
s'occuper de	to be busy with
se reposer	to rest
se réveiller	to wake up
Je m'entends bien avec ...	I get on well with ...
Je me dispute assez souvent avec mon frère/ma sœur/ mes parents.	I often argue with my brother/my sister/ my parents.
Je m'intéresse au sport/à la musique/à l'informatique.	I'm interested in sport/music/ computing.

L'argent de poche

La plupart des jeunes reçoivent de l'argent de poche

Nous avons fait une enquête parmi nos lecteurs et il paraît que presque tous les jeunes reçoivent de l'argent de poche régulièrement. Certains reçoivent cet argent uniquement pour les grandes occasions (des anniversaires, des fêtes etc.), mais pour la plupart, vous recevez une somme régulièrement, toutes les semaines ou tous les mois.

On reçoit combien?

En moyenne, les jeunes entre 10 et 13 ans ont 30 euros ou plus par mois. Quelquefois, il y a une prime si on a de bonnes notes au collège. Et beaucoup d'entre vous rendent de petits services à la maison, par exemple, mettre et débarrasser la table, en échange de cet argent.

Que faites-vous de votre argent?

À 12 ans, vous dépensez la moitié de votre argent en bonbons, en chewing gum et en boissons. À partir de 13 ans, vous dépensez plus en revues, BD, CD et en frais de téléphone. Beaucoup d'entre vous ont un portable. Les garçons ont tendance à acheter du matériel informatique et des vidéos. Les filles dépensent plus d'argent en vêtements.

Vous faites aussi des économies

Vous mettez de l'argent de côté pour des achats plus importants, par exemple, une guitare, un ordinateur ou pour des vacances. Si vos grands-parents vous donnent de l'argent comme cadeau de Noël ou d'anniversaire, vous mettez souvent cet argent à la banque. Les garçons se déclarent plus économes que les filles!

Et quand on n'a pas d'argent?
On se débrouille.

Thomas, 13 ans: Je n'ai pas d'argent de poche, mais mes parents achètent mes vêtements et les choses nécessaires. Je fais des petits boulots le week-end pour avoir de l'argent personnel, par exemple, je lave la voiture ou je fais du jardinage pour ma grand-mère. Je mets de l'argent de côté pour un jeu vidéo.

Laura, 14 ans: Je garde mes deux petits frères quand mes parents sortent. Je gagne de l'argent et je le mets de côté pour acheter un nouveau vélo.

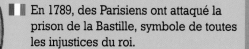

Des jours de fête

Noël

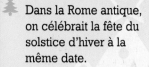

Alors, il y a des boules fluorescentes, une crèche qui s'éclaire, des pères Noël en chocolat, une guirlande multicolore.

Tu as acheté le pain?

🎄 Noël vient du mot latin qui veut dire 'naissance'. Pour les chrétiens, Noël est la fête de la naissance de Jésus.

🎄 Dans la Rome antique, on célébrait la fête du solstice d'hiver à la même date.

🎄 En France, comme dans d'autres pays, on décore les maisons et les rues.

🎄 La tradition du sapin de Noël a commencé au 16e siècle en Allemagne. Le prince Albert (le mari de la reine Victoria) a introduit le sapin de Noël en Grande-Bretagne.

🎄 La tradition des cartes de Noël date de 1843.

🎄 En France, 60% des achats de jouets sont faits au moment de Noël.

Le 14 juillet

🇫🇷 Cette date marque l'anniversaire du début de la Révolution française.

🇫🇷 En 1789, des Parisiens ont attaqué la prison de la Bastille, symbole de toutes les injustices du roi.

🇫🇷 En 1889, on a construit la tour Eiffel pour commémorer la centenaire de la Révolution.

🇫🇷 En 1989, on a construit la Grande Arche à Paris pour commémorer la bi-centenaire.

🇫🇷 Le 14 juillet, 2000, il y a eu un 'incroyable pique-nique' le long de la méridienne verte, une distance de 1000 km du nord au sud de la France.

🇫🇷 Chaque année il y a des défilés, des bals publics et des feux d'artifice pour célébrer la fête.

L'amitié – c'est important pour toi?

Fais ce jeu-test pour le savoir.

1 Un(e) ami(e), c'est quelqu'un …
a sur qui on peut compter en toutes circonstances.
b avec qui on s'entend sans effort.
c sur qui on peut copier en classe.

2 Comment choisis-tu tes amis?
a Je cherche des gens qui me ressemblent et qui ont les mêmes goûts que moi.
b Je cherche des gens qui sont différents.
c Je cherche des gens qui me font rire.

3 Pendant les vacances, tu parles à tes amis au téléphone ou par e-mail …
a une fois par semaine.
b tous les jours.
c très rarement.

4 Samedi prochain, est-ce que tu sais ce que ton meilleur ami va faire?
a Non, je ne sais pas.
b Je sais plus ou moins.
c Je sais exactement ce qu'il/elle va faire.

5 Quand tu es en vacances, est-ce que tu envoies des cartes postales à tes amis?
a Je n'écris jamais de cartes postales.
b Si j'ai le temps, j'écris une ou deux cartes postales.
c J'envoie des cartes postales à tous mes amis.

6 Il y a un nouvel élève/une nouvelle élève dans ta classe. À la récré, que fais-tu?
a Je lui parle gentiment/amicalement.
b Je le/la laisse tranquille.
c Je réponds à ses questions mais je ne l'encourage pas.

7 Le nouveau arrive de l'étranger et ne parle pas bien ta langue. Comment réagis-tu?
a Je ne cherche pas à le/la comprendre.
b J'essaie de l'aider quand même.
c J'apprends quelques mots de sa langue pour communiquer avec lui/elle.

8 Tu arrives à une fête où tu ne connais personne.
a Je fais un effort pour parler aux autres.
b J'attends qu'on me parle.
c Je repars tout de suite.

Solution

Compte tes points:

	a	b	c
1	5	3	1
2	3	3	3
3	3	5	1
4	1	3	5
5	1	3	5
6	5	1	3
7	1	3	5
8	5	3	1

28 + Les amis, c'est ta deuxième famille. Tu passes donc beaucoup de temps en leur compagnie. Tu es accueillant(e) et gentil(le) envers les autres. Tu t'intéresses aux nouveaux et tu les aides si possible.

12 + Les amis sont importants pour toi. Tu es poli(e) envers les nouveaux, mais comme tu as déjà ton petit cercle d'amis, tu n'es pas très accueillant(e).

12 ou moins Tu es peut-être très timide ou très indépendant(e). On a l'impression que les amis ne sont pas très importants dans ta vie.

Bienvenue à Paris!

2.1 Découvrir Paris

1 🎧 💻 Paris – un tour virtuel

Nadine Duprès et Pierre Lefèvre sont Parisiens. Ils vont te faire visiter leur ville sur Internet. Écoute et regarde les photos. Trouve le bon texte pour chaque photo.
Exemple: 1 B

2 Vrai ou faux?

*C'est vrai (**V**), faux (**F**) ou pas mentionné (**PM**)?*
Exemple: 1 V

1 La cathédrale de Notre-Dame se trouve au centre de Paris.
2 Le fleuve à Paris s'appelle la Seine.
3 Le Sacré-Cœur est un funiculaire.
4 À la mosquée, il y a une bibliothèque et un restaurant.
5 Autrefois, la Pyramide était un palais des rois.
6 L'Obélisque, au milieu de la Place de la Concorde, vient d'Égypte.
7 L'office de tourisme parisien est situé sur l'avenue des Champs-Élysées.
8 Le tombeau de Napoléon se trouve à l'Arc de Triomphe.
9 Le centre de la Grande Arche est assez grand pour y mettre la cathédrale de Notre-Dame.
10 La Tour Eiffel n'est pas célèbre.
11 Un des centres d'art à Paris s'appelle le Centre Pompidou.
12 Le Stade de France n'est pas très grand.

A La Tour Eiffel
C'est le plus célèbre monument de Paris et, à 320 mètres, un des plus hauts.

B Notre-Dame de Paris
Cette belle cathédrale est située sur l'Île de la Cité, en plein centre de Paris.

C Le Sacré-Cœur
Cette église blanche est construite sur une colline à Montmartre. On peut prendre un funiculaire pour monter la colline.

D Les Champs-Élysées
C'est la plus belle et la plus célèbre avenue de Paris. On y trouve des cafés, des magasins, des cinémas et l'office de tourisme de Paris.

E L'Arc de Triomphe
Ce monument célèbre commémore les victoires de Napoléon. C'est là qu'on peut voir le tombeau du soldat inconnu.

F Le Stade de France
C'est un bâtiment énorme situé au nord de Paris, construit en 1998 pour des événements sportifs et des grands spectacles.

G La Place de la Concorde
Au milieu de cette grande place se trouve l'Obélisque, un monument égyptien très ancien.

H La Grande Arche
Ce monument énorme se trouve dans le quartier de La Défense. Il a été construit pour célébrer le bi-centenaire de la Révolution Française.

I La Mosquée de Paris
Ce bâtiment fascinant est richement décoré de sculptures et de mosaïques musulmanes. Le minaret a 33 mètres de hauteur et il y a un très beau jardin.

J La Seine
La Seine est un fleuve qui divise Paris en trois parties: la Rive Droite, la Rive Gauche et l'Île de la Cité.

K Le Louvre
Aujourd'hui, c'est un grand musée, mais autrefois, c'était un palais des rois. Devant le Louvre, il y a une construction moderne, la Pyramide.

L Le Centre Pompidou
C'est un des monuments les plus populaires de Paris. Situé dans le quartier Beaubourg, c'est un grand centre d'art et de culture.

la rive – *(river) bank*

3 Paris-Jeunesse

Regarde cette page web sur Paris, puis fais les activités.

Paris-Jeunesse

À Paris, il y a beaucoup de choses à voir et à faire.
En voici une petite sélection – surtout pour les jeunes.

Vivre le passé!

Le Musée Grévin
Ⓜ Grands Boulevards
Voyez toute l'histoire de France dans un seul endroit.
Les grands personnages en cire! Ouvert tous les jours, même les jours fériés.

Le Louvre
Ⓜ Palais-Royal
Le célèbre musée d'art, avec sept départements pour tous les goûts. Entrée par la fantastique Pyramide. Ouvert tous les jours sauf mardi. Après la visite, relaxez-vous dans le Jardin des Tuileries ou visitez les beaux magasins de la rue de Rivoli et de l'avenue des Champs-Élysées.

Voir le présent!

La Tour Eiffel
Ⓜ Bir-Hakeim; RER Champ de Mars
Toujours très populaire! Accès 1er, 2e et 3e étages par ascenseur. Ouverte tous les jours de 9h30 à 23h. Du 3e étage, vue très étendue sur la Seine et tout Paris. Accès au 1er et 2e étage possible par l'escalier.

Le Stade de France
Ⓜ Porte de Paris, RER St-Denis, La Plaine
Une visite fascinante – on peut voir la pelouse, les tribunes, etc. Ouvert tous les jours en dehors des manifestations. Et en face, il y a un centre commercial où se trouve le plus grand magasin de sports de France!

Le Sacré-Cœur
Ⓜ Anvers
De cette église historique, on a un panorama exceptionnel sur Paris dans un rayon de 50km. Accès possible par le funiculaire dans le quartier de Montmartre. Ouvert tous les jours.

Le Centre Pompidou
Ⓜ Rambuteau
Ouvert de 11h à 22h, fermé le mardi et le 1er mai (jour férié). Du toit et des tubes transparents extraordinaires, on a une belle vue sur Paris. À l'intérieur, on voit de l'art moderne.

Voyager dans l'avenir!

Le Palais de la Découverte
Ⓜ Champs-Élysées-Clémenceau, Franklin-D. Roosevelt
Passez un jour scientifique au palais – tant de choses à faire: expériences scientifiques, expositions, planétarium. Fermé le lundi.

La Cité des Sciences et de l'Industrie
Ⓜ Porte de la Villette
Il ne faut pas manquer le centre d'exposition et de documentation sur les grandes innovations techniques. Comptez au moins un jour pour tout voir! Ouverte tous les jours sauf lundi.

4 Jeu de définitions

Trouve la bonne définition.
Exemple: 1 *d* (un jardin public)

1	le Jardin des Tuileries	a	une cathédrale
2	le Louvre	b	un monument
3	le Sacré-Cœur	c	une église
4	les Champs-Élysées	d	un jardin public
5	Notre-Dame	e	un musée
6	la Tour Eiffel	f	un fleuve
7	la Seine	g	un stade
8	le Stade de France	h	une avenue

5 À l'office de tourisme

Trouve la bonne réponse à chaque question.
Exemple: 1 *e*

1 Qu'est-ce qu'il y a à voir à La Défense?
2 Je m'intéresse aux grands personnages de l'histoire.
3 Y a-t-il un musée des sciences au centre de Paris?
4 Nous aimons l'art et la sculpture.
5 Est-ce qu'on peut visiter un monument sportif?
6 Mon père aime les panoramas, mais il déteste les ascenseurs.
7 Où est-ce qu'il faut aller pour le plus beau panorama?

a Allez au Louvre – il y a de l'art datant de plusieurs siècles.
b Il y a le Palais de la Découverte.
c Allez au Stade de France. C'est ouvert tous les jours pour une visite.
d Visitez le Musée Grévin – on peut y voir toute l'histoire de France.
e Il y a un centre commercial et la Grande Arche.
f Allez au Sacré-Cœur. On peut monter à pied.
g Allez au troisième étage de la Tour Eiffel.

6 C'est ouvert?

*Travaillez à deux. Une personne (**A**) regarde cette page, l'autre (**B**) regarde la page 142.*
Tu travailles à l'office de tourisme. Consulte la page web Paris-Jeunesse pour répondre aux questions de ton partenaire.
Exemple: B *Le Palais de la Découverte, c'est ouvert le lundi 29 avril?*
A *Non, le lundi, c'est fermé.*
B *La Tour Eiffel, c'est ouvert le lundi?*
A *Oui, c'est ouvert tous les jours.*

> Now you can...
> • find out about places to visit in Paris
> • understand tourist information

2.2 À bientôt!

1 Cartes postales de Paris

Thomas et Audrey habitent en Suisse. Ils sont en vacances à Paris. Lis les cartes postales, puis complète leur programme d'activités.

Exemple: 1 *une promenade en bateau*

Programme d'activités			
	matin	**après-midi**	**soir**
samedi	Arrivée en TGV	**1** …	libre
dimanche	**2** …	**3** …	libre
lundi	**4** …		**5** …
mardi	**6** …		libre
mercredi	Le Musée d'Orsay ou la Cité des Sciences et de l'Industrie		
jeudi	Le Centre Pompidou + Le Forum des Halles		un concert
vendredi	Radio Jeunesse	Le Louvre	libre
samedi	Départ en TGV pour Genève		

A

Cher Jean-Luc,
Samedi matin, nous avons pris le TGV de Genève à Paris. À Paris, nous sommes allés directement à notre hôtel. L'après-midi, il a fait très chaud et nous avons fait une promenade en bateau sur la Seine. Du bateau, on a vu Notre-Dame, le Louvre et beaucoup d'autres monuments.
Thomas

B

Chère Lucie,
Bien arrivés à Paris. Dimanche, on a visité la Tour Eiffel. On a fait l'ascension au deuxième étage par l'escalier. Ouf! C'était fatigant, mais on a pu voir tout Paris. J'ai acheté une Tour Eiffel comme souvenir – mais plus petite, bien sûr! L'après-midi, il a plu, alors on a visité les égouts. On est descendu sous terre, puis on a pris un bateau pour explorer le Paris souterrain. C'était très intéressant.
Audrey

> **les égouts** – *sewers*

C

Chers Nicole et Marc,
Bonjour de Paris, où je passe des vacances merveilleuses! Lundi, il a fait beau et on a visité Montmartre. On a pris le funiculaire pour monter au Sacré-Cœur. Puis le soir, on a fait une excursion en car pour voir Paris la nuit. C'était très beau.
Audrey

D

Salut Antonin! mardi
Aujourd'hui, il a fait froid, alors on a pris le métro jusqu'à La Défense. C'est un quartier moderne à l'ouest de Paris. À La Défense, il y a un centre commercial et un monument énorme, la Grande Arche. Entre les deux murs de l'Arche, il y a un espace aussi large que les Champs-Élysées et on pourrait mettre tout Notre-Dame à l'intérieur.
Thomas

2 Quel temps a-t-il fait?

a *À Paris, le temps a été variable. Lis les cartes postales pour savoir quel temps il a fait.*
   1 samedi après-midi   3 lundi
   2 dimanche après-midi   4 mardi

b *Et quel temps a-t-il fait hier dans le reste de la France? Consulte la carte et fais une phrase pour chaque ville.*
   Exemple: *À Nice, il a fait beau.*

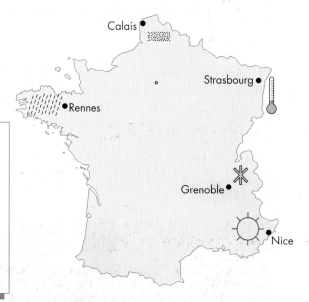

Pour t'aider

Il a fait	beau/chaud/froid/mauvais.
Il y a eu	du soleil/du brouillard/du vent.
Il a plu/Il a neigé.	

3 Maintenant ou hier?

Lis les phrases et décide si c'est maintenant (M) ou hier (H).
1 Je finis mes devoirs.
2 Il a acheté un nouveau CD.
3 Ils ont choisi un cadeau pour Florence.
4 Elle fait une promenade sur les Champs-Élysées.
5 Nous avons pris l'ascenseur jusqu'au sommet de la Tour Eiffel.
6 Mes sœurs ne sont pas là, elles sont au Centre Pompidou.
7 Charlotte a fait du lèche-vitrine au centre commercial.
8 Malika a vu le spectacle au Stade de France.

4 🎧 Samedi à Paris

Écoute ces jeunes Parisiens. Ils parlent de samedi dernier. Combien de personnes ont fait chaque activité? Copie le tableau et écris ✔ pour noter les réponses.

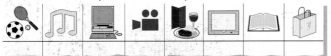

Attention! On n'a pas fait toutes les activités. Qu'est-ce qu'ils n'ont pas fait?

DOSSIER-LANGUE

The perfect tense with *avoir*

Look at the postcards on page 23. Here are some of the verbs Thomas uses.

> *Nous **avons pris** le TGV. Il **a fait** très chaud.*
> *On **a visité** la Tour Eiffel.*

The verbs are in the perfect tense, because he is talking about things that have happened and are over now. To form the perfect tense, you need two parts:

present tense of avoir (to have) (called the **auxiliary** verb)	+ past participle (e.g. from *jouer* – to play)
j'ai	joué
tu as	joué
il/elle/on a	joué
nous avons	joué
vous avez	joué
ils ont	joué

Regular verbs form the past participle as follows:
-er verbs → -é e.g. *travailler travaillé*
-re verbs → -u e.g. *attendre attendu*
-ir verbs → -i e.g. *finir fini*
Many verbs have irregular past participles. These are listed in **Les verbes** (page 157).

---

5 👤 À toi! ☞

a À discuter *Travaillez à deux. Qu'est-ce que vous avez fait samedi après-midi et samedi soir? Posez des questions et répondez à tour de rôle.*

Exemple: A *Qu'est-ce que tu as fait samedi après-midi?*
　　　　　B *J'ai fait du shopping en ville.*
　　　　　A *Qu'est-ce que tu as fait samedi soir?*
　　　　　B *J'ai regardé un film au cinéma.*

b À écrire *Écris quelques phrases pour décrire le week-end dernier.*

Pour t'aider

J'ai	joué	au 🏑
		à 💻	du 🎻
	surfé sur Internet.	
On a	mangé au 🍽 /regardé la 📺	
Nous avons	fait du sport/du shopping/du lèche-vitrine. lu un livre/un magazine.	

6 💻 Des cartes postales

Tu passes des vacances à Paris. Écris une carte postale à un(e) ami(e) français(e). Choisis une phrase dans chaque section. Voici des idées:

Cher/Chère …		
Hier,	il a fait	beau/mauvais. un temps magnifique, etc.
	il a plu, etc.	
Le matin, on a visité		la Tour Eiffel. l'Arc de Triomphe. la Grande Arche, etc.
J'ai acheté		un T-shirt. une petite Tour Eiffel. des cartes postales, etc.
L'après-midi, on a fait		une promenade. une excursion en bateau/en car. du lèche-vitrine, etc.
Amitiés/Amicalement/À bientôt, …		

Now you can …

● read and write holiday postcards
● say what the weather was like
● use the perfect tense with *avoir*

2.3 En métro

1 Infos-métro

Consulte la publicité pour le métro et le RER, et complète les phrases avec les mots dans la case.

1 Le métro, c'est pratique et ce n'est pas …
2 Il y a 380 …
3 Il est plus économique d'acheter un carnet de … tickets.
4 Il y a …, alors on peut faire un long voyage pour le même prix qu'un court voyage.
5 Le RER est comme le métro, mais plus …
6 Pour aller à l'aéroport ou à Disneyland Paris, prenez le …

> **a** rapide **b** dix **c** cher **d** stations de métro
> **e** un tarif unique **f** RER

 Le métro **M**

- 16 lignes
- 380 stations de métro
- 211,3 kilomètres de lignes de métro (voies doubles)
- 36 correspondances avec RER* et SNCF
- 1 tarif unique dans le centre de Paris
- avec 1 ticket, on peut faire un voyage de 2, de 20 ou même de 50 stations
- 1 carnet de 10 tickets est plus économique

RER **(RER)**

ça veut dire le Réseau Express Régional
c'est comme le métro, mais plus rapide, et il va plus loin
la ligne A est très pratique pour visiter Disneyland Paris
on prend la ligne B pour aller à l'aéroport Charles de Gaulle

2 C'est quel panneau?

Choisis le bon panneau. Attention! Il y a plus de panneaux que de phrases.

Exemple: 1 *c*

1 Tu veux prendre le métro.
2 Tu veux acheter un carnet ou un ticket.
3 Tu veux prendre la direction La Défense.
4 Tu veux changer de ligne.
5 Tu veux prendre un train de la SNCF.
6 Tu veux quitter le métro.

a  DIRECTION → **M 1** LA DÉFENSE

b  SORTIE AÉROGARE DES INVALIDES

c  METRO

d  BILLETS

e  ← SNCF

g  RER

f  ← CORRESPONDANCE BALARD – CRÉTEIL

3 On prend le métro

Travaillez à deux. Écoutez et lisez la conversation, puis changez les mots en couleur pour inventer d'autres conversations.

– **Un carnet**, s'il vous plaît.
– Voilà. **9,30 €**.
– Voilà. Pour **la Tour Eiffel**, c'est quelle station, s'il vous plaît?
– **Bir-Hakeim**.
***
– Pardon, Madame, **Bir-Hakeim**, c'est quelle direction?
– Prenez la direction **Pont de Sèvres**, puis changez à **Trocadéro** et prenez la direction **Nation**.
– Merci, Madame.
***
– C'est **Trocadéro**. Excusez-moi, je descends ici.
***
– Pardon, Monsieur. Direction **Nation**, c'est par où, s'il vous plaît?
– C'est par là. Là, où vous voyez 'Correspondance'.
– Ah oui. Merci, Monsieur.

> un ticket
> un carnet

> Bir-Hakeim
> Anvers
> Charles de Gaulle-Étoile

> Pont de Sèvres
> Mairie des Lilas
> Balard

> la Tour Eiffel
> le Sacré-Cœur
> l'Arc de Triomphe

> Trocadéro
> Belleville
> Concorde

> 1,30 €
> 9,30 €, etc.

> Nation
> Porte Dauphine
> La Défense

Now you can …

● understand how to travel by metro

2.4 Qu'est-ce que tu as fait?

DOSSIER-LANGUE

The perfect tense with *être*

In the cartoon, the verbs form their perfect tense with the auxiliary *être* + the past participle. Have a look at the past participle in each bubble. Can you remember what is special about the past participles of *être* verbs?

When you form the perfect tense with *être*, the past participle agrees with the person doing the action (the subject):

- Add **-e** if the subject is feminine.
- Add an extra **-s** if the subject is plural.

Nous sommes arrivées en montgolfière.

Nous sommes arrivés en hélicoptère.

Je suis arrivée en roller.

Je suis arrivé en skate.

Comment sont-ils arrivés à Paris?

Here is the perfect tense of *aller* in full:

je suis	allé(e)
tu es	allé(e)
il est	allé
elle est	allée
on est	allé(e)(s)
nous sommes	allé(e)s
vous êtes	allé(e)(s)
ils sont	allés
elles sont	allées

Several other verbs, mostly verbs of movement, form their perfect tense in this way. You might find it easier to remember the 13 main verbs with the phrase 'MRS VAN DE TRAMP' – each letter stands for a different verb.
For a full list, see **La Grammaire** (page 148).

I Des touristes à Paris

Trouve les paires.
Exemple: 1 *d*

1	M. Valois est	**a**	allées aux Champs-Élysées.
2	Mme Valois est	**b**	pas montés par l'escalier.
3	Les enfants ne sont	**c**	est partis de bonne heure.
4	Ma sœur et moi, nous	**d**	allé à la Tour Eiffel.
5	Nathalie et Sylvie sont	**e**	es descendu dans les égouts!
6	Quelle horreur! Tu	**f**	pas revenu avant minuit.
7	Pour aller à La Villette, on	**g**	restée au café en bas.
8	C'était super! Je ne suis	**h**	sommes allés à La Défense.

2 Hier à Paris

Tu es allé(e) à Paris. Choisis trois endroits que tu as visités.

le matin:	un musée ou un monument
l'après-midi:	un marché, un parc ou un jardin
le soir:	un endroit d'où il y a un panorama sur Paris

*Travaillez à deux. Posez des questions à tour de rôle pour deviner où votre partenaire est allé(e). Attention! On peut répondre uniquement par **Oui** ou **Non**.*
Exemple: **A** *Le matin, es-tu allé(e) au Louvre?*
B *Non.*
A *Es-tu allé(e) à l'Obélisque?*
B *Oui!*

3 Vincent et Sophie

a *Vincent habite à Paris. Voici ce qu'il a fait hier.*
Mets les phrases dans le bon ordre.

A Le bus est arrivé à 8 heures 10.
B Vincent est parti de la maison à 8 heures.
C Il est arrivé au collège à 8 heures 25.
D Il est allé à l'arrêt d'autobus.
E Il est resté au collège toute la journée.
F Il est monté dans le bus. Le bus est parti.
G Il est rentré à la maison à 5 heures.
H Il est entré en classe à 8 heures et demie.

b *La sœur de Vincent s'appelle Sophie. Raconte ce qu'elle*
a fait hier soir.

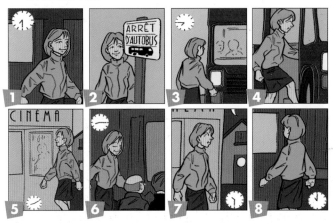

5 🗣 Une visite à conséquences

Travaillez à deux ou en groupes. Chaque personne prend
une feuille.

- Écris le nom d'un jour de la semaine.
  Plie la feuille et donne-la à une autre personne.
- Écris le nom d'un monument de Paris.
  Plie la feuille et donne-la à une autre personne.
- Écris une opinion.
  Plie la feuille et donne-la à une autre personne.
- Décris le temps ou dessine un symbole.
  Plie la feuille et donne-la à une autre personne.

Ouvre la feuille et invente une conversation.

4 🎧 Samedi dernier

Écoute la conversation entre Nadine et son amie, Louise.
Trouve les six questions que Louise a posées.

1 Tu as passé un bon week-end?
2 Où es-tu allée?
3 Qu'est-ce que tu as fait?
4 Quand es-tu sortie du collège?
5 Qui est allé au café?
6 Tu es restée longtemps au café?
7 Avez-vous pris le métro?
8 Tu as aimé?
9 Est-ce que tu as acheté quelque chose?
10 Tu es rentrée à la maison à quelle heure?

DOSSIER-LANGUE

Asking and answering questions in the perfect tense

To ask a question in the perfect tense you can
- change the tone of your voice: *Tu as fini tes devoirs?*
- add *Est-ce que* … :
  Est-ce que *tu as fini tes devoirs?*
- use a question word: **Qui** *a fini ses devoirs?*
- turn the auxiliary verb round and add a hyphen (-):
  As-tu *fini tes devoirs?* **Es-tu** *sorti(e) hier soir?*
  This is also done with some question words:
  Quand as-tu *fini tes devoirs?*

Look again at task 4. How many questions of each type
are there?

Don't forget to add the extra *-t* when you turn round
il a or *elle a*; it makes it easier to say:
Et Nadine, a-t-elle fini ses devoirs?

To answer that you **haven't** done/eaten/seen something,
put *ne/n'* … *pas* around the auxiliary verb and add the
past participle afterwards:
Je **n'**ai **pas** *fini mes devoirs. Je* **ne** *suis* **pas** *sorti(e).*

Exemple:

lundi	– Qu'est-ce que tu as fait lundi?
Sacré-Cœur	– J'ai visité le Sacré-Cœur.
	– Tu as aimé?
pas intéressant	– Non, ce n'était pas intéressant.
	– Quel temps a-t-il fait?
il n'a pas fait beau	– Il n'a pas fait beau.

Now you can ...
- say what has happened and what you have done
- use the perfect tense with *être*
- ask and answer questions in the perfect tense

2.5 On a visité …

1 La Cité des Sciences et de l'Industrie

Regarde les photos et lis le texte.

La Cité des Sciences et de l'Industrie se trouve dans un grand parc à La Villette, à 20 minutes du centre de Paris en métro (station Porte de la Villette). C'est un des sites les plus populaires de Paris. C'est un centre scientifique et technique où il y a beaucoup de choses – des expériences, des jeux interactifs, des maquettes, des œuvres d'art, etc.

La Géode

Dans la grande salle, il y a une vingtaine d'expositions de thèmes différents, par exemple l'espace et les étoiles, l'océan, les mathématiques, la biologie, les sons et la lumière. Il y a trois cinémas: la Géode a un écran hémisphérique de 1000m²; le cinéma Louis-Lumière présente des films en relief; le Cinaxe est le plus grand simulateur de vol ouvert au public. Près de la Géode, on peut monter dans l'Argonaute, un sous-marin de l'an 1957.

On ne peut pas tout visiter à La Villette en un jour. Dans le parc, on passe par onze jardins sur de différents thèmes et on traverse un canal. On trouve aussi la Cité de la Musique, un musée où on voit et entend 900 instruments.

Il y a le Croq'Cité et d'autres cafés au centre, alors on peut y rester toute la journée. Et c'est super pour les visites scolaires – il y a même des audioguides en anglais.

L'Argonaute

2 🎧 Une journée à la Cité des Sciences

Thomas et Audrey ont passé la journée à la Cité des Sciences. Écoute leur conversation avec une amie parisienne. Dans quel ordre ont-ils fait ces activités?

Exemple: *h, …*

a Nous avons regardé un film à la Géode.
b Nous avons déjeuné au café Croq'Cité.
c Nous sommes entrés dans le sous-marin Argonaute.
d Nous sommes descendus dans le jardin au centre du parc.
e Nous avons fait des expériences avec l'eau.
f Nous avons acheté des cartes postales.
g Nous sommes allés au planétarium.
h Nous sommes montés dans la grande salle 'Explora'.
i Nous avons écouté des sons et de la musique.
j Nous avons visité l'exposition 'Jeux de lumière'.

3 Que pensez-vous de la Cité des Sciences?

On a posé cette question aux visiteurs de La Villette. Voilà une sélection des réponses.
Il y a combien d'opinions positives et combien d'opinions négatives?

a La Cité des Sciences, je la trouve très intéressante.

b Je n'aime pas tellement La Villette. Il y a trop de monde.

c Moi, j'aime surtout l'exposition 'Océan'.

d Je déteste l'architecture: c'est bizarre.

e Moi, je suis venu avec ma famille, mais j'ai horreur des musées. C'est fatigant.

f J'aime bien ce centre scientifique et technique. C'est très animé.

g Je m'intéresse beaucoup à l'espace, alors je viens surtout pour les expositions 'Espace' et 'Étoiles et galaxies' – je les trouve excellentes.

h La Géode, c'est bien. J'adore regarder les films à l'écran immense.

i Moi, je trouve que la Géode est très chère.

4 🎧 C'était quand?

a   Trouve les paires.
Exemple: a 4

a	hier	**1**	the day before yesterday
b	hier soir	**2**	last night
c	hier matin	**3**	last month
d	avant-hier	**4**	yesterday
e	vendredi dernier	**5**	last year
f	la semaine dernière	**6**	last Friday
g	le mois dernier	**7**	yesterday morning
h	l'année dernière	**8**	last week

*b   Écoute les conversations. C'est quelle phrase (**a–h**)?*
Exemple: 1 e

5

*a   **À discuter** Travaillez à deux. Posez des questions et répondez à tour de rôle pour décrire une visite récente (vraie ou imaginaire).*

Exemple: A *C'était quand, la visite?*
　　　　　B *C'était le mois dernier.*
　　　　　A *Qu'est-ce que vous avez fait?*
　　　　　B *Nous sommes allés au château de Versailles.*

*b   **À écrire** Écris la description d'une visite. Pour t'aider, change les mots en couleur.*
Exemple:

Un voyage scolaire à Versailles

Le mois dernier, je suis allé(e) avec ma classe au château de Versailles. **Nous avons voyagé** en RER.

Le château de Versailles est un monument historique très célèbre avec des jardins magnifiques. **Nous avons visité le château. Nous avons vu des peintures et des sculptures.** Puis nous avons visité les jardins.

Pour le déjeuner, nous avons fait un pique-nique. Nous sommes restés là-bas **toute la journée.** Nous sommes rentrés au collège à 16 heures. C'était intéressant, mais un peu long.

C'était quand?
le mois dernier
la semaine dernière
mercredi/samedi/dimanche dernier
pendant les vacances, etc.

Où êtes-vous allés?
la Tour de Londres
HMS Victory
le musée des sciences
le château d'Édimbourg,
etc.

Avec qui?
avec　ma classe
　　　mes ami(e)s
　　　mes parents
　　　ma famille, etc.

Comment avez-vous voyagé?
en car
en train
en bus
en métro
en bateau, etc.

Description
la Tour de Londres est un monument historique très célèbre …
HMS Victory est un très vieux bateau … , etc.

Qu'est-ce que vous avez fait?
nous avons visité …
nous avons vu …

Pour combien de temps?
le matin
l'après-midi
toute la journée
pendant deux/trois heures, etc.

Qu'est-ce que vous avez fait pour le déjeuner?
nous avons fait un pique-nique
nous sommes allés　au café
　　　　　　　　　à la cantine, etc.

C'était comment, la visite?

C'était **J'ai trouvé ça**	très assez	bien/amusant. intéressant/fascinant. fatigant/ennuyeux.
	magnifique/fantastique. génial/extra. super/excellent/marrant. affreux/horrible/nul.	
J'ai bien aimé … Je n'ai pas aimé …		

Now you can …
● describe a recent visit
● give opinions

2.6 La semaine dernière

1 🎧 Bon anniversaire!

Écoute la conversation et complète le résumé avec les mots dans la case.

Yannick a fêté son anniversaire …(1)… dernier. Il est …(2)… à Aquaboulevard avec des amis. C'est une …(3)… magnifique. Camille n'a pas encore …(4)… la piscine.

Yannick et ses amis ont …(5)… en métro, parce que c'est très …(6)… . Après ça, ils …(7)… allés dans un fast-food. Ils ont …(8)… des hamburgers, des frites et un gâteau, et tout le monde a …(9)… 'bon anniversaire'. Il n'a …(10)… aimé ça, mais c'était gentil quand même!

Après, ils sont allés au cinéma et ils sont …(11)… vers 10 heures. C'était …(12)… .

a allé	**b** chanté	**c** génial	**d** mangé
e mercredi	**f** pas	**g** piscine	**h** pratique
i rentrés	**j** sont	**k** visité	**l** voyagé

DOSSIER-LANGUE

Using the perfect tense in the negative

To make a sentence in the perfect tense negative, put *ne (n') … pas* around the auxiliary verb:

*Je n'ai **pas** aimé ça.*
I didn't like that.
*Elle n'est **pas** encore allée à la piscine.*
She hasn't been to the swimming pool yet.

2 Une semaine de vacances

La semaine dernière, on n'est pas allé au collège.
Qu'est-ce qu'on a fait? Suis les lignes, puis fais des phrases complètes.
Exemples: 1 *Lundi, <u>je suis allé</u> en ville et <u>j'ai fait</u> du shopping.*
2 *Laetitia, <u>tu n'es pas restée</u> au lit mardi?*

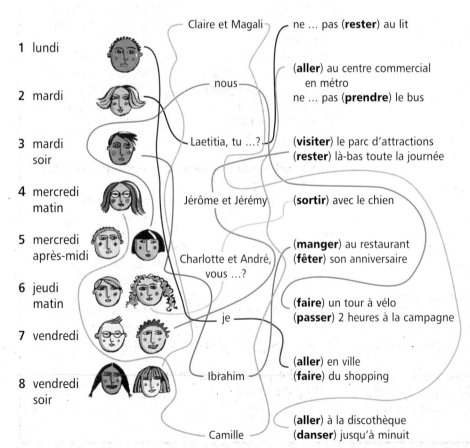

1 lundi

2 mardi

3 mardi soir

4 mercredi matin

5 mercredi après-midi

6 jeudi matin

7 vendredi

8 vendredi soir

Claire et Magali — ne … pas (**rester**) au lit

nous — (**aller**) au centre commercial en métro
ne … pas (**prendre**) le bus

Laetitia, tu …? — (**visiter**) le parc d'attractions
(**rester**) là-bas toute la journée

Jérôme et Jérémy — (**sortir**) avec le chien

(**manger**) au restaurant
Charlotte et André, vous …? — (**fêter**) son anniversaire

(**faire**) un tour à vélo
je — (**passer**) 2 heures à la campagne

(**aller**) en ville
Ibrahim — (**faire**) du shopping

(**aller**) à la discothèque
Camille — (**danser**) jusqu'à minuit

3 🗣 À toi!

À discuter *Travaillez à deux. Qu'est-ce que vous avez fait la semaine dernière? Posez des questions et répondez à tour de rôle.*
Exemple:
A *Qu'est-ce que tu as fait lundi dernier?*
B *Lundi, je suis allé(e) au collège comme d'habitude.*
A *Et le soir?*
B *Le soir, j'ai fait mes devoirs, puis j'ai écouté la radio. Et toi? (etc.)*

À écrire *Écris quelques phrases pour décrire la semaine dernière.*
Exemple:
Lundi dernier, je suis allé(e) au collège. Le soir, j'ai fait mes devoirs, … (etc.)

Now you can…

● use the perfect tense with *avoir* and *être*, and in the negative

SOMMAIRE

Now you can ...

● **talk about places in a town or city**

Notre-Dame, c'est une cathédrale.	Notre-Dame is a cathedral.
Le Louvre, c'est un musée.	The Louvre is a museum.
au milieu de	in the middle of
une avenue	avenue
une cathédrale	cathedral
célèbre	famous
un centre commercial	shopping centre
une colline	hill
une église	church
un fleuve	river
un funiculaire	cable car
un grand magasin	department store
une île	island
un jardin public	public gardens, park
un marché	market
un monument	monument
un musée	museum
une place	square
un quartier	district
se trouver	to be situated
situé(e)	situated

● **understand information in tourist materials**

ouvert(e)	open
fermé(e)	closed
sauf (sf)	except
tous les jours (t.l.j.)	every day
un jour férié	public holiday

● **say what the weather was like**

il a fait	beau	it was	fine
	chaud		hot
	froid		cold
	mauvais		bad (weather)
il y a eu	du soleil	it was	sunny
	du brouillard		foggy
	du vent		windy
il a plu			it rained
il a neigé			it snowed

● **travel by métro**

Pour la Tour Eiffel, c'est quelle station?	What station is it for the Eiffel Tower?
Bir-Hakeim, c'est quelle direction?	What direction is it for Bir-Hakeim?
Est-ce qu'il faut changer?	Do I have to change?
Prenez la direction Pont de Sèvres ...	Go towards Pont de Sèvres ...
puis changez à Trocadéro et prenez la direction Nation.	then change at Trocadéro and follow signs for Nation.
Excusez-moi, je descends ici.	Excuse me, I'm getting off here.

Direction Nation, c'est par où, s'il vous plaît?	Where do I get the train for Nation?
C'est par là, où vous voyez 'Correspondance'.	Over there, where it says 'Connections'.
un carnet	book of tickets
un panneau	sign
la sortie	exit
la station de correspondance	interchange, connecting station
une station de métro	metro station
un tarif unique	flat-rate fare
un ticket	ticket

● **describe what you did, etc. using the perfect tense**

with avoir	J'ai visité ...	I visited ...
	On a pris ...	We took ...
	Nous avons vu ...	We saw ...(see also page 24)
with être	Je suis allé(e) à ...	I went to ...(see also page 26)

● **use expressions of past time** (see page 29)

● **talk or write about a place you have visited recently** (see also page 29)

Hier/Samedi/La semaine dernière, on a visité ...	Yesterday/On Saturday/Last week we visited ...
On a voyagé en ...	We travelled by ...
L'après-midi, on ...	In the afternoon we ...
Nous sommes restés là tout l'après-midi.	We stayed there all afternoon.
C'était (très/assez/pas) ... bien/intéressant/amusant/ ennuyeux/fatigant/génial/ affreux/horrible/nul	It was (very/quite/not) ... good/interesting/enjoyable/ boring/tiring/great/ terrible/awful/rubbish
Nous sommes rentrés à ...	We came back at ...
J'ai horreur de .../Je déteste ...	I hate ...

● **ask and answer questions about what you did or what happened**

As-tu passé un bon week-end?	Did you have a good weekend?
Où es-tu allé(e)?	Where did you go?
Je suis allé(e) ...	I went ...
Qu'est-ce que tu as fait?	What did you do?
Tu as aimé?	Did you like/enjoy it?
Oui/Non, c'était ...	Yes/No, it was ...
Pierre, a-t-il fait ses devoirs?	Has Pierre done his homework?

(see also page 27 and **La Grammaire**, page 148)

● **use the perfect tense in the negative** (see pages 27 and 30)

Attaque du matin

Hier matin, vers six heures, un homme masqué a attaqué un facteur près de la bouche de métro à Passy. Il a volé le sac du facteur et s'est échappé dans le métro. 'C'est sans doute le mystérieux voleur du métro,' a dit l'inspecteur de police du quartier.

C'est encore le 'voleur du métro'?

Hier, à midi, tout près d'une bouche de métro à Châtelet, un homme a volé de l'argent à une vendeuse de journaux. L'homme s'est approché du kiosque, a acheté *France-Soir* en demandant la monnaie d'un billet de 50 euros à la vendeuse, puis il lui a volé la caisse qui était sur le comptoir. Comme il s'est échappé dans le métro, on croit que c'est encore le 'voleur du métro'.

Un voleur qui aime les fleurs?

Hier matin, vers neuf heures, une femme qui vend des fleurs près de la bouche de métro à Charles de Gaulle-Étoile, a été victime d'une attaque un peu extraordinaire. Un homme lui a acheté un gros bouquet de roses rouges, puis, tout à coup, il a saisi son argent et a disparu dans le métro – avec les roses! On soupçonne de nouveau le 'voleur du métro'.

Le voleur du métro, est-ce qu'il va gagner à la Loterie?

Hier après-midi, vers trois heures et demie, un monsieur inconnu s'est présenté devant le kiosque de Monsieur Daumier, vendeur de billets de la Loterie Nationale, place de la République. Il a acheté deux billets, puis, soudain, il a saisi au moins cent billets de loterie et des billets de 50 euros. Comme il est entré tout de suite dans le métro, on croit que c'est encore le 'voleur du métro'.

Le voleur du métro est très dangereux. Hier, à sept heures du soir, il a volé une valise à la gare du Nord et, plus tard, vers neuf heures du soir, il a volé de l'argent dans un cabaret à Pigalle. Chaque fois, après le vol, il est descendu dans le métro.

Voici le portrait-robot du voleur du métro.

Si vous avez vu cet homme, téléphonez tout de suite à la police.

Tu es détective?

Qu'est-ce qui va arriver à la fin de l'histoire du voleur du métro? Voici quelques versions possibles du 'dernier épisode'. Devine quelle est la version correcte.

1 Le voleur a pris la caisse d'un étalage à bonbons (et il a volé des bonbons aussi, bien sûr!). Deux agents de police l'ont arrêté dans le métro.

2 Après un autre vol, à Invalides, le voleur est descendu dans le métro, comme d'habitude, et un contrôleur de la RATP (les transports parisiens) l'a arrêté, mais pour un crime différent: il n'avait pas de billet.

3 Le voleur a acheté des bonbons pralinés, près du métro de l'aérogare des Invalides. Deux garçons, qui étaient en train d'acheter des bonbons aussi, ont reconnu le voleur à cause de son portrait-robot. Ils l'ont suivi dans le métro et un agent l'a arrêté. Les deux garçons ont reçu une grosse récompense.

4 Le voleur du métro a été, lui-même, victime d'une attaque! On lui a volé son portefeuille, 250 grammes de pralinés ... et son nouveau carnet de tickets de métro!

Tourne à la page 143 pour lire la version correcte qui est parue dans le journal.

Ce jour-là *Tu es fort en histoire?*
Fais ce jeu pour le savoir! Trouve les paires.

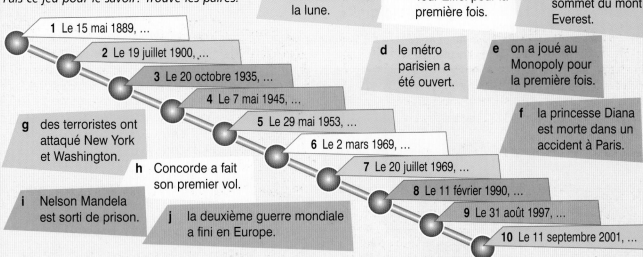

1 Le 15 mai 1889, ...

2 Le 19 juillet 1900, ...

3 Le 20 octobre 1935, ...

4 Le 7 mai 1945, ...

5 Le 29 mai 1953, ...

6 Le 2 mars 1969, ...

7 Le 20 juillet 1969, ...

8 Le 11 février 1990, ...

9 Le 31 août 1997, ...

10 Le 11 septembre 2001, ...

a des Américains sont arrivés sur la lune.

b on est monté à la Tour Eiffel pour la première fois.

c Hillary et Tensing sont montés au sommet du mont Everest.

d le métro parisien a été ouvert.

e on a joué au Monopoly pour la première fois.

f la princesse Diana est morte dans un accident à Paris.

g des terroristes ont attaqué New York et Washington.

h Concorde a fait son premier vol.

i Nelson Mandela est sorti de prison.

j la deuxième guerre mondiale a fini en Europe.

La tradition de la bande dessinée

Presque tout le monde connaît déjà *Tintin* et *Astérix*. Ce sont les personnages principaux du genre 'BD' dans les pays francophones, mais ce ne sont pas les seuls.

C'est quoi exactement, une BD?
C'est une histoire en images, avec du texte dans des bulles. Elles sont imprimées dans un journal ou en album.

Quelles sont les origines de la BD?
C'est peut-être dans les grottes de Lascaux que le genre a commencé, ou bien en Égypte. La tapisserie de Bayeux (1077) est un bon exemple d'une histoire en images avec un texte pour commentaire.

Qui a créé Tintin?
Le 10 janvier 1929, dans un journal à Bruxelles en Belgique, Hergé a commencé la publication des aventures du jeune reporter Tintin et de son chien Milou.

© Hergé/Moulinsart 2002

- Hergé est le pseudonyme de Georges Rémi – ce sont ses initiales inversées: RG.
- Il a publié 23 histoires de Tintin avant sa mort en 1983.

- On peut visiter des musées de la bande dessinée à Angoulême et à Bruxelles.
- Il y a un festival de la bande dessinée chaque année à Angoulême.

Et Astérix?
Astérix, Obélix et leurs amis gaulois sont la création de deux Français: René Goscinny a écrit les scénarios; Albert Uderzo a fait les dessins. *Astérix* est né en 1959 et il est devenu un succès énorme.

© 2002 Les Éditions Albert René/ Goscinny - Uderzo

- Il y a plus de trente volumes d'Astérix.
- On a vendu plus de 300 millions d'albums.
- On peut lire Astérix dans environ 107 langues ou dialectes.

Quelles sont les autres BD?
Il y a un grand nombre de BD francophones. Voici quelques personnages classiques et toujours très populaires:

- Morris (encore un Belge) a créé en 1947 le cow-boy Lucky Luke.

- Franquin (Belge aussi!) a inventé le calamiteux Gaston Lagaffe.

- Peyo a inventé les fameux Schtroumpfs en 1958.

Les Schtroumpfs, © Peyo 2002, Licence IMPS (Bruxelles)

Le genre BD continue et il y a toujours de nouveaux auteurs, de nouvelles bandes à lire. Amusez-vous bien!

unité

3

Ça me passionne

3.1 Ça t'intéresse?

🎧 Mes loisirs

Écoute et lis les textes. C'est quelle image?
Exemple: 1 E

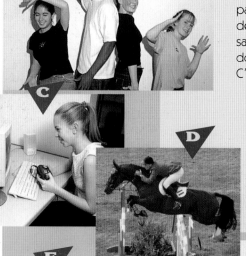

1 Rémi

Ma passion, c'est le rugby. Il y a trois ans, mon père était dans l'équipe de Lille et toute la famille le regardait jouer chaque semaine. C'était fantastique. Maintenant, c'est moi qui joue chaque semaine dans un club et mon père est l'entraîneur. Je rêve de jouer un jour dans l'équipe de France.

2 Karima

Je m'intéresse à la musique. J'écoute surtout la musique pop, mais j'aime aussi la musique classique de Debussy et de Beethoven. Je fais partie d'un groupe au club des jeunes – je joue de la guitare électrique et du clavier – et chaque samedi soir, on joue ensemble. À Noël, on a donné un concert de chansons des Beatles. C'était super!

3 Paméla

Moi, j'adore les ordinateurs et les jeux électroniques. J'ai tous les derniers jeux et je joue souvent avec mes amis ou je m'amuse seule. Quelquefois, je joue même sur Internet avec une amie en Guadeloupe. Ça, c'est intéressant.

4 Raj

Quand j'avais 10 ans, mes parents m'ont donné un appareil photo. C'était un appareil très simple, mais je faisais souvent de bonnes photos et cet été, j'ai gagné un concours avec une photo de mon chien. Le prix, un nouvel appareil numérique! J'étais ravi! Maintenant, je fais des photos tous les jours et je sauvegarde les bonnes. C'est mon journal en images.

5 Laetitia

Chaque année, je participe au spectacle son et lumière de ma ville. C'est rigolo de s'habiller comme un noble du Moyen-Âge ou un enfant pendant la révolution, mais pour moi, ce ne sont pas vraiment des déguisements: les gens s'habillaient vraiment comme ça! J'adore le théâtre, j'en fais dans un club toute l'année. Et puis, j'apprends comment c'était autrefois. C'est sympa.

6 Frédéric

Moi, je passe beaucoup de temps devant la télé ou au cinéma. J'aime les feuilletons et j'adore les films! J'ai une collection vidéo de tous les dessins animés de Disney et je les regarde au moins deux fois par an. Je lis des revues chaque semaine. Je fais du sport aussi: je vais souvent au cinéma à vélo!

7 Estelle

Je trouvais la natation seule assez ennuyeuse, alors j'ai décidé d'essayer le pentathlon. Je fais cinq sports: le tir à pistolet, l'escrime, la natation, l'équitation et la course à pied! Être pentathlète, c'est dur, mais c'est très varié et j'adore ça. Je m'entraîne régulièrement et un jour, j'espère participer aux Jeux Olympiques.

8 Julien

On dit que la danse, c'est seulement pour les filles. Moi aussi, je pensais ça, mais ce n'est pas vrai! Je fais de la danse moderne deux fois par semaine et, le week-end, il y a quelquefois des concours. C'est fatigant, c'est une vraie activité sportive, c'est amusant – et en plus, on est entouré de filles! Alors, les garçons, ne tardez pas!

2 Vrai ou faux?

Lis les textes. C'est vrai (V), faux (F) ou pas mentionné (PM)?
1 Rémi joue chaque semaine pour l'équipe de rugby de Lille.
2 Le groupe de Karima joue le samedi soir.
3 Avant, Paméla habitait en Guadeloupe.
4 Raj était content de gagner un appareil numérique.
5 Laetitia fait du théâtre toute l'année.
6 Frédéric ne s'intéresse pas aux magazines.
7 Estelle s'entraîne trois fois par semaine.
8 Julien a des concours de danse tous les week-ends.

3 Des phrases

a Trouve les paires pour faire des phrases.
Exemple: 1 *d*

1	Je fais souvent des	a	participe à un spectacle.
2	Je prends des	b	semaine dans un club.
3	Je regarde mes vidéos favorites	c	cinq sports régulièrement.
4	Je fais de la	d	jeux avec des amis.
5	Je joue chaque	e	au moins deux fois par an.
6	Chaque année, je	f	on joue ensemble.
7	Chaque samedi soir,	g	danse deux fois par semaine.
8	Je m'entraîne en	h	photos tous les jours.

b Qui parle à chaque fois?
Exemple: 1 *Paméla*

4 C'est qui?

Travaillez à deux. Une personne (A) choisit un texte du magazine et dit une phrase; l'autre (B) devine qui c'est. Puis changez de rôle.
Exemple: (**A** choisit Paméla.)
    A *Je joue souvent avec des amis.*
    B *C'est Karima.*
    A *Non. Quelquefois, je joue seule.*
    B *C'est Paméla.*
    A *Oui, c'est ça!*

Pour t'aider

Je joue	au rugby à l'ordinateur, etc.	régulièrement. tous les jours.	
	du clavier de la guitare, etc.	tous les lundis/mardis, etc. souvent.	
Je regarde	des films des vidéos, etc.	chaque jour/lundi/ semaine/mois/année.	
Je fais	du sport du théâtre de la photo, etc.	une deux	fois par jour/ semaine/mois/ an.
Je m'entraîne Je danse Je participe à (un spectacle)		le samedi	matin. après-midi. soir.

5 À toi!

a À discuter Travaillez à deux. Posez des questions et répondez à tour de rôle: Qu'est-ce que tu fais comme loisirs? Tu fais ça souvent? Pourquoi est-ce que tu aimes ça?
Exemple: **A** *Qu'est-ce que tu fais comme loisirs?*
    B *Je fais du théâtre.*
    A *Tu fais ça souvent?*
    B *Tous les mardis, après les cours.*
    A *Pourquoi est-ce que tu aimes ça?*
    B *J'adore ça parce que … (etc.)*

b À écrire Écris quelques phrases sur tes loisirs.
Exemple: *Tous les mardis, après les cours, je fais du théâtre. J'adore ça parce que c'est amusant. (etc.)*

Now you can …
● talk about leisure activities
● give opinions
● recognise and use time clues

3.2 Des stars

1 La chanteuse à la voix d'or

Lis l'interview avec Assia et choisis la bonne réponse.

— Quand tu étais jeune, quelles étaient les choses importantes dans ta vie?

● D'abord, il y avait la voix: c'est un très bel instrument, c'est un moyen important de m'exprimer. On peut faire des choses très différentes avec sa voix.

— Bien sûr! On entend ça dans tes chansons.

● La famille et les amis aussi sont toujours très importants dans ma vie.

Assia, la chanteuse à la voix d'or

— C'était comment, ton enfance? Vous habitiez toujours en France?

● Je suis née en Algérie et je suis arrivée en France à l'âge de 5 ans. Mes parents trouvaient la musique importante, alors mes quatre frères et sœurs et moi, nous étions tous au conservatoire. À l'âge de 10 ans, dans ma chambre, je chantais tout le temps devant la glace!

— Alors, devenir chanteuse, c'était le seul choix!

● Pas exactement. Plus tard, à l'université, j'ai étudié le droit et mes parents pensaient que j'allais devenir avocate. Mais j'avais toujours envie de chanter et je voulais prouver à mes parents que je pouvais réussir comme chanteuse.

1 Quand Assia était jeune, elle aimait
 a jouer d'un instrument
 b faire des choses différentes avec sa voix
2 À l'âge de 2 ans, elle habitait
 a en Algérie
 b en France
3 Pour ses parents, la musique était
 a importante
 b inutile
4 Au conservatoire, on
 a se reposait au soleil
 b avait des cours de musique
5 À l'âge de 10 ans, elle aimait
 a manger des glaces
 b chanter devant la glace
6 Après l'université, elle voulait être
 a avocate
 b chanteuse

le droit – *law*

2 💻 Zinedine Zidane

Complète le texte avec les mots dans la case.
Exemple: 1 d (était)

ZINEDINE ZIDANE
footballeur professionnel

Maintenant, il est footballeur célèbre, mais est-ce que c'était toujours comme ça? Sa mère raconte:

«Quand il …(1)… petit, il …(2)… souvent au foot. Il …(3)… son temps avec le ballon et ne s'…(4)… jamais.

«Aussitôt après l'école, il …(5)… son cartable et …(6)… le ballon pour aller jouer avec ses copains. À l'école, ça n'…(7)… pas trop fort. Le plus important, c'…(8)… le foot et aussi le judo.

«Il est très gentil. Il a un grand sens de la famille et il passe beaucoup de temps au téléphone avec nous. Il aime travailler maintenant, mais il n'…(9)… pas travailler à l'école. Il …(10)… courir après les filles!»

a aimait	b allait	c arrêtait	d était	e était	f jetait
g jouait	h passait	i préférait	j prenait		

DOSSIER-LANGUE

The imperfect tense (1)

The imperfect (*l'imparfait*) is a past tense. It is used to talk about something that **used to happen** regularly or something that **continued** for a long time.

The articles on page 36 contain lots of examples of this tense, as they are about what people used to do. Can you spot the six imperfect tense endings?

Here are the endings for the imperfect tense:

je	**-ais**	nous	**-ions**
tu	**-ais**	vous	**-iez**
il/elle/on	**-ait**	ils/elles	**-aient**

All you need now is the **stem**. To find out what that is, take the *nous* part of the present tense, then take off the *-ons*.

How to form the imperfect tense

1 Take the *nous* part of the present tense, e.g. *nous faisons*.
2 Remove the *-ons* ending, e.g. *nous fais~~ons~~*.
3 Add on the imperfect endings:

je fais**ais**	nous fais**ions**
tu fais**ais**	vous fais**iez**
il/elle/on fais**ait**	ils fais**aient**

The method and endings are the same for **all** verbs except *être*. This has *ét-* as its stem (*j'étais*, etc.).

3 🎧 **Des stars à venir**

Écoute l'interview. Qu'est-ce qu'on dit?
Choisis la bonne réponse.
Exemple: 1 *b*

1 À l'âge de 4 ans,
  a je m'intéressais déjà au basket
  b je m'intéressais déjà au patinage

2 Quand tu étais petite,
  a tu n'aimais pas la danse?
  b tu n'avais pas de chance?

3 Pendant les danses compliquées,
  a Kévin tombait au moins dix fois *(imperfect / used to fall)*
  b Kévin mangeait du chocolat

4 Les jours de concours,
  a Lucie arrivait toujours en retard à la patinoire
  b Lucie arrivait toujours avant moi à la patinoire

5 Avant les concours,
  a on faisait quatre heures d'entraînement par jour
  b on voyageait quatre heures en train

6 Est-ce que
  a vous arriviez à temps à la patinoire?
  b vous aviez le temps d'étudier un peu?

7 Nos parents et nos profs,
  a ils n'étaient pas du tout patients
  b ils étaient tous très patients

8 Le matin et le soir,
  a nos mères regardaient tous les entraînements
  b nos mères regardaient tous les enfants

9 Après le championnat,
  a nous n'étions pas fatigués – mais contents!
  b nous étions très fatigués – mais contents!

4 **Français–anglais**

Trouve les paires.
Exemple: 1 *d*

1	Quand j'étais jeune.	**a**	*It was different there.*
2	J'habitais à Paris.	**b**	*We used to play football.*
3	Nous étions contents.	**c**	*I loved sweets.*
4	Nous allions au jardin public.	**d**	*When I was young.*
5	On jouait au football.	**e**	*We used to go to the park.*
6	Il y avait une fête chaque été.	**f**	*I used to live in Paris.*
7	C'était différent là-bas.	**g**	*There was a festival every summer.*
8	J'aimais les bonbons.	**h**	*We were happy.*

Now you can ...

● understand some information about stars of sport and music
● understand and recognise the imperfect tense

3.3 Ça change

1 🎧 J'habite en France

Écoute les témoignages. Deux jeunes parlent des changements dans leur vie.

a Du Sénégal à la France

Jabu est Sénégalaise. Il y a trois ans, elle a déménagé en France. Écoute son témoignage et mets les phrases dans l'ordre.

Exemple: 6, …

1 Au collège, ça ne change pas beaucoup. Ici, nous commençons à 8 heures et demie; à Dakar, les cours commençaient à 8 heures et on y parlait français aussi.

2 Dakar, où j'habitais avant, était une grande ville comme Lyon, mais Lyon est plus moderne.

3 À la maison, nous mangeons comme au Sénégal, mais la nourriture à la cantine était bien différente à Dakar. Là-bas, on mangeait plus de plats épicés.

4 Le jour du déménagement, j'étais très triste parce que je quittais tous mes amis.

5 Mes passe-temps restent les mêmes. Au Sénégal aussi, je jouais au tennis et j'allais au cinéma.

6 Ma mère avait un nouvel emploi à Lyon et nous allions y habiter.

7 Et une grande différence: il fait assez beau à Lyon, mais il faisait très beau à Dakar!

8 Maintenant, j'ai beaucoup de bons amis, mais au début, c'était difficile.

9 À Dakar, il n'y avait pas de tramway et on voyait même des chevaux en ville.

10 Au début, c'était très difficile et je voulais retourner au Sénégal, mais maintenant, ça va mieux.

b Ma vie au Québec

Laurent habite en France, mais, il y a deux ans, il habitait à Montréal, au Québec. Écoute son témoignage, puis complète les phrases avec la partie correcte des verbes à l'imparfait.

Exemple: 1 habitions

Quand nous (**1**) **habit**… à Montréal, nous (**2**) **all**… souvent à la campagne et, en hiver, nous (**3**) **fais**… du ski tous les week-ends. Au collège, je (**4**) **jou**… au hockey sur glace – ça, c'est différent en France!

Il (**5**) **commenç**… à neiger au mois de décembre, et il (**6**) **continu**… à neiger pendant trois ou quatre mois. Tous les bâtiments (**7**) **ét**… transformés en igloos et quelquefois, on ne (**8**) **pouv**… pas sortir. Cependant, tout (**9**) **ét**… très joli, et nous nous (**10**) **amus**… beaucoup, malgré le froid. (**11**) **J'aim**… surtout le Carnaval de Québec au mois de février, quand presque tous les Québécois (**12**) **s'amus**… dans la neige.

Et au printemps, on (**13**) **all**… dans une 'cabane à sucre', où on (**14**) **mange**… du sirop d'érable avec du jambon et des haricots. (**15**) **C'ét**… délicieux!

> **le sirop d'érable** – *maple syrup*

DOSSIER-LANGUE

The imperfect tense (2)

In the present tense, a few verbs such as *manger* and *changer* take an extra -**e** in the *nous* form (this is to make the 'g' sound soft, like a 'j' sound). Look for an example of this in task 1.

This -*e* also appears in most parts of the imperfect tense, but not all – it isn't needed if the ending begins with -*i*, e.g. *nous mangions*.

Here is the imperfect tense of *manger* in full:

je	man**ge**ais	nous	mangions
tu	man**ge**ais	vous	mangiez
il/elle/on	man**ge**ait	ils/elles	man**ge**aient

Can you work out the whole imperfect tense of the verb *voyager*?

With the verb *commencer*, a cedilla (-**ç**) is added to make the final 'c' sound soft (like an 's' sound) if the ending begins with -*a*. Look for an example of this in task 1. Here is the imperfect tense in full:

je	commen**ç**ais	nous	commencions
tu	commen**ç**ais	vous	commenciez
il/elle/on	commen**ç**ait	ils/elles	commen**ç**aient

2 🗣️ 💻 Tu as changé d'école

a *On te pose des questions sur ta dernière école. Complète les questions et prépare tes réponses. (Tu peux parler de ton école primaire ou d'une école imaginaire.)*

Exemple: 1 *Tu étais à quelle école?*

1 Tu **ét**… à quelle école? (*J'étais à …*)
2 C'**ét**… une école mixte? (*C'était …*)
3 Est-ce que tu **aim**… ton ancienne école?
   (*Oui, j'aimais …/Non, je n'aimais pas …*)
4 Vous **ét**… combien d'élèves dans ta classe?
   (*Nous étions …*)
5 Qu'est-ce qu'on **fais**… comme sports?
   (*Nous faisions …/Nous jouions au …*)
6 Tu **déjeun**… au collège? (*Je déjeunais …*)
7 Tu **voul**… rester à ton école ?
   (*Je voulais…/Je ne voulais pas …*)
8 Tu **aim**… quelles matières? (*J'aimais surtout …*)
9 Qu'est-ce que vous **av**… comme équipement – des ordinateurs, des laboratoires, etc.? (*Il y avait …*)

b *Travaillez à deux. Posez les questions **1–9** et répondez à tour de rôle.*

3 🎧 On a changé d'école

Écoute deux élèves qui répondent à des questions sur leur dernière école. Note leurs réponses.

4 🗣️ À toi! 👉

a **À discuter** *Travaillez à deux. Inventez des phrases à tour de rôle pour dire comment votre vie a changé depuis votre enfance. Dans le tableau, il y a des idées. N'oublie pas de compléter les verbes à l'imparfait.*

Exemple: *Maintenant, je vais au cinéma presque tous les week-ends, tandis que quand j'étais petit(e), j'allais au cinéma très rarement, par exemple, pour fêter mon anniversaire.*

b **À écrire** *Écris quelques phrases pour décrire les changements dans ta vie.*

Maintenant, …		quand j'étais petit(e) …
je vais au cinéma presque tous les week-ends,		j'…**ais** au cinéma très rarement, par exemple, pour fêter mon anniversaire.
nous habitons en ville,		nous …**ions** dans un village.
pour les vacances, nous allons à l'étranger,		nous …**ions** toujours au bord de la mer.
mon père/ma mère travaille dans un bureau/ comme infirmière, etc.	mais	mon père/ma mère …**ait** à la ferme/ne …**ait** pas, etc.
au collège, je ne fais plus de peinture,	alors que/qu'	à l'école primaire, je …**ais** de la peinture.
les cours finissent à … heures d'habitude,	tandis que/qu'	les cours …**aient** à … heures.
je choisis les émissions que je veux regarder à la télé,	par contre,	mes parents …**aient** les émissions que je …**ais** regarder à la télé.
mon père/mon frère/ma mère/ma sœur n'habite plus à la maison,	en revanche, cependant,	mon père/mon frère/ma mère/ma sœur …**ait** toujours à la maison.
je sors avec mes copains ou mon (ma) petit(e) ami(e),	pourtant,	
je mets ce que je veux,		nous …**ions** souvent en famille.
je suis rarement malade,		ma mère …**ait** tous mes vêtements.
j'aime les légumes et le café,		j'…**ais** souvent malade.
je m'intéresse à/au …,		j'…**ais** les bonbons et la limonade.
		je m'…**ais** à/au …

(HOWEVER / BUT annotations in margin)

cependant; pourtant – *however*
par contre; d'autre part;
   en revanche – *on the other hand*
tandis que; alors que – *whereas, whilst*

Now you can … work
● compare past and present
● use the imperfect tense

3.4 C'est le meilleur!

1 🎧 Tous les Européens sont différents!

Voici des extraits d'une enquête sur les Européens et leur mode de vie.

a *Écoute et lis les textes.*

> C'est le record d'Europe! À Londres, une place de cinéma coûte 14€, tandis qu'à Paris, elle coûte 8€.

> La population de la France est de 60,9 millions et de 82 millions en Allemagne. Le Royaume-Uni a 58 millions d'habitants.

> En Suède et en Finlande, on fait du ski dès qu'on sait marcher – comme ça, il n'y a pas de problèmes de transport en hiver.

> Les Danois et les Hollandais aiment faire du vélo: ils font 7,4 trajets par semaine, contre 0,6 en France.

> Les vacances payées sont de 40 jours en Allemagne, 38,5 jours en Belgique et 38 jours en Espagne. La France reste à 36,5 jours, tandis que l'Angleterre en a 31 et l'Irlande 29.

b *Complète les phrases avec des mots dans la case.*
Exemple: 1 *d (plus nombreux)*

1 Les Allemands sont … que les Français.
2 Une place de cinéma est … en France qu'en Angleterre.
3 La population de la France est … que celle du Royaume-Uni.
4 En hiver, le ski est … en Suède qu'en Finlande.
5 Pour les Hollandais, le vélo est … que pour les Français.
6 Les vacances en Irlande sont … qu'en Allemagne.

> **a** aussi populaire   **b** moins chère
> **c** plus important   **d** plus nombreux
> **e** plus grande   **f** moins longues

2 Plus ou moins …

a *Quelles sont tes opinions sur les loisirs? Complète les phrases avec **plus** …, **moins** … ou **aussi** … .*
Exemple: 1 *Le football est moins intéressant que le rugby.*

1 Le football est … que le rugby. (*intéressant*)
2 À mon avis, la danse est … que la natation. (*fatigant*)
3 Je trouve que le badminton est … que le tennis. (*facile*)
4 Les règles de jeu du cricket sont … que les règles du volley. (*compliqué*)
5 Pour moi, la musique pop est … que la musique classique. (*important*)
6 Moi, je pense que la photo est … que le dessin. (*ennuyeux*)

DOSSIER-LANGUE

The comparative

Look at task 1 and find three words that you can use with an adjective to make comparisons (**more … than**, **less … than**, **as … as**).

Remember that adjectives sometimes have different endings because they have to 'agree' with the thing they are describing.

La tortue est plus rapide que le lièvre.

Le lièvre est moins intelligent que la tortue.

Les reporters sont aussi fatigués que les concurrents.

Look at the cartoon and the statements. Use the table to invent some more statements.

le …	est	plus	rapide(s)	
la …		moins	intelligent(e)(s)	que …
les …	sont	aussi	fatigué(e)(s)	

7 Les jeux électroniques sont … que les jeux de société. (*simple*)
8 En général, le théâtre est … que le cinéma. (*amusant*)

b *Qu'est-ce que tu penses d'autres passe-temps? Utilise les adjectifs (ci-dessus) pour comparer deux autres passe-temps. Puis invente deux phrases avec d'autres adjectifs.*
Exemple: 1 *À mon avis, la planche à voile est plus facile que le skate.*
2 *Pour moi, le football est aussi nul que le rugby. (etc.)*

3 🎧 On fait un quiz

a   Devine les bonnes réponses au quiz sur la géographie.
b   Écoute pour vérifier.

La France et le Canada
1   Quelle ville est la plus grande, Paris ou Montréal?
2   Quel pays est le plus grand, la France ou le Canada?
3   Quelle tour est la plus haute, la Tour Eiffel à Paris ou la Tour CN à Toronto?
4   Quel fleuve est le plus long, la Seine ou le Saint-Laurent?
5   Quelles montagnes sont les plus hautes, les Alpes ou les Rocheuses?

Le monde
1   Quelle est la ville la plus grande au monde?
2   Quelle est la montagne la plus haute?
3   Quel est le lac le plus profond?
4   Quels sont les deux fleuves les plus longs?
5   Quel est le désert le plus grand?

4 🎧 L'astronomie, ça t'intéresse?

Écoute la conversation et réponds aux questions.
1   Quelle est la planète la plus proche de la Terre?
2   Quelle est la planète la plus éloignée de la Terre?
3   Quelle est la plus petite planète?
4   Quelle est la plus grosse planète?
5   Quelle est la planète la plus chaude?
6   Quelle est la planète la plus froide?
7   Quelle est la planète la plus brillante?

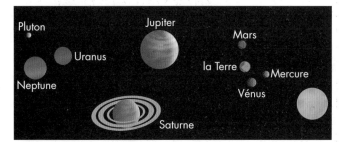

Les planètes de notre système solaire

5 Tu connais ton ami?

Travaillez à deux. Regardez le tableau. Choisissez cinq questions et écrivez vos réponses, mais ne les montrez pas à votre partenaire.
Essayez de deviner les réponses de votre partenaire. Marquez un point pour chaque réponse correcte. Puis changez de rôle.

Exemple: B   *Pour moi, quel est le meilleur mois de l'année?*
A   *Pour toi, le meilleur mois de l'année est mars.*
B   *Oui, c'est vrai! Tu me connais bien! (etc.)*

Dans le tableau (à droite), il y a des idées.

The superlative

1   Look at the quiz questions about the world and find out how to say 'the biggest', 'the highest', 'the deepest', 'the longest'.
2   Look at the adverts below and find two more examples like this.

| Venez à Miniprix pour les meilleurs produits, aux prix les plus bas! | Prenez le métro! C'est le moyen le plus rapide et le moins cher de traverser la ville. |

Faire des courses par catalogue: c'est le moyen le moins fatigant. Avec le catalogue Rivaud, vous pouvez tout commander par téléphone, par la poste ou sur Internet.

3   Now look at the adverts again and find out how to say that something is the **least** expensive or the **least** tiring.
4   Finally, can you find a special word to say 'the best'?

Solution
1   *le/la plus grand(e), le/la plus haut(e), le/la plus profond(e), le/la/les plus long(ue)(s)*
2   *les plus bas, le plus rapide*
3   *le moins cher, le moins fatigant*
4   *le/la/les meilleur(e)(s)*

- To say that something is the greatest, the most famous, etc. you add *le, la* or *les* to *plus* + an adjective. This is called the **superlative**, and must agree with the thing(s) being described.
- You can also say that something is the 'least expensive', 'the least tiring', etc. by using *le, la* or *les* + *moins* + an adjective.
- To say that something is 'better' or 'the best', use the correct form of *(le) meilleur, (la) meilleure, (les) meilleurs, (les) meilleures.*

Quel(le)	est	le meilleur	mois de l'année? chanteur? film au cinéma?
Qui		la meilleure	émission à la télé? chanson au hit parade? équipe de football/...?
Quel(le)s	sont	les meilleur(e)s	magasins en ville? joueurs(-euses) de football/...? musiciens(-iennes)? matières à l'école?

- say things are better, the best, etc.
- use the comparative and superlative

3.5 Vu et lu

Vu et lu!

Qu'est-ce que tu as vu? Qu'est-ce que tu as lu?
Raconte-nous comment c'était!

◯ Ciné/Vidéo/DVD

Je suis fana de 'Harry Potter' et je connais
tous les livres. Je les lisais déjà à l'âge de
9 ans, et le film était super aussi. Les
personnages étaient exactement comme je
les imaginais. C'était top!
Sika

'Le Seigneur des anneaux' est un film
passionnant qui raconte des aventures dans
la Terre du Milieu, créée par Tolkien. Le film
était bien, même si c'était un peu long.
Mais je préfère le livre.
Thomas

Moi, j'adore les dessins animés et je trouve
que la série 'Toy Story' représente les
meilleurs films de ce genre. J'ai la collection
DVD et je les regarde au moins quatre fois
par an! Pour moi, la partie la plus drôle,
c'est quand Buzz et les autres traversent la
rue pour trouver Woody.
Jérôme

Quand j'étais petite, j'aimais les contes de
fée, mais maintenant, j'ai 14 ans! Au départ,
je ne voulais pas voir 'Shrek' – je pensais
que c'était comme tous les autres dessins
animés. Mais j'avais tort! C'était si drôle
avec l'ogre vert répugnant, la belle
princesse, l'âne amusant … et à la fin, il y
avait un beau message: la beauté physique
importe moins que la beauté intérieure. À
ne pas manquer!
Sidonie

◯ Télé

Attention aux vampires! Sarah Michelle Gellar
est la plus célèbre chasseuse de créatures aux
dents longues! Et j'aime regarder la série le
plus souvent possible! Si tu ne connais pas
'Buffy contre les vampires', tu n'es pas cool!
Laure

'Les aventuriers de Koh-Lanta' (TF1): on dit que
c'est le jeu du moment! Les participants (huit
femmes et huit hommes) vivent deux mois sur
une île déserte, sous le regard des caméras.

Eh bien, moi, je trouve que c'était
ennuyeux! La vie des autres ne m'intéresse
pas. C'était bien fait, mais c'était nul!
Khaled

◯ Lecture

Mon choix de livre: 'Le miroir d'ambre' de Philip
Pullman. Je connaissais déjà les deux premiers
livres dans la trilogie 'À la croisée des mondes' et
je voulais savoir si Lyra et Will pouvaient sauver
les mondes parallèles qui étaient menacés par
des forces obscures! C'était un livre plein de
sorcières et de drôles de personnages, et c'était
vraiment super. Suspense, humour, aventure …
tout y était.
Yannick

Si tu aimes les histoires pleines d'émotion et les
histoires de chevaux, tu dois lire 'Heartland: Une
nouvelle chance?' de Lauren Brooke. À
Heartland, Laura était heureuse. Avec sa mère,
elle apprenait à soigner les chevaux. Mais sa
mère meurt dans un accident …

Malheureusement, moi, je n'aime pas ce genre
d'histoire! Ce n'était pas du tout de mon goût.
Nadia

⊃ JEU

'Webmaster, le maître d'Internet'. Il était une fois un petit coin au centre du World Wide Web: le Dream Wide Web (DWW). C'était un monde sans frontière, où les habitants vivaient tranquilles et contents. Mais un jour, un hacker méchant menace ce monde. Le DWW attend son héros – à toi d'utiliser les outils d'Internet pour le sauver. Ce jeu fait de toi un expert d'Internet!

Alexandra

1 Au cinéma et à la télé

*Lis les opinions des films et des émissions de télé, puis lis les phrases suivantes. C'est vrai (**V**) ou faux (**F**)? Corrige les phrases qui sont fausses.*

1 a Selon Laure, l'émission sur les vampires était bien.
 b Les vampires ont des dents plus longues que d'habitude.
2 a Selon Khaled, la vie des autres gens est très intéressante.
 b Il y avait 16 participants dans le jeu.
3 a Selon Sidonie, 'Shrek' était bien parce que c'était amusant.
 b Elle trouve que le message du film n'était pas bien.
4 a Pour Sika, les personnages dans le film étaient meilleurs que dans le livre.
 b Elle a vu le film il y a neuf ans.
5 a Thomas pense que le film était trop long.
 b Il déteste le film.

2 C'est qui?

*Lis les textes de Yannick, Nadia et Alexandra. Qui parle? Écris **Y**, **N** ou **A**.*

1 C'était une histoire émouvante.
2 Les personnages principaux devaient sauver deux mondes.
3 Le personnage principal adorait les animaux.
4 Le personnage principal, c'est toi!
5 J'adore ce livre.
6 Avant l'arrivée d'une menace, les habitants étaient contents.

3 🎬 C'est quel titre?

*Travaillez à deux. Une personne (**A**) donne une opinion sur un des titres, l'autre (**B**) doit deviner le titre. Puis changez de rôle.*

Exemple: A *Je préfère le livre.*
 B *'Harry Potter'.*
 A *Non. C'était un peu long.*
 B *'Le Seigneur des anneaux'.*
 A *Oui, c'est ça.*

4 💻 Une description

Écris une description d'un film, d'une émission de télé, d'un livre ou d'un jeu que tu aimes ou que tu n'aimes pas. Donne des opinions.

Pour t'aider

J'aime bien/Je n'aime pas (+ titre).
C'est l'histoire de/d'…
Ça se passe …
J'aime (bien)/Je n'aime pas (tellement) ce livre/jeu/film
  parce que … c'est super/top/passionnant/pas bien/(très) ennuyeux/nul, etc.
  c'est (ce n'est pas) de mon goût.
  je déteste …/je trouve que …, etc.
Le personnage principal est (très) sympa/égoïste/(complètement) fou/idiot, etc.

Now you can …

• talk about TV, cinema and books
• say what you think of them
• understand reviews of books, films and TV programmes

3.6 Des témoignages

🎧 Es-tu un bon témoin?

Voici une partie d'un jeu interactif. À toi d'aider la police.

a *Lis d'abord l'article dans le journal.*

b *As-tu bonne mémoire? Tu étais sur la plage de La Baie-Rosée-sur-Mer ce jour-là. Est-ce que tu te rappelles de tous les détails? Regarde bien l'image de la plage pendant trois minutes.*

Un kidnapping sur la plage!

Samedi dernier, le petit Augustin Daumier, âgé de 6 ans, qui jouait avec ses copains sur la plage de La Baie-Rosée-sur-Mer, a disparu, et on soupçonne un kidnapping.

Toutes les personnes qui étaient sur la plage de La Baie-Rosée-sur-Mer samedi dernier entre 15 et 17 heures sont priées de téléphoner à la police de la ville et de lui donner tous les détails possibles.

c *Couvre l'image et essaie de répondre aux questions pour voir si tu es vraiment un bon témoin.*

1 Quel temps faisait-il?
2 Combien de personnes faisaient de la planche à voile?
3 Qui jouait d'un instrument de musique? Quel instrument?
4 Est-ce qu'il avait des cheveux longs?
5 Qu'est-ce qu'il portait?
6 Est-ce que tous les enfants étaient en maillot de bain?
7 Est-ce qu'il y avait un homme qui vendait des bonbons?
8 La dame, qu'est-ce qu'elle vendait?
9 Combien de personnes mangeaient des glaces?
10 Est-ce qu'il y avait des animaux sur la plage?
11 Qui portait une cravate? Peux-tu faire une description de cette personne?
12 Qu'est-ce qu'il faisait?

d *Écoute le bulletin à la radio pour voir si le petit Augustin était effectivement sur l'image. Peux-tu identifier son kidnappeur?*

> **Now you can** ...
>
> ● use the imperfect to describe a situation

beaucoup beaucoup beaucoup beau
beaucoup beaucoup beaucoup
beaucoup beaucoup

beautiful

j'aime
faire
beaucoup
de sport

SOMMAIRE

Now you can ...

● talk about leisure activities

je joue	au rugby	I play	rugby
	à l'ordinateur		on the computer
	de la guitare		the guitar
je regarde	des films	I watch	films
	un feuilleton		a soap
	des vidéos		videos
je fais	du sport	I do	sport
	du théâtre		drama
	de la photo		photography
je m'entraîne		I train	
je danse		I dance	
je participe à (un spectacle)		I take part in (a show)	

● give opinions of leisure activities

j'aime/j'adore	I like/I love
ça me passionne	I'm really interested in that
ça m'intéresse	I'm interested in that
un peu	a bit
beaucoup	a lot
énormément	greatly
c'est assez bien/pas mal	it's quite good/not bad
ça ne m'intéresse (absolument) pas	I'm not (at all) interested in that
ça ne m'intéresse pas du tout	I'm not at all interested in that
j'ai horreur de ça	I hate that

c'était	fantastique	it was	fantastic
	super		super
	sympa		nice
c'est (ce n'est pas) rigolo/ amusant		it's (not) fun/enjoyable	
c'est	dur	it's	hard
	très varié		very varied
	intéressant		interesting
	ennuyeux/barbant/ casse-pieds		boring
	nul		rubbish
	sensas/génial/excellent/ chouette		great
	passionnant		exciting

● use the comparative and superlative

aussi populaire(s) que	as popular as
plus important(e)(s) que	more important than
moins cher(s)/chère(s) que	cheaper than (less expensive)
le/la/les plus grand(e)(s)	the biggest
le/la/les meilleur(e)(s)	the best

● recognise and use time clues

régulièrement	regularly
tous les jours	every day
tous les lundis/mardis	every Monday/Tuesday
souvent	often
toujours	always
chaque samedi	every Saturday
semaine	week
mois	month
année	year
une/deux fois par semaine	once/twice a week
le samedi matin	on Saturday mornings
après-midi	afternoons
soir	evenings

● use the imperfect tense
(see pages 37 and 38)

quand j'étais plus jeune ...	when I was younger ...
il y avait	there used to be, there were
c'était ennuyeux	it was boring

● compare past and present
(see also **Vocabulaire par thèmes**, page 163)

maintenant	now
autrefois	in the past
mais	but
cependant/pourtant	however
par contre/d'autre part/ en revanche	on the other hand
tandis que/alors que	whereas, whilst
quand j'étais petit(e)	when I was young
quand j'avais 5 ans	when I was 5

● say what you think of TV, cinema and books

j'ai (bien) aimé ...	I (quite) liked ...
je n'ai pas tellement aimé ...	I didn't particularly like ...
j'ai préféré ...	I preferred ...
j'ai détesté ...	I hated ...
c'était/ce n'était pas ...	it was/it wasn't
super	super
top	great
génial	brilliant
passionnant	exciting
bien	good
ennuyeux	boring
nul	rubbish
de mon goût	to my taste
le personnage principal	the main character
sympa	nice
égoïste	selfish
(complètement) fou	(absolutely) mad
idiot	stupid

● understand descriptions of TV programmes and films
(see also **Vocabulaire par thèmes**, page 166)

Les sports de neige

Le ski

* En Norvège, on a trouvé des gravures sur des rochers, vieilles de 4000 ans, qui montrent des personnes qui portent des planches de bois très longues et un seul bâton. Les hommes préhistoriques ont découvert que la meilleure méthode de marcher sur la neige était de glisser.
* En norvégien, le mot 'ski' veut dire 'bûche ou morceau de bois'.
* Autrefois, les skis étaient faits en bois, mais maintenant, on utilise des produits artificiels, comme le plastique.
* Le ski moderne, pour le plaisir, est né au début du 20è siècle quand on a fabriqué les premières remontées mécaniques.
* Les premières stations de ski étaient dans les Alpes en Europe et dans les Rocheuses en Amérique du Nord. Maintenant, le ski est devenu très populaire dans le monde entier.
* Quelquefois, s'il n'y a pas assez de neige, on fabrique de la neige artificielle.
* Il y a: **le ski alpin**, quand on descend des pentes en vitesse
  le ski de fond, quand on fait une promenade à ski.

Les classes de neige

Dans quelques écoles en France, on organise des classes de neige. Un groupe d'élèves et de profs part à la montagne pendant une ou deux semaines. Les élèves passent une partie de la journée à faire du ski et une partie à faire d'autres activités éducatives.

Le snowboard

* Le snowboard est né dans les années soixante, aux États-Unis.
* Plusieurs sports ont influencé ce nouveau sport, notamment le surf, le skate et le ski.
* Pendant les années 80, la plupart des magasins de sport refusaient de vendre des snowboards parce qu'ils considéraient le snowboard comme un sport trop dangereux.
* Mais l'industrie du snowboard s'est développée. On a reussi à faire des snowboards plus efficaces et le sport est devenu de plus en plus populaire.
* Dans les années 90, le snowboard a connu une véritable explosion. Le sport est devenu de plus en plus populaire.
* En 1989, le snowboard est devenu un sport olympique.
* On peut distinguer trois aspects différents du snowboard:
  le curving: qui est proche au ski traditionnel.
  le freestyle: le snowboarder passe la plupart de son temps dans l'air, afin de réaliser des sauts et des figures spectaculaires.
  le freeride: le snowboarder marche loin des pistes pour descendre des pentes de neige poudreuse.

le bois =	*wood*
un rocher =	*rock*
glisser =	*to slide*
une remontée mécanique =	*ski lift*
une pente =	*slope*
un saut =	*jump*

Des Français célèbres

Ils s'appellent tous Louis, mais quel Louis?

1 Il était pilote. En 1909, il a traversé la Manche dans un petit avion qu'il a construit lui-même. Il est parti de Calais en France et il est arrivé à Douvres, en Angleterre, 27 minutes plus tard. C'était la première fois qu'on avait traversé la Manche en avion.

2 Il était chimiste et biologiste. Il a fait des études sur le vin et la bière et il a réalisé une méthode de conservation: la pasteurisation. Mais la partie la plus importante de son travail était sur les maladies infectueuses. Après beaucoup de difficultés, il a réalisé un vaccin contre la rage.

3 C'était un roi de France très puissant. Il vivait au château de Versailles, près de Paris. On l'appelait le Roi-Soleil. C'est le roi français qui a regné le plus longtemps (54 ans). Il a fait des guerres contre les autres pays d'Europe et après sa mort, il n'y avait presque plus d'argent au royaume.

4 Il était professeur et inventeur. À la suite d'un accident, il est devenu aveugle à l'âge de 3 ans. Plus tard, il est devenu professeur dans une école pour les aveugles et il a inventé un alphabet qui porte son nom.

a Louis XIV (1638–1715)

b Louis Braille (1809–1852)

c Louis Pasteur (1822–1895)

d Louis Blériot (1872–1936)

Deux peintres impressionnistes

Claude Monet 1840–1926

- Quand Claude Monet s'ennuyait à l'école, il s'amusait à dessiner des caricatures de ses professeurs dans les marges de ses cahiers.
- Plus tard, il est devenu le plus célèbre d'un groupe de peintres qu'on appelle les Impressionnistes.

Impression: Sunrise, Le Havre, 1872 (oil on canvas) by Claude Monet (1840–1926) Musée Marmottan, Paris, France/Giraudon/Bridgeman Art Library

- On leur a donné le nom Impressionnistes à cause de ce tableau de Monet qui s'appelle 'Impression, Soleil levant'.
- Comme les autres Impressionnistes, Monet aimait travailler en plein air et faire ses tableaux 'sur place' – pas dans son atelier.
- Les Impressionnistes aimaient les couleurs vives et, en ce temps-là, ils avaient un grand choix de nouvelles couleurs.
- Monet s'intéressait aux 'effets spéciaux' de la lumière et du brouillard. Il a souvent peint le même paysage plusieurs fois sous des lumières différentes.
- Il voulait représenter dans ses tableaux exactement ce qu'il voyait devant lui. Cézanne a dit 'Monet n'est qu'un œil – mais quel œil!'

En 1883, Monet a acheté une maison à la campagne, à Giverny et, jusqu'à sa mort en 1926, il a vécu ici avec sa deuxième femme, Alice, et leur grande famille. Il était très strict avec sa famille, mais il aimait bien manger et recevoir des invités. Heureusement, il a réussi à vendre des tableaux et donc, il était assez riche.

Chaque matin, il se levait vers cinq heures et faisait le tour du jardin, qu'il a planté lui-même et où il faisait beaucoup de ses peintures.

Vers la fin de sa vie, quand il voyait moins clair, il faisait surtout des tableaux des Nymphéas dans son jardin d'eau; en voici un des plus populaires:

Water Lilies by Claude Monet

> On peut voir le travail de Monet dans beaucoup de musées à Londres et à Paris, ou visiter sa maison et son jardin à Giverny.

Paul Cézanne 1839–1906

- Cézanne est né à Aix-en-Provence, mais il a passé quelques années à Paris, où il a rencontré Monet et a discuté des idées artistiques dans les cafés avec Monet et les autres Impressionnistes.

Apple basket by Paul Cézanne

- Plus tard, il est retourné en Provence et c'est ici qu'il a passé la plupart de sa vie à faire de la peinture.
- Il a créé beaucoup de natures mortes, souvent avec des fruits ou des légumes, comme celle-ci.
- Comme il était très timide, pour ses portraits, il choisissait presque toujours des membres de sa famille, surtout sa femme, Hortense.
- Cézanne adorait les couleurs de la Provence, surtout le bleu et le pourpre des montagnes et de la mer.
- Il aimait peindre des paysages, comme la Montagne Sainte-Victoire, qu'on trouve dans au moins trente de ses tableaux.
- Heureusement, son père était assez riche, parce que Cézanne n'a pas vendu beaucoup de tableaux pendant sa vie mais, après sa mort, il a eu une influence énorme sur les autres artistes et, aujourd'hui, on vend ses tableaux à des prix fantastiques!

Mont Sainte Victoire, 1900 (oil on canvas) by Paul Cézanne (1839–1906) Hermitage, St. Petersburg, Russia/Bridgeman Art Library

> On peut voir le travail de Cézanne à Londres et à Paris, ou visiter sa maison à Aix-en-Provence.

Les nymphéas	= *water-lilies*
une nature morte	= *still life picture*
un paysage	= *landscape*

Au travail!

4.1 La vie scolaire

I 🎧 💻 Que sais-tu de la vie scolaire en France?

Réponds aux questions. Puis écoute pour vérifier.

1 Un collège français est une école pour les élèves de 11 à 14 ou 15 ans. Comment s'appelle la première classe au collège?
a la sixième   **b** la première
c la classe préparatoire

2 Comment s'appelle le début de la nouvelle année scolaire qui a lieu en septembre?
a l'emploi du temps   **b** les cours
c la rentrée

3 Les élèves de 13 à 14 ans ont environ combien d'heures de cours obligatoires par semaine?
a 20   **b** 25   **c** 30

4 En général, chaque cours dure combien de temps?
a une demi-heure   **b** 40 minutes
c une heure

5 On étudie beaucoup de matières différentes, mais il y a une matière qui n'est jamais sur l'emploi du temps dans une école publique en France. Qu'est-ce que c'est?
a l'éducation physique et sportive
b l'éducation civique   **c** l'instruction religieuse

6 Qu'est-ce que la plupart des élèves portent pour aller au collège?
a un uniforme scolaire   **b** un sweat, un jean et des baskets   **c** une jupe pour les filles et un pantalon pour les garçons

7 La journée scolaire peut commencer tôt et finir tard. Ça dépend des jours. Normalement, les cours commencent à quelle heure le matin?
a 7h00–7h30   **b** 8h00–8h30   **c** 9h00–9h30

8 Souvent, on va à l'école le samedi matin, mais il y a un jour dans la semaine quand il n'y a jamais cours l'après-midi, et quelquefois pas le matin non plus. C'est quel jour?
a mercredi   **b** jeudi   **c** vendredi

L'enseignement en France

Âge (moyenne)	Classe	École
6–11 ans		École primaire (EP)
11–12 ans	sixième (6ᵉ)	
12–13 ans	cinquième (5ᵉ)	Collège (C)
13–14 ans	quatrième (4ᵉ)	
14–15 ans	troisième (3ᵉ)	
15–16 ans	seconde (2ᵉ)	
16–17 ans	première (1ᵉ)	Lycée (L)
17–18 ans	terminale	

2 Le collège Émile Zola

Copie la grille et complète-la avec les détails du collège Émile Zola.
Puis ajoute les détails de ton école.

	Le collège Émile Zola	Mon école
Nombre d'élèves:		
Mixte/Garçons/Filles:		
Uniforme:	non	
Gymnases:		
Piscine:		
Terrain de sport:		
Laboratoires de sciences:		
Salles de technologie:		
Bibliothèque:		
Cantine:		
Internat:		

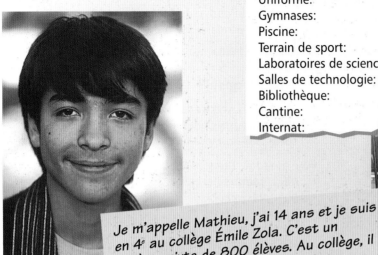

Je m'appelle Mathieu, j'ai 14 ans et je suis en 4ᵉ au collège Émile Zola. C'est un collège mixte de 800 élèves. Au collège, il y a une bibliothèque, une salle de technologie et deux laboratoires de sciences. Pour le sport, il y a deux gymnases et un terrain de sport, mais il n'y a pas de piscine. Il y a une cantine pour les demi-pensionnaires, mais il n'y a pas d'internat.

3 🎧 Une journée scolaire

Devine les mots qui manquent. Puis écoute pour vérifier.
Exemple: 1 e (matin)

Le collège est à environ 20 minutes de chez moi. Le ...(1)..., je prends le bus vers 7 heures et demie. Les ...(2)... commencent à 8 heures presque tous les jours.
     Pendant la journée, il y a trois ...(3)... . La pause du matin est à 10 heures et dure 10 minutes. Pendant la pause du matin, on peut acheter des ...(4)... et des pains au chocolat.
     La pause-déjeuner est de 12 heures à 14 heures. Je suis demi-pensionnaire, alors je mange à la ...(5)... . On mange assez bien. Une fois par ...(6)..., on a du poulet avec des frites. J'aime bien ça.
     L'après-midi, on a une ...(7)... de 10 minutes à 16 heures. Normalement, les cours finissent à 17 heures. À la fin de la journée, je prends le ...(8)... pour rentrer chez moi.

a boissons	b bus	c cantine	d cours	e matin
	f pauses	g récréation	h semaine	

4 👤 À toi!

a À discuter *Travaillez à deux. Posez des questions et répondez à tour de rôle.*
1 Comment s'appelle ton collège?
2 C'est où? (*C'est au centre-ville, à (nom de la ville), etc.*)
3 Il y a combien d'élèves?
4 À quelle heure est-ce que tu quittes la maison, le matin?
5 Comment vas-tu au collège?
6 Quand est-ce que les cours commencent?
7 Est-ce que tu prends le déjeuner au collège?
8 Les cours finissent à quelle heure?

b À écrire *Écris tes réponses aux questions 1–8.*

Now you can...
● understand information about school life in France
● describe your school and a typical school day

4.2 Ça ne va pas!

1 Des dessins

Trouve le bon texte pour chaque bulle.

a   Je peux sortir ce soir. Je n'ai plus de devoirs.
b   On n'apprend rien en histoire.
c   Vite, il n'y a personne dans la cantine.
d   Ce n'est pas juste. Nous n'utilisons jamais les
    ordinateurs en classe.
e   Notre prof de maths est super-cool, mais je ne
    comprends rien en maths.
f   Je ne comprends pas pourquoi ça ne marche pas.

2 Français–anglais

Trouve les paires.

A

1 Je n'y suis jamais allé.	a You never know.
2 Je n'y vais jamais.	b I don't play any more.
3 On ne sait jamais.	c I never go there.
4 Je ne joue plus.	d He doesn't go to the club any more.
5 Il n'y en a plus.	e I've never been there.
6 Il ne va plus au club.	f There's none left.

B

1 Je n'y comprends rien.	a We didn't do anything.
2 Ça ne fait rien.	b It doesn't matter.
3 On n'a rien fait.	c There's no one else.
4 Il n'y a personne d'autre.	d You've got nothing to lose.
5 Je n'ai vu personne.	e I didn't see anyone.
6 Tu n'as rien à perdre.	f I don't understand a thing.

DOSSIER-LANGUE

Using the negative

To make a sentence negative (not), put **ne/n'** and **pas**
around the verb:

Je **ne** comprends **pas** l'exercice.
I don't understand the exercise.

In the perfect tense, the **ne/n'** and **pas** go round the
auxiliary verb:

Je **ne** suis **pas** allé. I didn't go.

You have also used **ne ... plus** (no more, no longer):

Il **n'**y avait **plus** de poisson.
There was no more fish.

Here are some other negative expressions:

* **ne ... jamais** never, not ever
  Je ne suis jamais allé à Paris.
  I've never been to Paris.
* **ne ... rien** nothing, not anything
  Je n'ai rien acheté.
  I didn't buy anything.
* **ne ... personne** no one, not anyone
  Je ne connaissais personne.
  I didn't know anyone.

NB In the perfect tense, *personne* is positioned later,
after the past participle:

On n'a vu personne.
We didn't see anyone.

Jamais, rien and *personne* can also be used on their
own, often as answers to questions:

Tu as visité l'Afrique? Non, **jamais.**
Qu'est-ce qu'il y a à faire? **Rien.**
Qui est là? **Personne.**

3 Quel mot?

Choisis le bon mot.

1 Nous n'avons (*rien/jamais/personne*) fait ce matin.
2 Le prof n'était (*rien/pas/personne*) là.
3 Je n'ai (*rien/personne/jamais*) fait de latin.
4 L'année prochaine, je ne veux (*personne/plus/rien*)
   faire de l'histoire.
5 Il n'y a (*pas/personne/jamais*) dans la salle de classe.
6 À l'école primaire, on n'avait (*plus/personne/jamais*)
   de devoirs.
7 Cette année, on a commencé l'allemand, mais ce
   n'est (*pas/jamais/personne*) facile.
8 Je suis nouveau ici et je ne connais (*jamais/personne/
   plus*).
9 Je ne vais (*personne/plus/rien*) au club de gym.
10 Je ne suis (*jamais/rien/pas*) fort en anglais.

4 C'est différent ou pas?

Lis les deux phrases dans chaque paire. Lesquelles ont presque le même sens?
Exemple: 1, …

1 – Je n'aime pas du tout le sport.
  – Je déteste le sport.
2 – Il n'y a rien dans le verre.
  – Voici un verre d'eau.
3 – Je n'ai rien mangé.
  – J'ai faim.
4 – Personne n'est là.
  – Il n'y a personne.
5 – Je vais à Paris tous les ans.
  – Je ne suis jamais allé en France.
6 – Mon ami ne va plus à notre collège.
  – Mon ami a changé d'école.

5 Des phrases négatives

a Complète les phrases comme indiqué.
Exemple: 1 *Je ne comprends pas la question.*

1 Je ne comprends pas
2 Je n'ai pas de/d'
3 Dans notre salle de classe, il n'y a pas de/d'
4 Au collège, il n'y a pas de/d'
5 Je ne suis pas très fort(e) en
6 Cette année, on ne fait plus de/d'
7 À mon avis, on ne fait pas assez de/d'
8 Je n'aime pas du tout
9 Je n'ai jamais visité
10 Il n'y avait personne à

b Choisis six phrases et complète-les avec d'autres mots.
Exemple: 3 *Dans notre salle de classe, il n'y a pas d'ordinateur.*

6 🎧 Un voyage scolaire

*Écoute la conversation et décide si c'est vrai (**V**) ou faux (**F**).*
1 Pierre n'est pas allé en voyage scolaire.
2 Il est arrivé en retard au collège.
3 Il n'est jamais allé à la Cité des Sciences.
4 La classe de Lucie a tout vu au musée.
5 Lucie n'a pas vu l'exposition 'Océan'.
6 Ils n'ont rien mangé à midi.
7 Lucie ne mange pas de viande.
8 Elle n'a rien acheté au magasin.

7 💻 D'accord, pas d'accord

Lis les avis. Tu es d'accord avec qui? Pourquoi?
Tu n'es pas d'accord avec qui? Pourquoi?
Exemple: *Je suis d'accord avec Élodie. Je ne travaille pas bien quand il y a de la musique. Je préfère le silence.*

Est-ce qu'on peut bien faire ses devoirs en écoutant de la musique?

Pour moi, la musique est nécessaire. Je suis très souvent seul à la maison et la musique m'aide à me relaxer. Je suis sûr que je travaille mieux avec de la musique parce que je suis plus à l'aise.
Sanjay

Moi, je pense que oui. Quand il n'y a pas de musique, j'entends tous les petits bruits de la maison, genre parents, frère, sœur, l'électroménager – et ça me déconcentre.
Avec de la musique, j'ai plus d'inspiration.
Yassine

Pour moi, ce n'est pas possible, je n'arrive pas à me concentrer sur mon travail. Alors, je ne fais jamais mes devoirs en écoutant de la musique.
Élodie

À mon avis, c'est possible pour les devoirs qui ne sont pas très difficiles. Mais pour apprendre et pour faire des devoirs où il faut vraiment se concentrer, je préfère le calme et le silence.
Roland

Now you can ...
● understand and use different forms of the negative (not, no more, nothing, nobody, never)

4.3 Quelles matières aimes-tu?

1  Des questions sur les matières

a Écoute les conversations et choisis la bonne réponse.

1 Quelles sont tes matières préférées? *(Note deux lettres.)*
   a   b   c + —   d   e

2 Pourquoi? C'est ... *(Note deux lettres.)*
   a utile   **b** intéressant   **c** facile   **d** amusant

3 Quelles sont les matières que tu aimes le moins?
   a   b   c

4 Qu'est-ce que tu étudies comme langues vivantes?
   a   b   c

5 Qu'est-ce que tu fais comme sciences en ce moment?
   a   b   c

6 Qu'est-ce que tu fais comme sports au collège?
   (Note deux lettres.)
   a   b   c   d   e

7 Y a-t-il une nouvelle matière que tu voudrais faire?
   a latin   **b** sciences économiques   **c** psychologie

8 Quelles sont les matières les plus importantes, à ton avis? *(Note deux lettres.)*
   a + —   b   c
   d 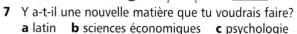   e   f

b Travaillez à deux. Choisissez cinq questions. Posez-les à votre partenaire et notez ses réponses.

3 La semaine prochaine

a Mathieu a beaucoup de choses à faire la semaine prochaine. Qu'est-ce qu'il dit?

Exemple: *Lundi, je vais faire mes devoirs de sciences.*

lundi	sciences – écrire des notes sur l'expérience
mardi	anglais – apprendre du vocabulaire pour un contrôle la semaine prochaine
mercredi	histoire – faire des recherches sur Internet
jeudi	géographie – lire le chapitre sur le Canada
vendredi	maths – finir des exercices
samedi	technologie – finir mon projet

2  Demain, c'est mardi

Tu vas passer une journée dans un collège demain.

a Écoute et lis. Il y a six différences entre le CD et le texte. Copie la grille et note les mots qui sont différents.

	sur le CD	dans le texte
1	histoire	anglais
2		

Demain, c'est mardi. Alors on va commencer à 9 heures par l'anglais. Puis il y a la récréation. On peut acheter quelque chose à manger, si tu veux. Ensuite, après la récréation, on va avoir deux heures de maths. Ça va être fatigant. À midi, on va manger à la cantine. Puis on va sortir dans la cour. Quelquefois, on joue au football ou aux cartes. Demain après-midi, on va commencer à 2 heures par chimie. J'aime bien ça. On fait des expériences et c'est souvent amusant. Après, deux heures d'EPS. On va faire de la natation cette semaine, alors n'oublie pas ton maillot de bains! On va finir à 5 heures. Nous allons être fatigués, mais après-demain, c'est mercredi et on n'a pas cours, alors ça, c'est bien!

b Réponds aux questions.
1 On va commencer à quelle heure, demain matin?
2 Où est-ce qu'on va manger à midi?
3 Qu'est-ce qu'on va faire en EPS cette semaine?
4 On va finir à quelle heure?

b Sa sœur, Hélène, aime s'amuser. Raconte ce qu'elle va faire.

Exemple: *Lundi, elle va sortir avec Daniel.*

lundi
sortir avec Daniel
mardi
téléphoner à Fatima
mercredi
aller à la piscine avec Claude
jeudi
rencontrer Magali au café
vendredi
jouer au badminton avec Pierre
samedi
faire du shopping avec Émilie

4 Une visite au théâtre

a *Complète les questions et les réponses avec la forme correcte du verbe **aller**.*

b *Trouve les paires.*

1 Qui ... organiser la visite au théâtre?
2 Qu'est-ce que vous ... voir?
3 Quand ...-vous partir au théâtre?
4 Comment ...-tu rentrer à la maison après?
5 Est-ce que Luc et Leïla ... rentrer avec toi?

a On ... partir à 14 heures.
b Oui, ils ... rentrer en bus aussi.
c Nous ... voir 'Macbeth'.
d Je ... prendre le bus.
e Mme Duval ... organiser la visite.

5 Choisir – c'est difficile!

Lis la lettre de Pierre. Puis tourne à la page 130 pour faire l'activité 1.

Cher Thomas,

Merci de ta lettre et de la carte pour Pâques. Comme tu le sais, je suis en troisième en ce moment et l'année prochaine, je vais changer d'école pour aller au lycée. En seconde, on va faire sept matières générales (français, maths, sciences, histoire-géo, etc.) qui sont obligatoires, et deux autres matières au choix. Cette année, il faut choisir des 'options' pour l'année prochaine – c'est difficile.

Mes matières préférées sont les langues vivantes, donc je vais continuer à étudier l'anglais et l'allemand et au lycée, j'espère commencer l'espagnol. Je suis nul en maths, je ne suis pas très fort en musique et je n'aime pas du tout le dessin. Il faut continuer avec les maths, mais je vais laisser tomber la musique et le dessin.

Ma petite amie, Marine, veut être comptable, alors elle va commencer les sciences économiques. Elle va choisir la musique aussi parce qu'elle joue du piano et elle s'y intéresse beaucoup.

Est-ce que, toi, aussi, tu choisis des 'options' pour l'année prochaine? Je voudrais bien savoir comment ça se passe dans ton pays.

Que vas-tu faire plus tard dans la vie? Je voudrais être professeur d'anglais, mais mon copain Benoît n'a pas encore décidé. Il s'intéresse beaucoup à l'informatique, alors il va peut-être devenir programmeur ou ingénieur.

Dis bonjour à ta famille pour moi.
Courage!

Pierre

DOSSIER-LANGUE

Aller + the infinitive

The present tense of the verb *aller* + the **infinitive** of the verb is used to say what is going to happen:
Demain, on va commencer à 9 heures.
Tomorrow we're going to start at 9 o'clock.
Ça va être ennuyeux.
That's going to be boring.

aller	
je vais	nous allons
tu vas	vous allez
il/elle/on va	ils/elles vont

6 À toi!

a **À discuter** *Travaillez à deux. Posez des questions et répondez à tour de rôle.*
– Qu'est-ce que tu vas choisir comme options l'année prochaine?
– Qu'est-ce que tu veux laisser tomber?
– Tu es assez fort(e) en quelles matières?
– Tu es moins fort(e) en quoi?

b **À écrire** *Écris une réponse à Pierre. Réponds aux questions ci-dessus. Voici trois choses pour t'aider:*

1 La lettre de Pierre: presque tout le vocabulaire est là, mais tu dois répondre à ses questions.
2 Les phrases ci-dessous.
3 Les phrases dans le *Jeu de mémoire*, page 130.

Pour t'aider

Mes opinions sur les matières
Mes matières préférées sont ...
Je n'aime pas du tout ... parce que ...

Mes points forts et faibles
Je suis (assez) fort(e) en ...
Je ne suis pas fort(e) en ...
Je suis nul(le) en ...

Des matières obligatoires
Il faut continuer avec ...
L'année prochaine, je dois faire ...

En option
Je voudrais faire ...
Je peux laisser tomber ...
Je dois choisir entre ... et ...
Je peux commencer ...
Ça va être intéressant/différent, etc.
J'espère commencer ...

L'année prochaine
Je vais choisir ...

Now you can...
- say which subjects you like and why
- say what you are going to do
- discuss which options you might choose

4.4 Un stage en entreprise

Beaucoup de jeunes, entre 14 et 17 ans, font un stage en entreprise. On peut faire ce stage dans des organisations très différentes, par exemple, dans un hôpital, une école primaire ou une grande entreprise commerciale.

1 On parle des stages

Écoute les jeunes. Ils discutent de leur stage en entreprise.

a *Où voudraient-ils travailler? Où vont-ils travailler? Trouve la lettre qui correspond.*

Exemple: 1 *f*

a dans un magasin
b dans une école primaire
c dans un hôpital
d dans un restaurant
e dans une pharmacie
f dans une banque
g chez un vétérinaire
h dans un bureau
i dans une agence de publicité
j dans une entreprise d'informatique

b *Pourquoi ont-ils fait ce choix? Trouve la bonne raison.*

a … parce qu'elle voudrait travailler dans le marketing plus tard.
b … parce qu'il veut étudier la médecine plus tard.
c … parce que l'informatique, ça le passionne, et son oncle l'a aidé à trouver un placement.
d … parce qu'il s'intéresse beaucoup à la cuisine.
e … parce que sa tante va l'aider à trouver un placement.
f … parce qu'elle voudrait être institutrice.
g … parce que ça lui paraît intéressant comme travail.
h … parce qu'elle adore les animaux.
i … parce que le journalisme, ça l'intéresse beaucoup.
j … parce qu'elle s'intéresse beaucoup à la mode.

2 Dans l'ordre

Aujourd'hui, c'est lundi. Écris ces expressions dans l'ordre chronologique.

Exemple: 1 *b (dans dix minutes)*

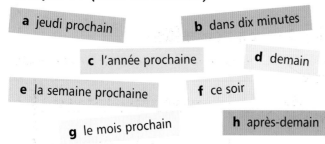

a jeudi prochain
b dans dix minutes
c l'année prochaine
d demain
e la semaine prochaine
f ce soir
g le mois prochain
h après-demain

4 À toi!

a **À discuter** *Travaillez à deux. Posez des questions et répondez à tour de rôle.*
– Quand est-ce que tu vas faire un stage en entreprise? (*dans six mois/l'année prochaine/dans deux ans*)
– Qu'est-ce que tu voudrais faire pour ton stage? (*Je voudrais travailler dans un hôpital/dans un magasin, etc.*)
– Pourquoi? (*parce que j'aime …, parce que le sport, ça m'intéresse*)

b **À écrire** *Écris tes réponses aux questions.*
Exemple: *Je voudrais faire mon stage en enterprise l'année prochaine dans un/une … parce que …*

3 Un stage de rêve (1)

*Trouve le bon texte pour les images **2–6**.*

a Je vais leur apporter des fleurs.
b Je vais aider la maquilleuse.
c Je vais parler à la presse.
d Je vais rencontrer des stars.
e Je vais répondre au téléphone.

Now you can…
- discuss plans for work experience
- use expressions of future time

4.5 Il y a beaucoup de métiers

1 🎧 C'est quel métier?

Écoute et trouve la bonne image.

DOSSIER-LANGUE

Talking about jobs

- When talking about people's jobs, you don't use the article (*un/une*):
    Il est agent de police.
    Elle est dentiste.
- Nouns which refer to jobs often have a special feminine form. Main patterns:

		masculin	féminin
1	no change because masc. ends in **-e**	*vétérinaire*	*vétérinaire*
2	add **-e**	*employé de bureau*	*employée de bureau*
3	**-ier → -ière**	*infirmier*	*infirmière*
4	**-eur → -euse**	*vendeur*	*vendeuse*
5	**-teur → -trice**	*instituteur*	*institutrice*
6	**-ien → -ienne**	*mécanicien*	*mécanicienne*

2 Une liste

Complète le tableau.

	masculin	féminin
1	photographe	…
2	représentant	…
3	caissier	…
4	…	fermière
5	chanteur	chanteuse
6	…	coiffeuse
7	…	factrice
8	pharmacien	…

3 💻 Que font-ils dans la vie?

a *Lis les phrases et devine l'emploi.*
Exemple: 1 *Elle est professeur.*

1 Elle travaille dans un collège. Elle donne des cours de technologie.
2 Il distribue des lettres et des paquets aux maisons.
3 Il travaille dans une ferme.
4 Elle travaille à l'hôpital. Elle s'occupe des malades.
5 Il porte un uniforme et il travaille au commissariat.
6 Elle travaille dans un grand magasin. Elle vend des vêtements.
7 Il travaille dans un garage. Il répare les voitures.
8 Elle travaille dans une banque.

b *Écris six phrases sur les emplois de personnes que tu connais.*
Exemple: *Mon père travaille dans l'informatique.*
Ma mère est institutrice.

4 🎧 On parle des métiers

Copie la grille. Puis écoute les quatre conversations et complète la grille.

	métier	avantage	inconvénient
1	**Ex.** *facteur*		
2			

Pour t'aider

Il est Elle est Mon père est Ma mère est Mon grand-père est Ma grand-mère est Mon oncle est Ma tante est (*Nom*) est	agent de police chauffeur (de taxi) coiffeur(-euse) cuisinier(-ière) dessinateur(-trice) employé(e) de banque/de bureau facteur(-trice) fermier(-ière) infirmier(-ière) instituteur(-trice) journaliste	mécanicien(ne) médecin pharmacien(ne) professeur représentant(e) sapeur-pompier secrétaire serveur(-euse) technicien(-ienne) vendeur(-euse) vétérinaire
Il travaille Elle travaille	dans l'informatique/dans le marketing/chez Kodak, etc.	
Il/Elle ne travaille pas en ce moment. Il/Elle est au chômage. (*unemployed*)		

5 On pense à l'avenir

Comment choisit-on un métier? Il y a des jeunes qui savent très tôt ce qu'ils veulent faire et d'autres qui changent d'avis très souvent. Les parents et les amis ont souvent une influence, mais quoi d'autre? Écoute et lis la discussion. Puis fais une liste de tous les métiers qui sont mentionnés.

– Qu'est-ce que tu veux faire plus tard dans la vie, Thomas?

– Moi, je ne sais pas du tout. Et toi, Aurélie, tu as une idée?

– Oui, bien sûr. À l'âge de 12 ans, j'ai décidé que je voulais être vétérinaire et je n'ai pas changé d'avis. Mais il faut faire des études très longues. Je ne sais pas si je vais réussir.

– Et toi, Élodie?

– Moi, je n'ai pas encore décidé. J'hésite entre plusieurs métiers. Je voudrais un métier où je peux voyager, alors journaliste, secrétaire peut-être. Je voudrais bien travailler pour une organisation humanitaire. Et toi, Jonathan?

– Je m'intéresse à la technologie et à l'aviation. Je voudrais être ingénieur ou pilote. Et toi, Sophie, que vas-tu faire?

– Je voudrais faire quelque chose dans le secteur médical, alors infirmière, pharmacienne, même médecin – je ne sais pas exactement. Et toi, Daniel, tu veux être comptable, non, comme ton père?

– Non, j'ai changé d'avis. Mon père est comptable et il aime bien son métier, mais je ne suis pas sûr que c'est pour moi. J'adore communiquer et écouter de la musique, alors mon rêve est d'être animateur à la radio.

6 Des projets

Trouve les paires.

1	Je voudrais aller	a	encore décidé.
2	Je veux être	b	à l'université.
3	Je n'ai pas	c	travailler dans l'informatique.
4	J'espère	d	de travailler dans le marketing.
5	J'ai l'intention	e	professeur de sport.
6	Mon rêve,	f	c'est de devenir médecin.

7 La lettre de Karim

Lis la lettre et réponds aux questions en français.

Qu'est-ce que tes parents font dans la vie? Mon père est ingénieur. Il travaille pour une grande entreprise. Il aime son travail, mais il doit faire des horaires très longs. Il dit toujours que c'est fatigant!

Ma mère est institutrice. Elle aime bien son travail parce qu'elle adore les enfants et elle aime bien enseigner.

Et toi, qu'est-ce que tu veux faire dans la vie? Moi, je n'ai pas encore décidé. Je voudrais un métier où je peux voyager et rencontrer des gens, peut-être le journalisme.

À bientôt!

Karim

1 Est-ce que les parents de Karim travaillent?
2 Qu'est-ce qu'ils font comme profession?
3 Son père, est-ce qu'il aime son travail? Quels sont les inconvénients?
4 Et sa mère, qu'est-ce qu'elle pense de son emploi?
5 Qu'est-ce que Karim va peut-être faire?

8 À toi!

À écrire *Écris une réponse à la lettre de Karim. Réponds à ces questions:*
– Qu'est-ce que tes parents font dans la vie?
– Qu'est-ce que tu veux faire dans la vie?
– Qu'est ce que tu as l'intention de faire à 16 ans?
 (*continuer mes études/changer d'école/quitter l'école/chercher un emploi*)

Phrases utiles

J'ai l'intention de ... *I intend to ...*
J'espère ... *I hope to ...*
Je m'intéresse à ..., *I'm interested in ...,*
 alors je vais peut-être faire ... *so perhaps I'll do ...*
Je n'ai pas encore décidé. *I haven't decided yet.*
travailler ... *to work ...*
 dans le marketing *in marketing*
 dans l'informatique *in IT*
 pour une organisation humanitaire *for a charity*

Now you can ...
● talk about different careers and discuss your future plans

4.6 C'est quand?

1 🎧 Quand ça?

Écoute les conversations et note la phrase qui correspond.
Exemple: 1 *a (hier soir)*

a hier soir
b lundi dernier
c l'année dernière
d demain matin
e après-demain
f le mois prochain
g la semaine prochaine
h vendredi dernier
i samedi prochain
j l'année prochaine

2 Des questions et des réponses

a *Trouve les paires.*

1 Qu'est-ce que tu as fait comme devoirs hier soir?
2 Quand est-ce que tu vas faire ton stage en entreprise?
3 Est-ce que tu as cours la semaine prochaine?
4 Qu'est-ce que tu vas choisir en option l'année prochaine?
5 Qu'est-ce que tu vas laisser tomber?
6 Qu'est-ce que tu as comme cours demain matin?

a Oui, nous avons cours comme d'habitude.
b Je vais le faire l'année prochaine.
c L'année prochaine, je vais choisir l'histoire et l'art dramatique.
d Nous avons deux heures de maths, puis une heure d'anglais.
e J'ai fait du français et de la biologie.
f Je vais laisser tomber la géographie et l'allemand.

b *Travaillez à deux. Posez des questions et répondez à tour de rôle.*

c *Écris tes réponses.*

3 Yassine Thomas – photographe

Choisis le verbe correct pour compléter ces phrases.
Exemple: 1 *En juin dernier, Yassine a commencé à travailler à l'agence 'Photos-images'.*

1 En juin dernier, Yassine (*commence/va commencer/a commencé*) à travailler à l'agence 'Photos-images'.
2 Elle (*va aimer/aime*) beaucoup ce travail.
3 Hier, elle (*est allée/va aller/va*) à Paris.
4 Demain, Yassine (*va prendre/a pris*) des photos d'un mariage.
5 Après-demain, elle (*est allé/va aller*) à Lille.
6 Vendredi prochain, elle (*a été/va être*) libre.
7 En dehors du travail, elle (*va faire/a fait/fait*) beaucoup de sport.
8 L'année dernière, elle (*joue/va jouer/a joué*) au championnat de tennis.
9 Elle (*a aimé/aime/aimera*) aussi la musique.
10 Ce soir, elle (*va voir/est allée voir*) un concert de musique rock.

4 Un stage de rêve (2)

Complète les phrases. Mets les verbes au passé composé.

Ça s'est bien passé, ton stage au théâtre?
Ouais …
Qu'est-ce que tu as fait, exactement?

1 J'(**vendre**) des programmes avant la séance.

2 J'(**vendre**) des glaces pendant l'entracte.

3 J'(**préparer**) le café.

4 J'(**vider**) les poubelles.

5 J'(**nettoyer**) la salle après la séance.

5 Un stage en entreprise

Complète la lettre d'Emily. Mets les verbes en vert au présent et les verbes en rouge au passé composé.

Cette semaine, je (**1 faire**) mon stage en entreprise. Je (**2 travailler**) dans une école maternelle. J' (**3 arriver**) à l'école à 8 heures du matin. J' (**4 aider**) l'institutrice dans la salle de classe. Je (**5 jouer**) avec les enfants et je les (**6 encourager**) à parler. Pendant la journée, ils (**7 faire**) des activités différentes.

Hier matin, par exemple, ils (**8 dessiner**), et ils (**9 faire**) de la peinture. Hier après-midi, les enfants (**10 écouter**) une histoire, puis nous (**11 chanter**) ensemble.

Demain, nous (**12 aller**) faire une promenade au parc, le matin, puis l'après-midi, les enfants (**13 aller**) regarder une vidéo.

6 À toi!

À écrire *Tu fais un stage (imaginaire) en entreprise cette semaine: écris une description. Réponds à ces questions:*
– Où travailles-tu?
– Tu commences à quelle heure?
– Tu finis à quelle heure?
– C'est comment?
– Qu'est-ce que tu as fait hier?
– Qu'est-ce que tu vas faire demain?

7 Quel métier?

Propose un métier à chaque personne.
*Cherche dans le **Lexique**. Il y a plusieurs possibilités.*
Exemple: 1 *instituteur*

1 Je voudrais travailler avec des enfants.

2 Je voudrais faire un métier médical.

3 Je voudrais travailler avec des animaux.

4 J'adore préparer des repas.

5 L'informatique, ça m'intéresse beaucoup.

6 Je voudrais travailler dans un magasin.

7 Je cherche un métier qui me permet de voyager.

8 J'aime faire du dessin.

Lexique

un agent de police	police officer
un(e) avocat(e)	lawyer
un chauffeur (de taxi)	(taxi) driver
un(e) coiffeur(-euse)	hairdresser
un(e) cuisinier(-ière)	cook
un(e) dessinateur(-trice)	designer
un(e) employé(e) ...	worker ...
de banque/de bureau/	in bank/office/
de la Poste	Post Office
un(e) facteur(-trice)	postman/woman
un(e) fermier(-ière)	farmer
un gendarme	police officer (branch of the army)
une hôtesse de l'air	air hostess
un(e) infirmier(-ière)	nurse
un(e) instituteur(-trice)	primary school teacher
un(e) journaliste	journalist
un(e) mécanicien(ne)	mechanic, train driver
un médecin	doctor
un(e) pharmacien(ne)	chemist
un(e) programmeur(-euse)	computer programmer
un(e) représentant(e)	(sales) representative
un sapeur-pompier	firefighter
un(e) secrétaire	secretary
un(e) serveur(-euse)	waiter/waitress
un(e) technicien(-ienne)	technician
un(e) vendeur(-euse)	salesperson
un(e) vétérinaire	vet
travailler ...	to work ...
dans le marketing	in marketing
dans l'informatique	in IT
pour un organisme humanitaire	for a charity

Now you can ...
● understand and use different tenses to refer to the past, the present and the future

je suis assez fort en français

SOMMAIRE

Now you can ...

● **talk about school life**

la bibliothèque	library
la cantine	canteen
un collège	school (11–14/15)
la cour	playground
un cours	lesson
un(e) demi-pensionnaire	a day-pupil who has lunch at school
les devoirs (m pl)	homework
une école publique	state school
une école privée	private school
un(e) élève	pupil
un emploi du temps	timetable
le gymnase	gym
un internat	boarding school
un laboratoire	laboratory
un lycée	school (15–19)
la rentrée	beginning of school year in September
la salle de classe	classroom
le terrain de sports	sports ground
un uniforme scolaire	school uniform

● **use different forms of the negative**
(see also page 50)

ne ... pas	not
ne ... plus	no more, no longer
ne ... jamais	never, not ever
ne ... personne	no one, not anyone
ne ... rien	nothing, not anything

● **discuss school subjects**
(see **Vocabulaire par thèmes**, page 166)

● **say which subjects you like or dislike and why**

Mes matières préférées sont ...	My favourite subjects are ...
Les matières que j'aime le moins sont ...	The subjects I like least are ...

● **discuss options**

Je dois choisir entre ... et ...	I have to choose between ... and ...
Je vais continuer avec/à étudier ...	I'm going to go on with/studying ...
Je vais laisser tomber ...	I'm going to drop ...
J'espère commencer ...	I hope to start ...

● **discuss strengths and weaknesses**

Je suis nul(le) en ...	I'm no good at ...
Je ne suis pas très fort(e) en ...	I'm not much good at ...
Je suis assez fort(e) en ...	I'm quite good at ...

● **say what you are going to do using *aller* + infinitive** (see also page 53)

Qui va faire ça?	Who is going to do that?
Que vas-tu faire plus tard dans la vie?	What are you going to do later in life?

● **discuss plans for work experience**

Je vais faire mon stage en entreprise dans deux ans.	I'm going to do my work experience in two years' time.
Qu'est-ce que tu veux faire pour ton stage?	What do you want to do for your work experience?
Je voudrais travailler dans une école parce que j'aime les enfants.	I would like to work in a school because I like children.

● **use expressions of future time**

après-demain	the day after tomorrow
ce soir	this evening
dans une demi-heure	in half an hour
demain	tomorrow
(lundi) prochain	next (Monday)
l'année prochaine (f)	next year
la semaine prochaine	next week
le mois prochain	next month

● **discuss your future plans**

J'ai l'intention de faire des études de médecine.	I intend to study medicine.
J'espère travailler dans le marketing.	I hope to work in marketing.
Je voudrais travailler dans l'informatique.	I would like to work in IT.
Je n'ai pas encore décidé.	I haven't decided yet.

● **talk about different careers**
(see page 58)

● **understand and use different tenses to refer to the past, the present and the future**

Aujourd'hui, nous avons deux heures de français.	Today we have two lessons of French.
Hier, j'ai joué un match de basket.	Yesterday I played a basketball match.
L'année prochaine, je vais laisser tomber l'histoire.	Next year I'm going to drop history.

Julien et Joe – les jumeaux qui jouent toujours!

1
C'était bien, le match! Moi, j'ai marqué 20 points!

Oui, tu as bien joué ... et moi aussi, j'ai marqué 9 points. Pas mal, hein?

2
Alors, qu'est-ce qu'on va faire ce soir? Si on jouait au basket?

Bonne idée ... après le foot à la télé!

Un moment, s'il vous plaît!

3
Julien, ton bulletin scolaire n'est pas impressionnant! Et Joe, toi aussi, tu as de mauvaises notes! Ce soir, vous n'allez pas sortir ... vous allez faire vos devoirs.

Mais Maman ...

4 Plus tard ...
Vous n'avez pas encore fini! Vous restez là!

Je m'ennuie!

Moi aussi! Mais j'ai une idée ...

5
Vous travaillez toujours?

Oui, nous faisons nos devoirs de géographie. C'est vraiment très intéressant ...

Nous avons appris ce qu'on fait aux États-Unis ...

6

7

8
Bien joué! Tu peux faire combien de points en deux minutes?

On va voir!

9
Alors, ça fait 12 points en deux minutes, et moi, j'avais 15 points. J'ai gagné!

Vous avez fini les devoirs?

Non, pas encore. Nous faisons un peu de maths!

PRESSE-JEUNESSE 4

Des Français et des Françaises célèbres

C'est qui?

1 Elle a chanté dans les rues de Paris pour commencer sa carrière. À l'âge de 20 ans, elle était chanteuse de cabaret et, finalement, elle est devenue une des chanteuses les plus connues de France. Son nom de théâtre veut dire 'moineau' – comme l'oiseau, elle était petite et chantait beaucoup. Deux de ses chansons très populaires sont *Je ne regrette rien* et *La vie en rose*.

2 Elle est née à Varsovie en Pologne et elle a fait des études à Paris. Elle a fait des recherches de radioactivité avec son mari, Pierre. Ils ont découvert le radium et le polonium. Ensemble, ils ont reçu le prix Nobel de physique et trois ans plus tard, elle a reçu le prix Nobel de chimie – la première personne à le recevoir deux fois. Malheureusement, elle ne prenait jamais de précautions contre la radioactivité et elle est morte du mal des rayons. Même aujourd'hui, ses notes sont contaminées et personne ne peut les toucher.

3 Il était officier de marine et il s'intéressait surtout à la plongée sous-marine. Avec un ami, il a réalisé un scaphandre autonome: le plongeur porte des bouteilles d'air sur son dos. Il était surtout célèbre pour ses films documentaires sur la vie sous-marine. Plus tard, il a conduit des campagnes pour protéger l'environnement, par exemple l'Antarctique, et pour ça, on l'a surnommé 'Capitaine Planète'.

> **un scaphandre autonome** = *aqualung*

4 Il était aviateur et sa vie était dominée par l'aviation. Il a eu beaucoup d'accidents et d'aventures en avion et il a disparu pendant une mission en 1944. Cependant, on le connaît surtout pour ses livres, où il raconte ses aventures et ses émotions de pilote. Son livre le plus célèbre est une espèce de conte de fée: tous les enfants français connaissent *Le Petit Prince*, l'histoire d'un petit garçon qui vient d'une autre planète.

a Jacques Cousteau (1910–1997)

b Édith Piaf (1915–1963)

c Antoine de Saint-Exupéry (1900–1944)

d Marie Curie (1867–1934)

Familiale

La mère fait du tricot
Le fils fait la guerre
Elle trouve ça tout naturel la mère
Et le père qu'est-ce qu'il fait le père?
Il fait des affaires
Sa femme fait du tricot
Son fils la guerre
Lui des affaires
Il trouve ça tout naturel le père
Et le fils et le fils
Qu'est-ce qu'il trouve le fils?
Il ne trouve rien absolument rien le fils
Le fils sa mère fait du tricot son père des affaires lui la guerre
Quand il aura fini la guerre
Il fera des affaires avec son père
La guerre continue la mère continue elle tricote
Le père continue il fait des affaires
Le fils est tué il ne continue plus
Le père et la mère vont au cimetière
Ils trouvent ça naturel le père et la mère
La vie continue la vie avec le tricot la guerre les affaires
Les affaires la guerre le tricot la guerre
Les affaires les affaires et les affaires
La vie avec le cimetière.

Jacques Prévert (*Paroles* © *Éditions Gallimard*)

> **le tricot** = *knitting*
> **faire la guerre** = *to make war*
> **quand il aura fini** = *when he has finished*
> **il fera** = *he will do*

Jacques Prévert (1900–1977) a publié la collection *Paroles* en 1946, peu après la fin de la deuxième guerre mondiale. Beaucoup de ses poèmes sont satiriques, mais ils ne sont pas tous si sombres que *Familiale*.

unité

5

Une visite à Planète Futuroscope

PLANÈTE FUTUROSCOPE

Un cube géant, une sphère énorme, un grand cristal réfléchissant – ces pavillons futuristes se trouvent à Planète Futuroscope. Dans ce grand parc de l'image et du cinéma, on utilise les systèmes de projection les plus récents pour créer une expérience unique du cinéma.

A

La Gyrotour

Embarquez dans la Gyrotour pour une belle vue panoramique sur toutes les attractions du parc.

B

T-Rex

Attention! Dans un cinéma hémisphérique, vous allez retourner à l'époque des dinosaures. Vous vous trouverez face à face avec le grand Tyrannosaurus Rex.

un papillon Monarque

C

Le Tapis Magique

Dans cette attraction, il y a deux écrans géants: l'un en face de vous et l'autre sous vos pieds. Dans le film, vous suivrez des papillons monarque qui partent de l'Amérique du Nord pour arriver au Mexique. Vous aurez l'impression de survoler la Terre.

D

Superstition

La chance, est-elle avec vous? Vous partirez en train fantôme, poursuivis par des créatures étranges et dangereuses dans des labyrinthes infernaux. Frissons garantis! Une aventure époustouflante, mais un conseil: prenez un aller simple!

E

Couleurs Brésil

Dans ce cinéma 360°, des images sont projetées sur neuf écrans en même temps. Vous serez au centre de l'action, qui se passe au Brésil.

F

Sur les Traces du Panda

Dans ce bâtiment qui ressemble à un cristal, il y a un écran géant, aussi haut qu'un immeuble de sept étages. Dans ce film, vous accompagnerez l'exploratrice, Ruth Harkness, en Chine. Elle suivra les traces du grand panda, l'animal le plus rare du monde.

époustouflant – amazing

Le Défi d'Atlantis

Attachez bien votre ceinture! Vous serez propulsé à toute vitesse dans les petites rues de la cité mythique d'Atlantis. Selon la légende, Atlantis était une île extraordinaire, le royaume de Neptune. Mais Zeus a décidé de la détruire. Vous devrez éviter tous les obstacles pour sauver la cité.

Le Lac aux Images

Chaque soir, le lac se transforme en une vaste scène. Des images animées sont projetées par des lasers sur des jets d'eau. Un spectacle magique et inoubliable!

1 Vrai ou faux?

Lis la brochure et décide si c'est vrai (V), faux (F) ou pas mentionné (PM).
Exemple: 1 V

1 La Planète Futuroscope est un parc d'attractions sur le thème du cinéma.
2 Les pavillons ressemblent aux bâtiments historiques.
3 On peut y voir beaucoup de films.
4 On utilise la technologie très récente dans la projection des films.
5 Pour certains films, il faut porter des lunettes spéciales.
6 Au Défi d'Atlantis, on doit essayer de sauver une ancienne ville.
7 Au Tapis Magique, on voit deux images projetées sur deux écrans en même temps.
8 On vous conseille de ne pas rester longtemps dans le train de Superstition.

2 Visitez Planète Futuroscope

Écoute la publicité. On parle de quelques-unes de ces attractions, mais pas toutes. Note les attractions dans l'ordre mentionné.
Exemple: A, …

3 Des questions et des réponses

Trouve les paires.

1 Où se trouve Planète Futuroscope?
2 Comment peut-on y aller?
3 Qu'est-ce qu'on peut y faire?
4 Est-ce qu'il y a un bus de Poitiers au parc?
5 Est-ce qu'on peut loger au parc?

a Il y a des hôtels au parc et dans la région.
b C'est à sept kilomètres au nord de Poitiers.
c On peut y aller en train ou en voiture.
d On peut y voir des films avec des effets spéciaux.
e Oui, il y a un bus du centre-ville au parc.

DOSSIER-LANGUE

The pronoun y

Look at **y** in these sentences. Which words has it replaced? Where does it go?

– Comment peut-on aller **à Planète Futuroscope**?
– On peut **y** aller en train.
– Tu **y** es allé?
– Non, mais j'**y** vais ce week-end.

Y means 'there.' It is a pronoun and saves you having to repeat the name of a place. It often replaces a phrase beginning with à or au; for example, à Planète Futuroscope.

4 Des expressions utiles

Trouve les paires.
Exemple: 1 c

1 J'y vais.
2 On y va.
3 On peut y voir beaucoup de choses.
4 On va y aller en bus.
5 J'y suis allé l'été dernier.
6 On y arrive.

a I went there last summer.
b We're there.
c I'm going there.
d Let's go.
e You can see lots of things there.
f We're going to go by bus.

Now you can …
• find out about the Futuroscope theme park
• understand the pronoun **y** to mean 'there'

5.2 On fait des projets

1 🎧 On va aller à Planète Futuroscope

Écoute les conversations et complète le résumé.

1 Mathieu

Thomas, le correspondant de Mathieu, arrivera le 26 avril. Il passera dix ...(**1**)... en France. Pendant sa visite, la famille visitera Planète Futuroscope. Ils passeront deux jours au parc et une ...(**2**)... à l'hôtel. Comme ça, ils pourront voir le ...(**3**)... du soir, qui commence à 10 heures. Ils prendront le ...(**4**)... directement au parc. Ils partiront tôt le ...(**5**)... et ils rentreront le dimanche ...(**6**)... .

a jours	**b** nuit	**c** samedi	**d** soir
	e spectacle	**f** train	

2 Julie

Pour fêter son ...(**1**)..., Julie visitera Planète Futuroscope avec son père. Elle invitera une ...(**2**)..., Aurélie. Ils prendront la ...(**3**)... au parc. Le père de Julie regardera le site web pour les horaires et les ...(**4**)... . Si possible, il achètera les ...(**5**)... à l'avance. Comme ça, ils auront plus de temps au ...(**6**)... .

a amie	**b** anniversaire	**c** billets	**d** parc
	e prix	**f** voiture	

2 💻 Des attractions à Planète Futuroscope

Complète les textes avec la bonne forme du verbe au futur.

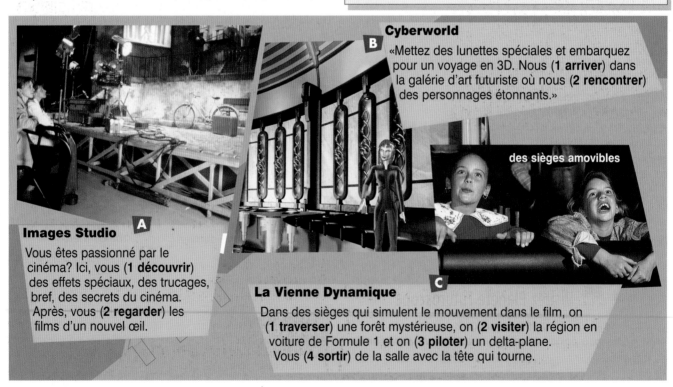

Cyberworld

«Mettez des lunettes spéciales et embarquez pour un voyage en 3D. Nous (**1 arriver**) dans la galérie d'art futuriste où nous (**2 rencontrer**) des personnages étonnants.»

des sièges amovibles

Images Studio

Vous êtes passionné par le cinéma? Ici, vous (**1 découvrir**) des effets spéciaux, des trucages, bref, des secrets du cinéma. Après, vous (**2 regarder**) les films d'un nouvel œil.

La Vienne Dynamique

Dans des sièges qui simulent le mouvement dans le film, on (**1 traverser**) une forêt mystérieuse, on (**2 visiter**) la région en voiture de Formule 1 et on (**3 piloter**) un delta-plane. Vous (**4 sortir**) de la salle avec la tête qui tourne.

3 Les vacances

Complète les conversations avec la bonne forme du verbe au futur.

Exemple: 1 *tu partiras*

A – Quand est-ce que tu (**1 partir**) en vacances?
– Je (**2 partir**) le 8 avril. Je (**3 passer**) une semaine chez mon oncle. Et toi, tu (**4 rester**) à Paris?
– Non, je (**5 passer**) cinq jours en Bretagne.
– Et tu (**6 rentrer**) quand?
– Je (**7 rentrer**) le 15 avril.

B – Et vous, où (**1 passer**)-vous vos vacances?
– Nous (**2 retourner**) dans les Alpes.
– Est-ce que vous (**3 loger**) à l'hôtel?
– Oui, nous (**4 descendre**) dans un petit hôtel à Grenoble.
– Est-ce que vous (**5 prendre**) le train?
– Non, nous (**6 prendre**) la voiture. Nous y (**7 rester**) dix jours.

4 Une lettre

Complète la lettre de Mathieu avec la bonne forme du verbe au futur. Choisis parmi les verbes dans la case.
Exemple: 1 *nous visiterons*

Cher Thomas,
Pendant ton séjour en France, nous ...(1)... Planète Futuroscope. Tu y es allé? C'est un grand parc d'attractions sur le thème du cinéma. C'est près de Poitiers. Nous ...(2)... le train au parc samedi matin, et nous ...(3)... deux jours au parc. La nuit, on ...(4)... à l'hôtel.
Je t'envoie une brochure sur Planète Futuroscope. Ça te ...(5)... une idée des attractions. On m'a dit que T-Rex est très bien. On ...(6)... de voir ça. J'espère que tu ...(7)... la visite!
À bientôt,
Mathieu

aimer	donner	essayer	loger	passer
	prendre	visiter		

5 À deux

a Notez trois activités dans la case pour samedi prochain, mais ne les montrez pas à votre partenaire.

b À tour de rôle, posez des questions pour deviner les activités choisies. Après trois questions, donnez la réponse correcte.

Exemple:

– jouer sur l'ordinateur
– regarder un film
– lire un livre

A *Samedi prochain, est-ce que tu joueras au football?*
B *Non.*
A *Tu téléphoneras à des amis?*
B *Non.*
A *Tu écriras des e-mails?*
B *Non, samedi prochain, je jouerai sur l'ordinateur, je regarderai un film et je lirai un livre.*

Des activités
jouer au football/au tennis/sur l'ordinateur

regarder un film/la télé/une vidéo

lire un magazine/un livre

écrire des e-mails/des lettres

téléphoner à des amis

partir à la mer/à la campagne

visiter un musée

sortir avec des amis

manger dans un fast-food

passer le week-end chez des amis

travailler

6 À toi!

À écrire *Écris quelques phrases pour décrire des projets pour le week-end prochain. Voici des idées:*

Samedi après-midi, je ... et mes amis ...
Samedi soir, on ...
Dimanche matin, nous ...
Dimanche après-midi, est-ce que tu ... ?

Now you can ...
● use the future tense of regular verbs

5.3   On cherche un hôtel

En France, on trouve des hôtels de toutes sortes: des grands hôtels de luxe aux petits hôtels simples. Pour trouver un hôtel, on peut demander une liste d'hôtels à l'office de tourisme, ou consulter des listes sur Internet.

A   Le Château   ****

15 rue du Château – tél. 05 80 29 63 12

- 89 ch. tout confort avec douche ou bain et W.-C. privés, téléphone, TV (150 € à 250 €), prix nets – Petit déj. (20 €).
- Facilités pour handicapés – Ascenseur – Bar – Restaurant – 2 salles de réunion – Séminaires – Change – Chiens admis.
- Lang. étr: anglais, allemand, espagnol, italien, hollandais.
- Centre-ville.

Ouvert toute l'année.

B   Le Grand Hôtel   ***

136 av. Charles de Gaulle – tél. 05 14 57 28 75

- 125 ch. tout confort avec douche ou bain et W.-C. privés, téléphone, TV (80 € à 120 €), S.T. compris – Petit déj. (10 €).
- Facilités pour handicapés – Ascenseur – Air-conditionné – Bar – Restaurant – Piscine et tennis dans les jardins – Salles de réunion – Possibilité de golf – Parking – Chiens admis – Change.
- Lang. étr: anglais, espagnol, allemand.

Ouvert toute l'année.

C   L'Hôtel de la Gare   **

7 rue de la Gare – tél. 05 36 09 42 17

- 139 ch. tout confort avec douche ou bain et W.-C. privés, téléphone, TV (50 € à 75 €), S.T. compris – Petit déj. (7 €).
- Facilités pour handicapés – Ascenseur – Bar – Restaurant – Jardin – Salon de TV – Parking – Chiens admis.
- Lang. étr: anglais, italien, espagnol, allemand.
- Centre-ville, en face de la gare.

Ouvert toute l'année.

D   Le Cygne   *

19 rue du Cygne – tél. 05 23 68 33 45

- 19 ch. (30 € à 45 €), S.T. compris – Petit déj. (5 €).
- Calme – Salon de TV – Garage – Chiens admis.
- Lang. étr: anglais.
- Centre-ville (derrière le théâtre)

Fermeture annuelle: janvier.

I   🖥 Une liste d'hôtels

Lis les détails des hôtels, puis fais les activités.

a   C'est quel hôtel?

Exemple: 1 C

1 Quel hôtel a le plus grand nombre de chambres?
2 Quel hôtel est le plus cher?
3 Quel hôtel est le moins cher?
4 Quel hôtel est le plus petit?
5 Quel hôtel a une piscine?
6 Dans quels hôtels est-ce qu'on parle au moins quatre langues étrangères?
7 Quels hôtels se trouvent au centre-ville?
8 Combien de ces hôtels ont un restaurant?

b   Choisis un hôtel pour ces personnes.

1 Mme Jaurès est très riche. Elle aime aller dans les hôtels et les restaurants très chics. Elle cherche un grand hôtel de luxe, où elle peut jouer au tennis et au golf.

2 Jacques Dupont n'aime pas dépenser trop d'argent. Il cherche un hôtel à prix modeste, mais il veut emmener son chien avec lui.

3 Magali et Laurence n'ont pas de voiture. Elles voyagent en train. Elles cherchent un hôtel près de la gare qui n'est pas très cher.

4 Herr Bauer et ses collègues vont visiter une exposition dans la région et vont avoir une réunion régionale. Ils cherchent un grand hôtel au centre-ville où on parle allemand et où il y a des salles de réunion.

5 Mercedes Péron cherche un hôtel deux étoiles au centre-ville avec au moins 30 chambres pour un groupe espagnol. L'hôtel doit avoir des facilités pour handicapés et du personnel qui parle espagnol.

Lexique

🛏	une chambre pour une personne
🛏🛏	une chambre à deux lits
🛏🛏🛏	une chambre à trois lits
🛏	une chambre à un grand lit
🛁	avec salle de bains et W.-C.
🚿	avec douche
🚽	avec cabinet de toilette
🛗	un ascenseur
🍷	un bar
🍽	un restaurant

2 C'est pour combien de nuits?

a Écoute les huit conversations. Note les détails mentionnés pour chaque réservation (nuits, personnes, prix, etc.).
Exemple: 1 4 nuits, 3 personnes, 56€

b Dans les deux dernières conversations (7 et 8), les personnes ne font pas de réservation. Pourquoi?
a l'hôtel est complet   **b** l'hôtel est trop cher

3 On téléphone à l'hôtel

Lisez cette conversation avec un(e) partenaire, puis changez les mots en couleur pour inventer d'autres conversations.

A Je voudrais réserver **une chambre pour une personne** pour le 15 mai.
B Oui, c'est pour combien de nuits?
A Deux nuits.
B Oui, nous avons une chambre avec douche à 60€.
A **Oui, c'est bien. Merci.**
B C'est à quel nom?
A (*James*).

| une chambre deux chambres, etc. | pour | une deux trois | personne(s) |

| le 5 avril le 7 mars le 20 juin, etc. | | une deux trois, etc. | nuit(s) |

| avec | salle de bains douche cabinet de toilette | à | 40€ 45€ 58€, etc. |

Oui, c'est bien. Merci.
– Avez-vous quelque chose de moins cher?
– Oui, nous avons une autre chambre à 30€.
– Bon, je prendrai ça. Merci.

4 Une lettre de réservation

Écris une lettre de réservation pour une de ces personnes. Pose une question dans chaque lettre.

1 James Brown

Dates: 28/01–03/02

2 Annette Green

Dates: 14/08–27/08

3 Henry Smith

Dates: 29/04–04/05

Exemple:

Monsieur/Madame,
Je voudrais réserver les chambres suivantes pour six nuits du 31 juillet au 6 août:

– une chambre à un grand lit, pour deux personnes, avec salle de bains ou douche

– une chambre à deux lits

Est-ce qu'il y a un restaurant à l'hôtel?

Je vous prie d'agréer l'expression de mes sentiments les plus sincères.

H. Taylor

5.4 On pense au futur

1 🎧 Que feront-ils?

Écoute les conversations et trouve les paires.
Exemple: 1 *C*

1. Cécile
2. **a** Roland
   b Le grand-père de Roland
3. Karima
4. **a** Samedi après-midi, Daniel
   b Dimanche, s'il se lève assez tôt, il
5. **a** Hélène
   b Elle
6. Luc et sa famille
7. Sika et sa sœur
8. Nicolas et ses amis

A   aura beaucoup de travail.
B   aura 70 ans.
C   fera de la gymnastique.
D   fera du vélo.
E   feront du roller.
F   ira chez ses grands-parents.
G   ira, peut-être, au match.
H   iront aux magasins.
I   pourra jouer au badminton avec Fatima.
J   seront en Suisse.
K   sera libre samedi après-midi.

DOSSIER-LANGUE

Irregular verbs in the future tense

Some verbs are irregular in the way they form the future stem (the part to which the endings are added). However, the endings are always the same.

Here are some of the most common ones. Others are listed in **Les verbes** (page 157).

infinitif	futur	anglais
aller	j'irai	I'll go
avoir	j'aurai	I'll have
	il y aura	there will be
être	je serai	I'll be
envoyer	j'enverrai	I'll send
faire	je ferai	I'll do
	on fera	we'll do
pouvoir	je pourrai	I'll be able to
venir	je viendrai	I'll come
(devenir, revenir)	(deviendrai, reviendrai)	(become, return)
voir	je verrai	I'll see

2 Mon anniversaire

Complète la lettre avec les verbes dans la case.
Exemple: 1 *c (nous ferons)*

> *Chère Mamie,*
> *Pour mon anniversaire cette année, nous ...(1)... quelque chose de très spécial. Nous ...(2)... tous à Planète Futuroscope. Mon amie, Aurélie, ...(3)... avec nous au parc. Nous ...(4)... des films sur les grands écrans, avec des lunettes spéciales. Dans les films, il y ...(5)... beaucoup d'effets spéciaux.*
> *Il y a aussi des jeux et un lac avec des bateaux et des vélos qui marchent dans l'eau. On ...(6)... . Ça, c'est sûr!*
> *Je t'...(7)... une carte postale.*
> *Julie*

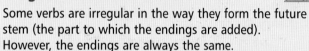

a aura   **b** enverrai   **c** ferons   **d** irons
e s'amusera   **f** verrons   **g** viendra

3 Demain

Choisis le mot correct pour compléter la lettre.
Exemple: 1 *b (On viendra)*

Chère Aurélie,
On 1... (**a** viendrai **b** viendra **c** viendrez) te chercher vers 8 heures demain matin. Comme ça, nous 2... (**a** serons **b** serez **c** seront) à l'entrée vers 9 heures, quand le parc s'ouvrira. Est-ce que tu 3... (**a** pourrai **b** pourras **c** pourra) apporter un imper? J'espère qu'il 4... (**a** fera **b** ferez **c** feront) beau, mais on ne sait jamais! On 5... (**a** commencerai **b** commenceras **c** commencera) par les attractions les plus populaires, comme le Tapis Magique. Ensuite, on 6... (**a** irai **b** ira **c** irons) voir T-Rex, si la queue n'est pas trop longue. Et on 7... (**a** prendra **b** prendrez **c** prendront) la Gyrotour. À midi, nous 8... (**a** ferai **b** feras **c** ferons) un pique-nique. Comme ça, on 9... (**a** évitera **b** éviterons **c** éviterez) les queues dans les cafés. On 10... (**a** mangerai **b** mangeras **c** mangera) au restaurant le soir avant de partir. On s'amusera!!!
        – Julie

4 Destination Cosmos!

Lis le texte et fais un résumé de l'attraction en anglais.

* **Vous ferez un voyage unique dans l'espace.**
* **Vous serez projeté dans l'univers.**
* **Vous irez plus vite que la vitesse de la lumière.**
* **Vous verrez les autres planètes du système solaire.**
* **La Terre deviendra très petite.**
* **On ne la verra presque plus.**
* **Vous aurez une vision scientifique de l'espace que vous ne pourrez pas avoir depuis la Terre.**

5 La semaine prochaine

*Travaillez à deux. Une personne (**A**) regarde cette page, l'autre (**B**) regarde la page 142.*

a   Pose des questions pour découvrir ce que ton/ta partenaire fera la semaine prochaine. Il/Elle sera libre un jour seulement, mais lequel? Écris des notes.

Exemple: A *Qu'est-ce que tu feras lundi?*
   B *Lundi, j'irai au stade.*
   A *Est-ce que tu seras libre mardi?*
   B *Non, mardi, je ..., (etc).*

Tu écris: lundi – au stade;
   mardi ...

b   Consulte l'agenda et réponds aux questions.
Exemple: B *Qu'est-ce que tu feras lundi?*
   A *Lundi, j'irai à la piscine.*

lundi	aller à la piscine
mardi	faire du vélo
mercredi	aller au cinéma
jeudi	être libre
vendredi	aller au club des jeunes
samedi	jouer au tennis

6 Des messages

a   Complète les messages avec le verbe au futur.
Exemple: 1 *elle n'ira pas*

b   Combien de personnes sortiront vendredi?

1 Cécile a téléphoné. Elle est malade, alors elle n'**(aller)** pas au club de gym vendredi.

2 Roland a téléphoné. Il **(aller)** directement au stade vendredi.

3 Karima a téléphoné. Elle **(venir)** au café à 8 heures vendredi.

4 Daniel a téléphoné. Il ne **(pouvoir)** pas faire du vélo vendredi soir.

5 Hélène a téléphoné. Elle **(aller)** au cinéma vendredi prochain.

6 Luc a téléphoné. Il ne **(être)** pas à la maison vendredi.

7 Sika a téléphoné. Elle **(faire)** du baby-sitting pour ses parents vendredi prochain.

8 Nicolas a téléphoné. Il **(avoir)** le temps d'aller à la piscine vendredi.

7 À toi!

À écrire La semaine prochaine, tu sortiras tous les jours. Écris quelques phrases pour décrire où tu iras et ce que tu feras.
Exemple: *Lundi, j'irai au cinéma pour voir le nouveau film de Harry Potter. Mardi, ...*

Voici des idées:

Now you can ...
* use irregular verbs in the future tense

5.5 On y arrive!

1 🎧 📖 On arrive à l'hôtel

a *Écoute et lis. Il y a cinq différences entre le CD et le texte. Copie la grille et note les différences.*

	sur le CD	dans le texte
1	*deux chambres avec salle de bains*	*deux chambres avec douche*

b *Travaillez à deux. Lisez la conversation, puis changez des détails pour inventer d'autres conversations.*

2 🎧 À la réception

a *Écoute les conversations et mets les images (A–J) dans l'ordre.*
Exemple: 1 *C*

b *Trouve la phrase qui correspond à chaque image.*
Exemple: A *9*

1 Est-ce qu'il y a un parking à l'hôtel?
2 Il n'y a pas de savon dans la chambre.
3 La clef numéro 11, s'il vous plaît.
4 L'hôtel ferme à quelle heure, le soir?
5 Le petit déjeuner est à quelle heure, s'il vous plaît?
6 Avez-vous une chambre de libre pour ce soir?
7 La douche, dans ma chambre, ne marche pas.
8 Il n'y a pas de serviettes dans ma chambre.
9 Est-ce qu'il y a un restaurant à l'hôtel?
10 La télévision, dans ma chambre, ne marche pas.

3 Des questions et des réponses

Trouve les paires.

1 L'hôtel ferme à quelle heure la nuit?
2 Le petit déjeuner est à quelle heure, s'il vous plaît?
3 Où est le restaurant, s'il vous plaît?
4 Avez-vous une chambre de libre pour ce soir?
5 Est-ce que vous acceptez les cartes de crédit?
6 Le restaurant est ouvert à partir de quelle heure?

a Oui, on accepte les cartes de crédit.
b Oui, qu'est-ce que vous voulez comme chambre?
c Le petit déjeuner est à partir de 7 heures.
d Le restaurant est ouvert à partir de 19 heures.
e Le restaurant est au rez-de-chaussée, par là.
f L'hôtel ferme à minuit. Si vous rentrez plus tard, il faut demander une clef à la réception.

La famille Simon et Thomas arrivent à la gare de Planète Futuroscope. Ils prennent la navette pour aller à leur hôtel.

– Bonjour, Madame. J'ai réservé deux chambres à l'hôtel.
– Oui. C'est à quel nom?
– Simon.
– Ah oui, deux chambres avec douche pour une nuit, c'est ça?
– Oui.
– Attendez, je vais voir si les chambres sont prêtes. ... Oui, ça va. Voici vos clefs. Ce sont les chambres 25 et 26, au deuxième étage.
– Merci. Le restaurant est ouvert à quelle heure le soir?
– Entre 19h30 et 22 heures. Vous voulez réserver une table?
– Non, merci. Où est l'ascenseur, s'il vous plaît?
– C'est un peu plus loin, à gauche.
– Merci.

Now you can...
• book in at a hotel and report problems

5.6 Voici la météo

Quand on sortira, on veut savoir quel temps il fera. Tous les jours, on trouve la météo dans les journaux, à la radio et à la télé. Les prévisions météorologiques sont souvent représentées par des symboles.

La météo

| a | soleil | b | pluie | c | neige | d | éclaircie | e | couvert |

| f | brouillard | g | nuageux | h | averses | i | vent | j | orage |

1 🎧 On parle beaucoup du temps

Écoute les conversations et note les symboles (a–j) qui correspondent.
Exemple: 1 *a*

3 🎧 💻 Et maintenant ... la météo

Écoute la météo. Pour chaque région, dessine les symboles corrects et note la température.
Exemple: 1 🟫 ☁ *12°C* 🌧

1	dans le nord	4	dans la région parisienne
2	en Bretagne	5	sur la côte atlantique
3	dans les Alpes	6	dans le Midi

4 📱 Quel temps fera-t-il?

Travaillez à deux. Une personne (A) regarde cette page, l'autre (B) regarde la page 142.
Quel temps fera-t-il demain? Consulte ton/ta partenaire. Note les détails pour les régions 1–3. Puis changez de rôle.
Exemple: **A** *Quel temps fera-t-il dans le nord?*
B *Dans le nord, il y aura de la pluie. À Lille, il fera 16 degrés.*
A *Et en Bretagne, quel temps fera-t-il?*
(etc.)

		demain	température
1	dans le nord	🌧	*16°C*
2	en Bretagne		
3	dans les Alpes		
4	dans la région parisienne		
5	sur la côte atlantique		
6	dans le Midi		

2 La météo pour samedi

Lis les phrases et consulte la carte. Six phrases seulement sont correctes. Trouve les six phrases et tu auras la météo pour toute la France.
Exemple: *a, ...*

a Dans le nord de la France, il y aura de la pluie.
b Dans les Alpes, il fera très froid avec des chutes de neige.
c Dans la région parisienne, il y aura des éclaircies pendant l'après-midi.
d Dans le nord-est de la France, le brouillard sera présent toute la journée.
e Près de la Manche et en Bretagne, le ciel restera couvert.
f Dans le Val de la Loire, il y aura du beau temps ensoleillé.
g Sur la côte atlantique, le temps sera variable, mais le vent d'ouest deviendra assez fort ce soir.
h Dans les Pyrénées, il fera froid avec risque d'orages.
i Dans le Midi, il y aura quelques averses.
j Dans le centre de la France, il y aura du soleil toute la journée.

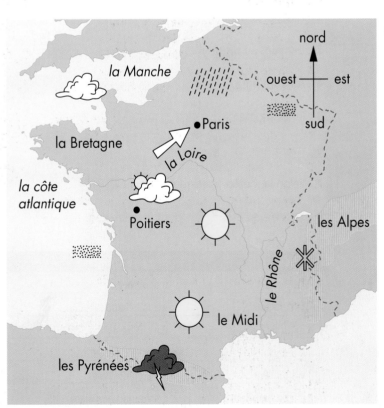

Now you can ...

● discuss the weather and understand a simple weather forecast

5.7   Quand, exactement?

1   Trois listes

Écris ces mots et expressions en trois listes
pour désigner le présent, le passé et le futur.

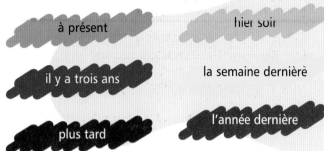

à présent

il y a trois ans

plus tard

hier soir

la semaine dernière

l'année dernière

demain

hier

l'année prochaine

aujourd'hui

la semaine prochaine

en ce moment

dans cinq jours

samedi dernier

avant-hier

après-demain

2   Pour décrire le temps

Complète les phrases avec la bonne expression dans le
tableau.

Exemple: 1 *Hier matin, il a fait beau/il y a eu du*
soleil.

1   Hier matin, ...

2   Hier après-midi, ...

3   Demain, on dit qu'il ...

4   Aujourd'hui, ...

5   En ce moment, ...

6   Avant-hier, ...

7   Selon la météo, après-demain, ...

8   J'espère qu'il ... pour le week-end.

3   C'est quand?

Choisis une expression de l'activité 1 pour compléter ces
phrases. Attention – regarde bien les verbes. Si le verbe est
au présent/passé/futur, choisis une expression qui désigne le
présent/passé/futur aussi. Il y a plusieurs possibilités.

Exemple: 1 *En ce moment, il joue au volley.*

1   ... , il joue au volley.
2   Est-ce que vous serez libre ... ?
3   ... , j'ai visité le musée de la science.
4   Est-ce qu'ils iront au Canada ... ?
5   As-tu vu le match à la télé ... ?
6   ... , elle travaillera au supermarché.
7   ... , nous sommes allés à un parc d'attractions.
8   ... , elles font du bateau au lac.
9   Ils ne sont pas là ... .
10   On regardera le film ... .

le présent	le passé composé	l'imparfait	le futur
il fait beau	il a fait beau	il faisait beau	il fera beau
il fait chaud	il a fait chaud	il faisait chaud	il fera chaud
il fait froid	il a fait froid	il faisait froid	il fera froid
il y a du soleil	il y a eu du soleil	il y avait du soleil	il y aura du soleil
il y a du vent	il y a eu du vent	il y avait du vent	il y aura du vent
il y a du brouillard	il y a eu du brouillard	il y avait du brouillard	il y aura du brouillard
il pleut	il a plu	il pleuvait	il pleuvra/il y aura de la pluie
il neige	il a neigé	il neigeait	il neigera/il y aura de la neige
le temps est nuageux	le temps a été nuageux	le temps était nuageux	le temps sera nuageux

4 🎧 En direct de Planète Futuroscope

a *Écoute les interviews. Est-ce qu'on parle du présent (**Pr**),
du passé (**P**) ou du futur (**F**)?*
Exemple: 1 *Pr*

b *Choisis **a**, **b** ou **c** pour compléter le résumé des
interviews.*

C'est **1** ... (**a** la première **b** la deuxième **c** la troisième) fois
que Sophie visite le parc. Elle a fait plusieurs attractions,
mais elle n'a pas fait Superstition parce qu' **2** ... (**a** elle
n'aime pas les attractions à frisson **b** il y avait trop de
personnes **c** elle souffre du vertige). Elle a beaucoup aimé
la Vienne Dynamique parce qu' **3** ... (**a** on voyageait à la
Lune **b** il n'y avait pas de queue **c** il y avait des sièges qui
bougeaient). Elle reviendra **4** ... (**a** demain **b** la semaine
prochaine **c** l'année prochaine). Daniel est **5** ... (**a** Anglais
b Américain **c** Canadien). Il est déjà venu au parc **6** ... (**a** la
semaine dernière **b** avant-hier **c** hier). Dans le magasin de
souvenirs, il a acheté un T-shirt et **7** ... (**a** un CD **b** un stylo
c un poster).

5 Cette année on l'année dernière?

*Lis ces phrases. Mathieu et ses parents parlent de leurs
vacances, mais est-ce qu'ils parlent de cette année ou de
l'année dernière?*
Exemple: *cette année – 1, ... l'année dernière – 2, ...*

1 Nous prendrons l'avion.
2 Nous avons pris la voiture.
3 Nous sommes allés aux États-Unis.
4 Nous irons au Royaume-Uni.
5 Nous passerons trois jours à Londres.
6 Nous avons passé trois jours à New York.
7 Nous louerons une voiture.
8 Nous irons aussi à Édimbourg.
9 Nous sommes allés aussi à Washington.
10 Nous avons logé dans des motels.
11 Nous logerons dans des chambres d'hôte.
12 Nous sommes montés au sommet de la Statue
de la Liberté.

6 🗣 À toi!

À discuter *Travaillez à deux. Posez des questions et
répondez à tour de rôle.*
– Qu'est-ce que tu aimes faire normalement pendant les
vacances?
– Comment aimes-tu passer le week-end?
– Qu'est-ce que tu fais avec tes amis?

– Est-ce que tu as visité un parc d'attractions?
– Quel parc? Quand? Avec qui?
– Qu'est-ce que tu as surtout aimé?
– Qu'est-ce que tu as fait pendant les dernières
vacances?
– Qu'est-ce que tu as fait pour fêter ton dernier
anniversaire?

– Qu'est-ce que tu feras pendant les prochaines
vacances?
– Est-ce que tu sortiras pour la journée?
– Où iras-tu? Avec qui?

À écrire *Choisis deux questions dans chaque section et
écris tes réponses.*

7 💻 Une carte postale

Écris une carte postale à des amis en France. Voici des idées:
– Où es-tu?
– Combien de temps y passes-tu?
– Quel temps fait-il?
– Qu'est-ce que tu as fait hier?
– Qu'est-ce que tu feras demain?

Exemple:

le 23 mars
Salut!
Je passe le week-end à Poitiers. Il fait beau. Hier,
nous avons visité Planète Futuroscope. C'est un parc
d'attractions. C'était super! Demain, j'irai à Paris.
À bientôt,
Luc

Now you can ...

● understand and use different tenses and expressions
to refer to the future, the present and the past

SOMMAIRE

Now you can ...

● **talk about a theme park**

une attraction	attraction
un bâtiment	building
les horaires (m pl) (d'ouverture)	(opening) hours
un spectacle	show
un billet	ticket
l'entrée (f)	entrance
la séance	performance
faire la queue	to queue
se trouver	to be situated

● **use the pronoun y**

Comment peut-on y aller?	How can you go there?
On peut y aller en bus.	You can go there by bus.
J'y suis allé(e) samedi dernier.	I went there last Saturday.
On y va?	Shall we go?

A special use of **y**:

il y a	there are
il y aura	there will be
il y avait	there were

● **use the future tense**

Regular verbs

	infinitive	future stem	future tense	English
-er verbs	manger	manger...	je mangerai	I'll eat
-ir verbs	partir	partir...	tu partiras	you'll leave
-re verbs	prendre	prendr...	il/elle prendra	he/she'll take

Irregular verbs

	infinitive	future stem	future tense	English
	acheter	achèter...	j'achèterai	I'll buy
	aller	ir...	tu iras	you'll go
	avoir	aur...	il aura	he'll have
	être	ser...	elle sera	she'll be
	faire	fer...	nous ferons	we'll do
	pouvoir	pourr...	vous pourrez	you'll be able
	venir	viendr...	ils viendront	they'll come
	voir	verr...	elles verront	they'll see
			on verra	we'll see

● **stay at a hotel and enquire about hotel services**

une chambre	room
avec salle de bains	with a bathroom
avec douche	with a shower
avec cabinet de toilette	with washing facilities
un (grand) lit	(double) bed
une nuit	night

un ascenseur	lift
une clef	key
complet	full
un jardin	garden
un parking	car park
prêt	ready
le savon	soap
une serviette	towel
un restaurant	restaurant

le premier étage	the first floor
le deuxième étage	the second floor
le rez-de-chaussée	the ground floor
le sous-sol	the basement
à gauche	on the left
à droite	on the right

Avez-vous une chambre de libre?	Do you have a room available?
Je voudrais réserver une chambre pour une personne.	I would like to book a room for one person.
C'est combien?	How much is it?
C'est pour une/deux/trois nuit(s).	It's for one/two/three night(s).
Est-ce qu'il y a un restaurant/ un parking/un ascenseur?	Is there a restaurant/ a car park/a lift?
C'est à quelle heure, le petit déjeuner/le dîner?	What time is breakfast/dinner?
L'hôtel ferme à quelle heure?	What time does the hotel close?
La télévision/Le téléphone ne marche pas.	The television/telephone is not working.
Est-ce que vous acceptez les cartes de crédit?	Do you accept credit cards?

● **understand and discuss the weather forecast**
(see also pages 71 and 72)

la météo	the weather forecast
prévoir	to forecast, predict
Quel temps fera-t-il?	What will the weather be like?
Il fera beau/mauvais (temps).	It will be nice/bad.
Il fera chaud/froid.	It will be hot/cold.
Le temps sera variable/ensoleillé.	The weather will be variable/sunny.
Le ciel sera couvert.	The sky will be overcast.
Il y aura du brouillard/du soleil/ du vent.	It will be foggy/sunny/windy.
Il fera entre 17 et 20 degrés.	It will be between 17 and 20 degrees.

une averse	shower
la brume/brumeux	mist/misty
une chute de neige	snowfall
une éclaircie	sunny period
la neige/neigeux	snow/snowy
un nuage/nuageux	cloud/cloudy
un orage/orageux	storm/stormy
la pluie/pluvieux	rain/rainy

C'est la fête!

La fête de l'Internet

Au mois de mars, on organise une fête de l'Internet en France. Partout en France, il y a des événements divers dans des musées, des bibliothèques, des salles de fête et en ligne. La fête réunit tous les fans de l'Internet qui veulent partager leurs découvertes et apprendre plus sur le cyberspace. C'est aussi l'occasion de voir de nouveaux produits.

La fête de l'Internet

La fête de la musique

Un week-end, vers le 21 juin, il y a la fête de la musique. Tout le monde

peut y participer. Il y a de grands concerts organisés sur des places publiques avec des musiciens professionnels et aussi de petits événements dans les rues et les cafés avec des musiciens amateurs.

La nuit des étoiles

Une nuit en août, des observatoires en France ouvrent leurs portes au public.

On peut regarder les étoiles du toit de l'observatoire et, si le temps le permet, on peut regarder dans la lunette. Des astronomes sont sur place pour répondre aux questions.

Lire en fête

En octobre, le livre est à la fête. Il y a des animations, des expositions, des séances de lecture et d'écriture dans des bibliothèques, des musées, des hôpitaux, dans les rues et sur des places publiques. Beaucoup de jeunes disent qu'ils lisent souvent. La bande dessinée est le genre favori, mais on aime aussi les romans, surtout les romans qui donnent des frissons, et les livres de Harry Potter, bien sûr!

Le jeu des nombres

100   31   30   50   6

Chaque réponse est un nombre.

1 Quelquefois, on appelle la France 'l'Hexagone' à cause de sa forme. Un hexagone a combien de côtés?

2 Il y a combien de jours en août?

3 L est le chiffre romain pour quel nombre?

4 L'eau se transforme en vapeur à quelle température?

5 Il y a combien d'étages à la tour Eiffel, à Paris?

6 Le tunnel sous la Manche fait combien de kilomètres, environ?

3   12   8

7 La France a des frontières communes avec combien de pays différents? (On ne compte pas Andorre ni Monaco, qui sont des principautés.)

8 Il y a combien de jours fériés en France? (On ne compte pas le vendredi saint, qui est jour férié en Alsace seulement.)

9 Il y a combien de cents dans un euro?

10 Il faut combien d'heures, normalement, pour faire Paris–Londres en Eurostar?

11   2

Des Français et des Françaises célèbres

C'est qui?

1 Il est né en Corse. Il est devenu général à 24 ans et empereur à l'âge de 35 ans. Il a gagné des guerres contre les pays d'Europe et il a bâti un très grand empire. Mais en 1815, il a perdu la bataille de Waterloo contre les Anglais. Les Anglais l'ont exilé sur l'île de Sainte-Hélène, où il est mort six ans plus tard.

2 C'était son oncle, un docteur, qui lui a appris à faire des statues en cire. À l'âge de 17 ans, elle faisait déjà des statues des personnes célèbres. Elle vivait à l'époque de la Révolution française, une période très agitée. En 1802, elle est partie pour la Grande Bretagne avec son musée de cire. Au début, elle faisait le tour du pays avec son exposition de statues. Puis elle s'est installée à Londres. Depuis, le musée de cire, qui porte son nom, est devenu très célèbre.

3 Il s'est installé à Londres pendant la Seconde Guerre mondiale (1939–1945). Il a organisé la Résistance contre les Allemands, qui occupaient la France. Il a envoyé des messages radio aux Français. Après la guerre, il est devenu président de la République et il a fait beaucoup de réformes au gouvernement de la France.

4 À l'âge de 13 ans, elle a eu une vision de Dieu lui demandant de libérer la France des Anglais. Elle est devenue soldat et, avec les troupes du roi, elle a délivré la ville d'Orléans. Mais les Anglais l'ont capturée et l'ont accusée d'être une sorcière. Elle a été brûlée à Rouen. En 1920, on l'a proclamée sainte.

a Jeanne d'Arc (1412–1431)

b Charles de Gaulle (1890–1970)

c Marie Tussaud (1761–1850)

d Napoléon Bonaparte (1769–1821)

6.1 Un peu d'exercice

1 🎧 Que fais-tu pour rester en forme?

Pour rester en forme, il est important de bien manger, de ne pas fumer, de bien dormir et de faire de l'exercice. Écoute et trouve la bonne image.
Exemple: 1 *e*

2 Pour rester en forme

Trouve les paires.
Exemple: 1 *f*

1	Chaque matin, je fais	a	fais une heure d'aérobic.
2	Pendant la semaine, je me	b	de l'alcool.
3	Je vais souvent	c	collège à vélo, même en hiver.
4	Deux fois par semaine, je	d	couche de bonne heure.
5	Pour rester en forme,	e	chocolat ni de gâteaux.
6	Moi, je ne	f	du yoga dans ma chambre.
7	Je bois rarement	g	je fais du sport trois fois par semaine.
8	Moi, je mange	h	régulièrement et équilibré.
9	Je vais toujours au	i	fume pas.
10	Je ne mange jamais de	j	à la piscine.

3 Anglais–français

Quand est-ce qu'on fait ça? Trouve le français pour chaque phrase.
Pour t'aider, regarde l'activité 2.
Exemple: 1 *ne ... jamais*

1	*never*	6	*three times a week*
2	*twice a week*	7	*often*
3	*not*	8	*every morning*
4	*during the week*	9	*regularly*
5	*always*	10	*rarely*

DOSSIER-LANGUE

Adverbs

Adverbs are words added to verbs, to tell you how, when or where something happened. Sometimes there is a whole phrase, sometimes just a single word.

There are several adverbs in task 3. Look at examples 9 and 10 – 'regularly', 'rarely'. English often forms adverbs by adding '-ly' to an adjective in this way.

Here are some more examples in French:

	verb	adverb	
Je me	lève	lente**ment**.	I get up slowly.
Il	joue	dangereuse**ment**.	He plays dangerously.
Ils	apprennent	facile**ment**.	They learn easily.

Notice that the adverbs all end in *-ment* and they all begin with adjectives.

Many adverbs in French are formed by adding *-ment* to the feminine singular form of the adjective:

adjective		adverb
masculine	feminine	
lent	**lente**	lente**ment**
dangereux	**dangereuse**	dangereuse**ment**
facile	**facile**	facile**ment**

There are some exceptions to this rule. A few adverbs to remember are:

Il mange **bien**.	He eats **well**.
Elle joue **mal**.	She plays **badly**.
Le temps passe **vite**.	Time passes **quickly**.
Ils font **toujours** du ski en hiver.	They **always** go skiing in winter.

4 C'est la même chose

Trouve les paires de phrases qui ont (presque) le même sens.

1 Elle a une leçon régulière de danse.
2 Chez lui, l'alcool est rare.
3 L'athlète est lent.
4 C'est un bon joueur de foot.
5 Elle parle d'une voix douce.

a Il joue bien au foot.
b Il boit rarement de l'alcool.
c Elle danse régulièrement.
d Il court lentement.
e Elle parle doucement.

5 La course

Complète les textes.

La tortue marche ... et ...
(*lent; silencieux*)
Le lièvre court ... et ...
(*rapide; dangereux*)

6 🎧 Quel sport?

Il y a beaucoup de sports, mais que choisir? Copie la grille et écoute ces jeunes.

a *Trouve le sport et la bonne catégorie.*

	sport	collectif	individuel	en salle	en plein air
1	**Ex.** *football*	✔			✔
2					

b *Écoute encore une fois. Pourquoi est-ce qu'on pratique un sport particulier? Choisis les bonnes raisons.*
Exemple: 1 *h, c*

a Ça me donne le moral.
b Ça fait du bien.
c Ça me fait plaisir.
d Ça me détend.
e Ça me permet de bouger un peu.
f On a une sensation de bien-être.
g On développe un esprit d'équipe.
h J'aime jouer en équipe.
i Je préfère les sports d'endurance.

7 🗣️ 💻 À toi! 👉

À discuter *Travaillez à deux. Que fais-tu pour rester en forme? Posez des questions et répondez à tour de rôle.*
Exemple: A *Que fais-tu pour rester en forme?*
B *Je joue au basket une fois par semaine.*
A *Pourquoi?*
B *J'aime jouer en équipe et ça me donne le moral.*

À écrire *Écris un e-mail à ton/ta correspondant(e). Dis-lui ce que tu fais pour rester en forme.*
Exemple: *Pour rester en forme, je joue au basket une fois par semaine. J'aime jouer en équipe.*

Now you can ...
- discuss healthy lifestyles and general fitness
- use adverbs to say how, when or where something happens

6.2 Mangez équilibré

1 L'alimentation

Trouve le bon texte pour chaque image.
Exemple: 1 *c*

Il y a six familles d'aliments.
Dans l'idéal, on doit consommer de chaque famille tous les jours.

Sucres et produits sucrés:
aliments "plaisir" – ils donnent rapidement de l'énergie

Matières grasses:
ils donnent de l'énergie et des vitamines – à consommer modérément

Viandes, poissons, œufs:
pour les protéines, le fer et des vitamines – à consommer au moins une fois par jour

Fruits et légumes:
pour les vitamines, les minéraux et les fibres – légumes: à chaque repas; fruits: au moins deux fois par jour

Lait et produits laitiers:
notre principale source de calcium – il est important de manger un produit laitier à chaque repas

Pain, céréales, légumes secs:
de l'énergie par les glucides – à manger une fois par jour (et un peu de pain à chaque repas)

*En plus, il faut boire de l'**eau** – environ 1,5 litre par jour.*

a le beurre	**g** les cornflakes	**m** le lait	**s** les pâtes	**x** le steak
b les biscuits	**h** le fromage	**n** la margarine	**t** le poisson	**y** le sucre
c les bonbons	**i** le gâteau	**o** la mayonnaise	**u** les pommes	**z** le yaourt
d les carottes	**j** les haricots (secs)	**p** les œufs	**v** les pommes de terre	
e le chocolat	**k** l'huile d'olive	**q** les oranges	**w** le poulet	
f le chou	**l** le jambon	**r** le pain		

2 🎧 📹 J'aime ça

a *Écoute la conversation et complète le tableau. Qu'est-ce qu'ils aiment manger et boire?*

b *Écoute encore une fois. Note ce qui est bon (✔) ou mauvais (✗) pour la santé, selon ces jeunes.*

Exemple:

	aime manger	aime boire
Carine	fruits, gâteaux ✗, ...	
Rémi		

c *Travaillez à deux. À votre avis, c'est bon ou c'est mauvais pour la santé? Posez des questions et répondez à tour de rôle.*

Exemple: A *Les bonbons, c'est bon pour la santé?*
B *Non, c'est mauvais.*

3 🔊 Tu manges bien?

Tu manges bien?

Pour beaucoup de personnes, bien manger, c'est bien vivre. Mais que veut dire 'bien manger'? Voici cinq conseils:

1 Prends au moins trois repas par jour avec un bon petit déjeuner (c'est un repas essentiel), un déjeuner suffisant et un dîner léger mais équilibré. Ne saute pas un repas – ça ne fait pas maigrir.

2 Hamburger, hot dog, pommes frites, … c'est vrai que c'est drôlement bon, mais pas très équilibré. Pour grandir, on a besoin de manger de tous les aliments. N'oublie pas de manger chaque jour des fruits et des légumes.

3 Tu sais qu'il ne faut pas grignoter entre les repas, mais si tu as envie de manger, choisis plutôt un fruit, un yaourt ou un sandwich. Essaie d'éviter des sucreries.

4 Bois de l'eau – c'est la seule boisson indispensable à la vie. Ne bois pas trop de boissons à base de caféine, comme le café, le thé et le coca.

5 Manger, c'est aussi bon pour le moral, c'est une occasion de rencontrer les autres. Alors, mets-toi à table, parle de ta journée et partage un moment agréable.

grignoter – to snack, nibble

'Soyez bien dans votre assiette' © Bernadette Costa Okapi Spécial été 1995 – Bayard Presse

a Lis l'article et trouve le bon titre pour chaque section.
Exemple: 1 *b*

a Évite de grignoter
b Mange régulièrement
c Mange avec plaisir
d Mange équilibré
e N'oublie pas de boire

b Qu'est-ce que tu as mangé et bu hier? Travaillez à deux. Posez la question et répondez à tour de rôle. Votre partenaire a bien mangé?

Pour t'aider

J'ai mangé/bu …
Tu as/n'as pas bien mangé.
C'est bon/mauvais pour la santé.

DOSSIER-LANGUE

The imperative

The **tu** and the **vous** forms of the imperative are used to give instructions and advice.

- **tu** form:
- with many verbs, you just omit the word *tu*:
  Lis *l'article*. **Read** the article.
- with *-er* verbs, you omit the final *-s*:
  Trouve *le bon titre*. **Find** the correct title.
- **vous** form:
- with all verbs, you just omit the word *vous*:
  Travaillez *à deux*. **Work** in pairs.
  Choisissez *tous les aliments nécessaires*.
  Choose all the necessary foods.

1 The article *Tu manges bien?* (task 3) contains several examples of the imperative in the *tu* form. Can you find them all? Write them down with their infinitive, e.g. *prends – prendre*.

2 Now write the *vous* form of each one, e.g. *prenez*.

What happens with **reflexive** verbs in the imperative? Look at section 5 of the article – the reflexive verb *se mettre* is used there. For the *tu* form of the imperative, put *toi* after the verb with a hyphen:
  Mets-toi *à table*.
For the *vous* form, just add *vous* with a hyphen:
  Mettez-vous *à table*.
See also **Les verbes** (page 157) for a list of irregular verbs.

4 Mange bien!

Complète le texte avec l'impératif du verbe. Puis trouve la bonne image.
Exemple: 1 *Choisis – d*

1 (**Choisir**) de tous les aliments!

2 Mes enfants, (**boire**) beaucoup d'eau … le coca, ce n'est pas bon!

3 – Ne (**manger**) pas trop de chocolat!
– Mais non, papa. Je mange des œufs … c'est bon pour la santé.

4 – (**Servir**)-toi!
– Mais … je suis végétarienne!

5 (**Prendre**) un bon petit déjeuner – c'est le repas le plus important de la journée.

Now you can…
- discuss healthy eating
- use the imperative

6.3 Santé et moral

1 Je n'ai pas le moral

Je suis si découragée, je ne m'amuse pas du tout. J'ai trop de devoirs, mais je ne les fais pas bien parce que je suis toujours fatiguée et je ne me sens pas bien. Bref, je n'ai pas le moral.
Élisabeth B, Montpellier

Chère Élisabeth,

Il y a trois mois, moi aussi, j'étais découragé, je n'avais pas le moral, j'étais stressé par mes études et je mangeais trop de fast-food. Mais un jour, je me suis réveillé de bonne heure et j'ai décidé de faire quelque chose de positif! Je me suis levé très vite et j'ai fait quelques exercices.

Aussitôt, je me suis senti mieux. Ce jour-là, je me suis nourri bien – pas de frites, pas de boissons sucrées – et tu sais, je ne me suis pas fâché, je ne me suis pas ennuyé. Ma mère ne s'est pas encore habituée à cette nouvelle personne, mais je me suis enfin détendu, alors elle est heureuse.

Chaque matin, je fais de l'exercice et je me suis inscrit à un club de sports. Les études sont importantes, mais on ne peut pas les faire si on ne se détend pas. Alors, Élisabeth, relaxe-toi, bouge-toi un peu et le reste s'arrangera!
Mathieu P, Aix-la-Chapelle

*Lis les lettres et écris vrai (**V**) ou faux (**F**). Corrige les phrases qui sont fausses.*

1 Élisabeth est heureuse.
2 Mathieu n'avait pas le moral, il y a trois mois.
3 Un jour, il s'est couché de bonne heure.
4 Après des exercices, il s'est senti mieux.
5 Ce jour-là, il n'a pas mangé de fast-food.
6 Mathieu ne s'est pas relaxé.
7 Sa mère s'est inscrite à un club de sports.
8 Mathieu ne s'intéresse pas du tout à ses études.

DOSSIER-LANGUE

Reflexive verbs in the perfect tense

The letter from Mathieu is about what he did to make himself feel better. He uses quite a lot of reflexive verbs, and, as he is talking about the past, the verbs are in the perfect tense.

There are two special things to remember about the perfect tense of reflexive verbs. Can you work out what they are? To help you, look at Mathieu's letter and the task above, and at the following example written out in full.

je	me suis levé(e)	**nous**	nous sommes levé(e)s
tu	t'es levé(e)	**vous**	vous êtes levé(e)(s)
il	s'est levé	**ils**	se sont levés
elle	s'est levée	**elles**	se sont levées
on	s'est levé(e)(s)		

If the **e** is in brackets, you only add it if the subject is feminine.
If the **s** is in brackets, you only add it if the subject is plural.

Solution

The two special things are:

1 All reflexive verbs form their perfect tense with *être* (so the past participle usually agrees with the subject).

2 The reflexive pronouns (*me, te, se,* etc.) are, as usual, immediately before the verb (in this case, the auxiliary verb *être*).
This is also the case in the negative:

> Il **ne** s'est **pas** réveillé.

Look back at the letter and the task and see how many examples you can find of the perfect tense of reflexive verbs in action.

2 D'autres problèmes

a Voici des problèmes et des réponses. Trouve les paires.

1 Je veux changer la couleur de mes cheveux, mais une amie a eu des problèmes d'allergie. Elle a commencé à perdre ses cheveux et récemment, elle s'est même cachée de ses amis à cause du problème. Je ne veux pas être comme elle. Qui a un conseil? **Aurélie**

2 J'ai 14 ans et je m'inquiète! Des boutons se sont formés sur tout mon visage. Je me suis lavé soigneusement, mais ça n'aide pas. Est-ce que c'est normal? **Simon**

3 J'ai les dents jaunes et j'ai déjà des plombages. Comment éviter ça? **Marc**

4 J'ai jeté mes lunettes parce que les garçons se sont moqués de moi. En plus, c'était pénible quand il pleuvait. Mais maintenant, je ne vois pas très bien! Que faire? **Laura**

5 Je me suis reposée au soleil et j'ai bronzé pendant les vacances. Je me sens très bien, mais quels sont les dangers du bronzage? **Cécile**

a On a souvent l'air très intelligent quand on porte des lunettes – il faut bien choisir. Sinon, tu peux essayer des lentilles. Il y en a un vaste choix et beaucoup de gens les supportent bien.

b La carie dentaire est la maladie la plus fréquente chez les jeunes Français. Pour avoir de belles dents blanches, moi, j'ai arrêté de boire des boissons sucrées et de fumer. Je me brosse les dents après chaque repas ou je mâche un chewing-gum sans sucre.

c L'acné est presque obligatoire pendant l'adolescence, surtout pour les garçons. Ne t'inquiète pas, ça disparaîtra avec l'âge. Sois patient et n'y touche pas! Le meilleur moyen de se débarrasser de boutons sérieux est d'aller voir un dermatologue.

d Le cancer de la peau est aujourd'hui la première cause de mortalité par cancer chez les jeunes adultes. Si on ne s'est pas protégé contre le soleil, il y a des risques.

e Les nombreux produits sont faciles à utiliser, mais ils ne sont pas sans danger pour tes cheveux. Tu dois lire leur notice, prendre des précautions et ne pas oublier la touche d'essai 48 heures avant la coloration. Essaie plutôt une coloration semi-permanente aux colorants naturels – comme ça, tu pourras changer de couleur ou de nuance tous les mois si tu le souhaites.

b Fais une liste de tous les verbes pronominaux (reflexive verbs) dans le texte qui sont au passé composé. Écris l'anglais aussi.
Exemple: *elle s'est cachée – she hid (herself)*

3 🎧 Hier, on a eu des problèmes

Écoute ces huit jeunes. Ils racontent ce qu'ils ont fait hier.
a Mets les images dans l'ordre.
b Complète les verbes pronominaux au passé composé.
Attention! Il n'y a pas toujours de terminaison à ajouter.
Exemple: 1 *d – je me suis réveillée à 5 heures ...*

a L'après-midi, je me ... assis... au soleil et après cinq minutes, il a commencé à pleuvoir!

b Tu ...'es baigné... pendant une heure et moi, j'ai dû t'attendre. Je ... suis ennuyé... .

c Je ... suis couché... avant 10 heures, mais je me ... endormi... trois heures plus tard!

d Je ... ... réveillé... à 5 heures à cause d'un bruit – c'était embêtant!

e Mes amis ne se ... pas entendu... . Ce n'était pas drôle. Je ne ... ... pas du tout amusé... .

f Nous ... sommes levé... très tard. Ma mère ...'est dépêché..., mais elle est arrivée au travail en retard.

g Ma sœur et moi, nous nous ... disputé... .

h Je ne ... ... pas douché... parce que la douche était en panne.

> **Now you can** ...
> ● discuss general teenage health and problems
> ● use the perfect tense of reflexive verbs

1 Le corps

Regarde cette athlète. C'est quelle partie du corps?
Exemple: 1 *les cheveux*

la tête		le corps		
les cheveux (*pl*)	la bouche	le bras	les orteils/doigts de pied (*pl*)	la cheville
le menton	la dent	le cou	le pied	la cuisse
le nez	la gorge	le coude	le poignet	l'épaule
l'œil (*pl* les yeux)	la lèvre	le derrière	le pouce	la jambe
le sourcil	l'oreille	le doigt	le talon	la main
le visage		le dos	le ventre/l'estomac	
		le genou		

2 Le jeu du corps

*Travaillez à deux. Une personne (**A**) dit un chiffre, l'autre (**B**) dit le nom de la partie du corps. Puis changez de rôle.*
Exemple: A *Vingt-cinq.*
      B *La main.*

Vous pouvez aussi le faire à l'envers.
Exemple: B *La main.*
      A *C'est le numéro vingt-cinq.*

3 J'ai mal

Trouve le bon texte pour chaque image.
Exemple: 1 *h*

DOSSIER-LANGUE

Expressions with *avoir*

The verb *avoir* is used with several expressions to say that you are unwell. Here are some of the expressions, with the present tense of *avoir* in full.

j'ai	mal (au/à l'/ à la/aux …)	my (…) hurts/ I have (…)ache
tu as	de la fièvre	you have a fever
il/elle a	chaud	he/she is hot
nous avons	froid	we are cold
vous avez	soif	you are thirsty
ils/elles ont	faim	they are hungry

4 🎧 Des excuses

Écoute les conversations. C'est quelle excuse?
Exemple: 1 *d*

5 🗣 Je regrette, …

*Travaillez à deux. Une personne (**A**) veut faire quelque chose; l'autre (**B**) dit pourquoi elle ne peut pas le faire. Puis changez de rôle.*

Exemple: A *Tu veux manger au restaurant ce soir?*
B *Ah non, je regrette, je n'ai pas faim.*

Voici des idées:

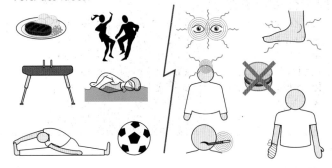

a	Nous avons mal à l'estomac.
b	J'ai soif.
c	Ils ont froid.
d	Tu as mal au nez?
e	Vous avez de la fièvre!

f	Il a mal aux yeux.
g	Elles ont mal aux pieds.
h	Elle a mal à la tête.
i	Le comte a mal aux dents.
j	On a faim.

Now you can …
- identify parts of the body
- say that something hurts or that you are unwell
- use some expressions with the verb *avoir*

6.5 À la pharmacie

1 On achète ça à la pharmacie

Trouve la bonne image.
Exemple: 1 b

1 des pastilles pour la gorge
2 de l'aspirine
3 du shampooing
4 une crème contre les piqûres d'insectes
5 un tube de dentifrice
6 du coton
7 une brosse à dents
8 du sparadrap
9 une crème solaire
10 du sirop pour la toux
11 du savon
12 un médicament/des comprimés pour le mal de ventre

2 🎧 Qu'est-ce qu'on a acheté?

Écoute les sept conversations à la pharmacie.
Qu'est-ce qu'on a acheté?
Exemple: 1 b – La personne 1 a acheté des pastilles pour la gorge.

3 Je peux vous aider?

Travaillez à deux. Une personne (A) est le/la client(e); l'autre (B) est le/la pharmacien(ne). Puis changez de rôle.
Voici des problèmes – qu'est-ce que vous dites?

1 Ton frère a mal au ventre.
2 Tu as des piqûres d'insectes.
3 Ta sœur a un rhume.
4 Tu as oublié ta brosse à dents.
5 Ta copine a passé toute la journée au soleil.
6 Ta mère voudrait des comprimés pour son mal de tête.
7 Tu veux te laver les cheveux.
8 Ton frère a mal à la gorge.

Exemple: 1 B *Je peux vous aider?*
A *Oui. Mon frère a mal au ventre. Avez-vous quelque chose contre le mal de ventre?*
B *Oui. Prenez ce médicament.*
A *Merci. C'est combien?*
B *Ça fait 5€. Si ça ne va pas mieux dans deux jours, prenez un rendez-vous avec le docteur.*

Pour t'aider

Je voudrais Avez-vous …? Donnez-moi	quelque chose contre	les piqûres d'insectes. les coups de soleil. le mal de ventre.
	un tube de crème solaire. une boîte de pastilles pour la gorge. une bouteille de sirop pour la toux. des comprimés pour le mal de tête.	

Prenez	ce médicament/cette crème/ces pastilles, etc.

Si ça ne va pas mieux	demain, dans 24 heures, dans deux jours,	prenez un rendez-vous avec le docteur.

Now you can …
- tell a chemist what is wrong with you
- ask for and understand advice at the chemist's
- buy basic medical supplies at the chemist's

6.6 Rendez-vous

1 🎧 📖 Un rendez-vous

Travaillez à deux. Une personne (A) veut prendre rendez-vous chez le médecin, l'autre (B) est le/la réceptionniste.
Écoutez la conversation, puis changez les mots en couleur pour inventer d'autres conversations.

A Je voudrais prendre un rendez-vous avec **le docteur**, s'il vous plaît.
B Oui, **demain** à **14 heures**, ça va?
A Ce n'est pas possible **aujourd'hui**?
B **Non, je regrette**.
A Bon, alors, **demain** à **14 heures**.
B C'est à quel nom?
A **Laval, Michel Laval**.

Pour t'aider

le docteur le/la dentiste	aujourd'hui ce matin/cet après-midi demain matin/après-midi lundi/mardi, etc.
10 heures 11 heures 15 14 heures 30 15 heures 45, etc.	Non, je regrette. Oui, à 17 heures, etc.

2 🎧 Chez le médecin

Écoute et mets la conversation dans l'ordre.
Exemple: *c, …*

a J'ai mal à la gorge.
b Merci, docteur. Au revoir.
c Bonjour, Monsieur Lefantôme. Qu'est-ce qui ne va pas?
d Non. Prenez ce médicament et restez au lit. Revenez dans 200 ans.
e Depuis combien de temps?
f Ouvrez la bouche, s'il vous plaît. … Ah, je vois.
g Depuis 300 ans.
h C'est grave?

3 🎧 Chez la dentiste

Écoute la conversation et remplis les blancs avec des mots dans la case.
Exemple: 1 *a (Asseyez)*

– Bonjour, Madame. …(**1**)…-vous. Qu'est-ce qui ne …(**2**)… pas?
– J'ai …(**3**)… aux dents.
– Depuis …(**4**)…?
– Depuis ce …(**5**)… .
– …(**6**)… la bouche, s'il vous plaît. C'est quelle …(**7**)…?
– Ici.
– Ah, oui. Je vais la …(**8**)… .

a Asseyez	**b** dent	**c** mal	**d** matin	**e** Ouvrez
f plomber	**g** quand	**h** va		

DOSSIER-LANGUE

depuis

The preposition **depuis** means 'since' or 'for':

*J'ai mal à la tête **depuis** lundi.*
I've had a headache **since** Monday.
*Il a mal à la gorge **depuis** trois jours.*
He's had a sore throat **for** three days.

In English, we use the perfect tense: 'I **have had** a headache since Monday'.
In French, you must use the present tense: 'I **have** a headache (and it's been going on) since Monday'. Notice how to use *depuis* in questions.

***Depuis quand** êtes-vous malade?*
Since when have you been ill?
***Depuis combien de temps** avez-vous mal aux dents?*
How long have you had toothache?

4 📖 Inventez des conversations

Travaillez à deux. Inventez des conversations. Une personne (A) est docteur/dentiste, l'autre est un(e) client(e) (B).
Puis changez de rôle.

Exemple:

A Bonjour. Qu'est-ce qui ne va pas?
B J'ai mal <u>au bras</u>.
A Depuis quand?
B Depuis <u>une semaine</u>.
A <u>Montrez-moi le bras</u>, s'il vous plaît. … Ah, je vois.
B C'est grave?
A Non. <u>Prenez ce médicament</u> et <u>revenez dans deux jours</u>.

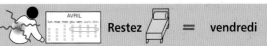
Montrez-moi ... Mettez

Restez ... = vendredi

Ouvrez ... C'est quelle ... plomber

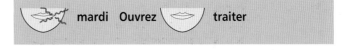
mardi Ouvrez ... traiter

Now you can …

- make an appointment at the doctor's or dentist's
- discuss a problem with a doctor or dentist
- use *depuis* with the present tense

6.7 Accident!

1 🎧 Accident en mer/Accident de route

Écoute les reportages. Copie la grille, puis note les détails des deux accidents.

		1	2
a	lieu de l'accident	**Ex.** *La Rochelle*	
b	heure de l'accident		
c	victime		
d	victime faisait …		
e	temps		

2 📱 Il y a eu un accident

*Travaillez à deux. Une personne (**A**) regarde cette page. L'autre (**B**) est témoin d'un accident et regarde la page 142. Puis changez de rôle.*

Tu es journaliste. Pose ces questions, et note les réponses.

– Où est-ce que l'accident s'est produit?
– Quelle heure était-il?
– Quel temps faisait-il?
– Quel âge avait la personne?
– Que faisait-elle?
– Qu'est-ce qui s'est passé?

3 💻 Accident de VTT

*Lis cet article, puis décide si les phrases sont vraies (**V**), fausses (**F**) ou pas mentionnées (**PM**).*

Accident de VTT

Un accident s'est produit hier après-midi à Marlenheim (Alsace) vers 15 heures. Quatre jeunes faisaient une randonnée en VTT. Un garçon a proposé à ses camarades de quitter la route et de descendre la montagne par un petit chemin très raide. Il pleuvait et les conditions étaient difficiles. Ses camarades ont refusé de l'accompagner, mais le garçon a décidé de partir tout seul, malgré le mauvais temps. Comme il n'est pas revenu, ses camarades ont contacté les pompiers. Ils ont suivi des traces de vélo et ils ont trouvé le cycliste dans un trou profond. Heureusement, le cycliste n'était pas gravement blessé et on a pu le transporter en ville sans difficulté. ——

1 L'accident s'est produit hier matin.
2 Le garçon a voulu revenir à pied.
3 Les autres cyclistes étaient des filles.
4 Il faisait beau.
5 Ses camarades ont décidé de l'accompagner.
6 Le garçon est parti tout seul.
7 Ses camarades ont contacté la police.
8 Il faisait noir quand les pompiers sont arrivés.
9 Les pompiers ont trouvé le cycliste dans un bar à la montagne.
10 Le cycliste n'était pas gravement blessé.

4 💻 Un reportage

Écris un reportage sur un accident. Change les mots en couleur.

Hier à **8 heures 10**, un accident s'est produit à **Chamonix**. **Une fille de 15 ans** faisait **une randonnée à pied** avec des amis. **Il pleuvait**. Soudain, **elle est tombée**. Elle avait mal **à la jambe**. Le service de sécurité est venu à son aide.

8 heures 10 9 heures 30 10 heures 15, etc.	Chamonix La Rochelle Strasbourg, etc.

Une fille/Un garçon de 13/14, etc. ans

une randonnée à pied du ski du cyclisme de l'équitation de la planche à voile, etc.	Il pleuvait Il faisait mauvais Il faisait beau, etc.

elle est tombée/il est tombé

à la jambe
au bras
au genou, etc.

Now you can …

- give and understand details of an accident
- use the imperfect and perfect tenses together

SOMMAIRE

Now you can ...

● **say when you do something**

toujours	always
souvent	often
rarement	rarely
régulièrement	regularly
chaque matin	every morning
pendant la semaine	during the week
une/deux/trois fois par semaine	once/twice/three times a week
ne ... jamais	never
bien/mal	well/badly
vite	quickly

● **discuss healthy eating**

j'aime manger/boire ...	I like eating/drinking ...
c'est bon/mauvais pour la santé	it's healthy/unhealthy

(see also **Vocabulaire par thèmes**, page 167)

● **discuss healthy lifestyles and general fitness**
(see **Vocabulaire par thèmes**, page 167)

● **use the imperative** (see page 79)

● **use reflexive verbs in the perfect tense**

s'amuser	to enjoy yourself
se baigner	to bathe
se coucher	to go to bed
se dépêcher	to hurry
se détendre	to relax
se disputer	to argue
s'ennuyer	to be bored
s'entendre avec	to get on with
se fâcher	to get angry
s'habiller	to get dressed
s'habituer à	to get used to
s'inquiéter	to be worried
s'intéresser à	to be interested in
se laver	to get washed
se lever	to get up
se mettre à	to start to
se reposer	to lie down
se réveiller	to wake up
se sentir (bien/mal)	to feel (well/ill)

● **identify parts of the body**
(see page 82 and **Vocabulaire par thèmes**, page 167)

● **use some expressions with the verb** *avoir*
(see page 83)

● **buy basic medical supplies at the chemist's**

des pastilles pour la gorge	cough pastilles
de l'aspirine	aspirin
des comprimés (m pl)	tablets
du shampooing	shampoo
une crème contre les piqûres d'insectes	cream for insect bites
un tube de dentifrice	a tube of toothpaste
du coton	cotton wool
une brosse à dents	toothbrush
du sparadrap	sticking plaster
une crème solaire	sun cream
du sirop pour la toux	cough medicine
du savon	soap
un médicament pour le mal de ventre	medication for indigestion

● **ask for and understand advice at the chemist's**

Je voudrais ...	I'd like ...
Avez-vous ...?/Donnez-moi ...	Have you got ...?/Give me ...
Prenez ces pastilles, etc.	Take these pastilles, etc.
Si ça ne va pas mieux ... demain/dans deux jours ... prenez un rendez-vous avec le docteur.	If it's not better ... tomorrow/in two days ... make an appointment with the doctor.

● **make an appointment at the doctor's or dentist's**

Je voudrais prendre un rendez-vous avec le docteur/ dentiste, s'il vous plaît.	I'd like to make an appointment with the doctor/dentist, please.
C'est à quel nom?	What name is it?

● **talk to a doctor/dentist and understand them**

Qu'est-ce qui ne va pas?	What's the matter?
J'ai mal à la gorge/aux dents, etc.	My throat hurts/teeth hurt, etc.
Ouvrez la bouche.	Open your mouth.
Montrez-moi la dent.	Show me the tooth.
C'est grave?	Is it serious?
Prenez ce médicament.	Take this medicine.
Mettez cette crème.	Put on this ointment.
Restez au lit.	Stay in bed.
Revenez dans trois jours.	Come back in three days.

● **use** *depuis* **with the present tense**

Depuis combien de temps?	For how long?
Depuis quand?	Since when?
Depuis deux jours.	For two days.
Depuis lundi.	Since Monday.

● **give and understand details of an accident**

Où est-ce que l'accident s'est produit?	Where did the accident happen?
Quelle heure était-il?	What time was it?
Quel temps faisait-il?	What was the weather like?
Quel âge avait la personne?	How old was the person?
Que faisait-elle?	What was he/she doing?
Qu'est-ce qui s'est passé?	What happened?

Deux peintres modernes – Picasso et Matisse

Picasso et Matisse se connaissaient et chacun respectait l'autre, mais leurs peintures étaient très différentes.

- La peinture de Picasso est quelquefois dramatique, inquiète et même violente.
- Au contraire, Matisse préférait toujours l'harmonie, le calme et 'la joie de vivre'.

Pablo Picasso (1881–1973)

- Picasso est probablement le plus grand artiste du 20e siècle.
- Il est né en Espagne, mais il a passé la plupart de sa vie en France.
- Son père était professeur de peinture et Picasso a commencé très jeune à faire de beaux tableaux. On dit que son premier mot était 'lapiz' (crayon).
- Pendant sa longue vie, il a fait des centaines de tableaux, de dessins, de gravures et de sculptures.
- Sa peinture la plus célèbre est Guernica. Il a fait cette peinture pour exprimer son horreur après le bombardement d'une ville basque, appelée Guernica, pendant la guerre civile d'Espagne (1936–1939).
- Picasso a peint des paysages et des natures mortes, mais il a surtout fait beaucoup de tableaux de personnages vivants et souvent des portraits de ses amis ou de sa famille. En voici deux:

Voici un portrait réaliste de son premier fils, Paulo, à l'âge de trois ans. On a l'impression que l'artiste n'a pas fini la peinture, mais il a fait ça exprès pour concentrer notre attention sur les choses importantes: le visage du petit garçon et le costume d'Arlequin.

Paul as a Harlequin, 1924 by Pablo Picasso (1881–1973) Musée Picasso, Paris, France/Giraudon/Bridgeman Art Library © Succession Picasso/DACS 2002

Paulo en Arlequin (1924)

Voici un portrait de la femme d'un ami. Picasso a fait beaucoup de portraits dans ce style 'fragmenté'. Nusch était une femme belle et élégante et ses vêtements étaient très à la mode. Est-ce qu'on peut voir tout ça dans ce portrait?

© Photo RMN-Gérard Blot, Portrait de Nusch Eluard, Pablo Picasso (1881–1973), Paris, Musée Picasso © Succession Picasso/DACS 2002

Portrait de Nusch Éluard (1937)

Henri Matisse (1869–1954)

- Quand il était jeune, Matisse ne s'intéressait pas du tout à la peinture. Il avait l'intention de devenir avocat.
- À l'âge de 20 ans, il était à l'hôpital à cause de l'appendicite et sa mère lui a acheté une boîte de couleurs. C'est comme ça qu'il a commencé à peindre et il a continué toute sa vie.
- Matisse adorait le dessin. Quand il était vieux et devait rester au lit, il a dessiné sur le plafond de sa chambre à l'aide d'une canne à pêche.
- Il a comparé l'art à un bon fauteuil, où on peut se relaxer quand on est fatigué.
- Matisse est célèbre surtout pour ses couleurs vives.

Dans ce tableau, il a utilisé les couleurs primaires, surtout le rouge.

La chambre rouge; la desserte – Harmonie rouge, 1908

The Red Room or Dessert: Harmony in Red, 1908 by Henri Matisse (1869–1954) Hermitage, St Petersburg, Russia/Bridgeman Art Library © Succession H. Matisse/DACS 2002

- Plus tard, il a fait des collages avec des papiers découpés. Il a dit que comme ça, il semblait couper directement dans la couleur pure. En voici un des plus célèbres. On peut le voir à Londres à *Tate Modern*:

L'escargot, 1953 by Henri Matisse

Photograph ©Tate, London 2002 © Succession H. Matisse/DACS 2002

Ce n'est pas mon type!

1 Salut, Sandra! Salut, Manon! Il y a une boum chez moi samedi soir. Vous venez?

C'est gentil, Vincent, mais je ne sais pas encore. Je vais voir.

Moi aussi. Ça dépend.

2 Tu sais, Vincent n'est pas mon type. Il est trop sportif. Il passe tout le temps à faire du sport.

Tu as raison, Sandra. Il est très intelligent, mais moi, je le trouve trop arrogant! Non, ce n'est pas mon type non plus!

3 En plus, il dépense trop pour ses vêtements, toujours des fringues de marque.

C'est vrai. Il s'intéresse trop à la mode, mais nous, on est contente en jean et pull!

Ouais ... je n'ai pas envie de porter une robe de marque, simplement pour faire plaisir à un garçon!

4 Alors, samedi soir, je crois que je vais me laver les cheveux, puis regarder la télé.

Moi aussi. Une boum chez Vincent, ce n'est pas intéressant, ça.

5 Vincent, salut! Je voudrais bien venir à la boum.

Maman, tu veux me prêter cette jolie robe?

Oui, bien sûr! Il est comment, ce Vincent?

Oh, il est très chic, très beau et il est si sportif. Je l'aime bien!

6 Vincent, je serai très contente de venir à la boum.

Vincent est très sympa ... et si intelligent. Il a toujours de bonnes notes en classe. Je l'aime bien!

7 Bienvenue! Sandra, Manon, je vous présente ma copine.

8 Ce n'est pas mon type!!

fringues = vêtements

Comment s'appelle la copine de Vincent? Trouve une lettre cachée dans chaque image pour découvrir son nom.

unité 7

Vive les vacances!

7.1 On va bientôt partir

1 Projets de vacances

La famille Tusson discute des prochaines vacances. Ils regardent des dépliants.

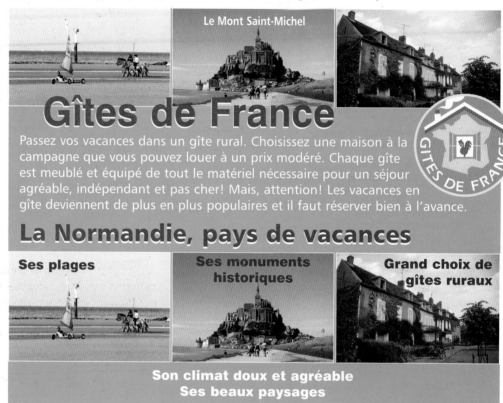

Le Mont Saint-Michel

Gîtes de France

Passez vos vacances dans un gîte rural. Choisissez une maison à la campagne que vous pouvez louer à un prix modéré. Chaque gîte est meublé et équipé de tout le matériel nécessaire pour un séjour agréable, indépendant et pas cher! Mais, attention! Les vacances en gîte deviennent de plus en plus populaires et il faut réserver bien à l'avance.

La Normandie, pays de vacances

Ses plages

Ses monuments historiques

Grand choix de gîtes ruraux

Son climat doux et agréable
Ses beaux paysages

La Provence, pays du soleil

Pour des vacances ensoleillées …
faites du camping en **Provence**,
pays du soleil.

Visitez les belles villes historiques:

Aix-en-Provence *Le joli port de Cassis avec ses 'Calanques'* *Le célèbre pont d'Avignon*

ensoleillé(es) – *sunny*

*Lis les informations, page 90. C'est vrai (**V**), faux (**F**) ou pas mentionné (**PM**)?*

1 Un gîte est une maison qu'on peut louer pour les vacances.
2 Ça ne coûte pas très cher de louer un gîte.
3 Il n'est pas nécessaire de réserver à l'avance.
4 Les gîtes sont toujours très bien équipés.
5 Il est facile de réserver un gîte sur Internet.
6 Cassis est une grande ville en Normandie.

7 Aix-en-Provence n'est pas loin de Marseille.
8 En Normandie, il fait souvent moins chaud qu'en Provence.
9 On a construit le pont d'Avignon au douzième siècle.
10 En Normandie, on peut visiter le célèbre Pont Saint-Michel.

2 🎧 Qu'est-ce qu'on va faire?

Écoute la conversation, puis choisis trois phrases pour raconter ce que les Tusson vont faire cet été, et pourquoi.

a Les Tusson vont faire du camping en Provence, parce qu'ils adorent le soleil.
b Charlotte va faire du camping en Provence avec des amis, parce qu'elle adore le soleil.
c David va faire du camping en Provence avec des amis, parce qu'il n'aime pas la Normandie.
d Ils vont faire du camping en Normandie, parce qu'ils veulent visiter le Mont Saint-Michel.
e La famille va louer un gîte en Normandie, parce que le climat est agréable et les parents ne veulent pas faire du camping.
f Les Tusson vont louer un gîte en Provence, parce que tout le monde adore le soleil.
g Émilie va accompagner son frère David et ses parents au gîte, parce qu'elle est trop jeune pour partir toute seule.

3 🗣 À toi!

À discuter *Travaillez à deux. Qu'est-ce que vous allez faire pendant les prochaines vacances? Posez des questions et répondez à tour de rôle. Si vous n'avez pas de projets, inventez-les!*
- Où est-ce que tu vas aller?
- Pour combien de temps?
- Avec qui?
- Comment vas-tu voyager?

Pour t'aider

dix jours une semaine quinze jours un mois, etc.	au bord de la mer à la campagne à la montagne à l'étranger dans une famille française chez mes grands-parents, etc.	en France au Canada aux États-Unis à Colwyn Bay à Margate à Disneyland Paris, etc.	en avion en bateau en train en voiture à vélo, etc.	faire du camping louer un gîte aller à l'hôtel, etc.	avec ma famille avec des amis en groupe (scolaire), etc.

À écrire *Écris un e-mail à un(e) ami(e) français(e) pour lui parler de tes projets de vacances cette année.*
Exemple:

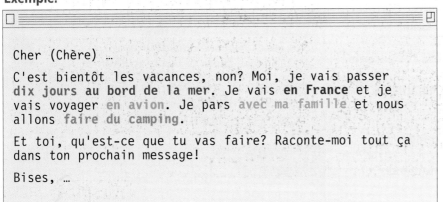

Cher (Chère) …

C'est bientôt les vacances, non? Moi, je vais passer **dix jours au bord de la mer**. Je vais **en France** et je vais voyager **en avion**. Je pars **avec ma famille** et nous allons **faire du camping**.

Et toi, qu'est-ce que tu vas faire? Raconte-moi tout ça dans ton prochain message!

Bises, …

Now you can ...
- talk about holiday plans
- understand some information about areas of France

7.2 Qu'est-ce qu'on prend?

1 🎧 📼 Qu'est-ce qu'elle prend?

Charlotte doit porter toutes ses affaires dans son sac à dos.

a *Écoute et note ce qu'elle prend.*

Exemple: *a (un appareil-photo), …*

b *Travaillez à deux. Posez des questions et répondez à tour de rôle.*

Exemple: A *Est-ce qu'elle prend le lecteur de CD?*
  B *Non, elle ne le prend pas. Est-ce qu'elle prend la lampe de poche?*
  A *Oui, elle la prend.*

un appareil-photo
des CD
des piles
un lecteur de CD
un livre
des balles de tennis
des chaussures de marche
une raquette de tennis
une planche de surf
une lampe de poche

Pour t'aider

elle	le	prend
elle ne	la les	prend pas

2 📼 Qu'est-ce qu'elle prête?

Avant de vacances, Charlotte prête des choses à ses amis.

a *Suis les lignes pour compléter les phrases.*

Exemple: *1 Charlotte lui prête un lecteur de CD.*

1
à Mathilde
Charlotte lui prête …

2
à David
Charlotte lui prête …

3
à ses voisines
Charlotte leur prête …

4
à ses cousins
Charlotte leur prête …

5
à Kévin et Maude
Charlotte leur prête …

b *Travaillez à deux. Posez des questions et répondez à tour de rôle.*

Exemple: A *Qu'est-ce qu'elle prête à Mathilde?*
  B *Elle lui prête un lecteur de CD.*

DOSSIER-LANGUE

Le, la, les; lui and leur

In task 1, you heard several examples of object pronouns. These replace nouns that have already been mentioned, to avoid repeating them:

*Je ne vais pas **le** prendre.*	I'm not taking **it**.
*Je **la** laisse ici.*	I'm leaving **it** here.
*Je **les** prends.*	I'm taking **them**.

- **le** replaces a **masculine** noun (*le lecteur de CD*)
- **la** replaces a **feminine** noun (*la lampe de poche*)
- **les** replaces a **plural** noun (*les piles*)

Lui and leur

Lui and **leur** are also object pronouns. They are used to replace nouns which have à, au, à la or aux in front of them. Look at these examples.

*Je **lui** achète un cadeau.*
I buy a present **for him/her**.
*Je **lui** envoie toujours une carte postale.*
I always send a postcard **to him/her**.
*Je **leur** prête souvent mes CD.*
I often lend my CDs **to them**.
*Je **leur** téléphone ou je **leur** écris.*
I telephone **them** or I write **to them**.

When is *lui* used and when is *leur* used?
- *lui* replaces **singular** words
- *leur* replaces **plural** words

3 Lui ou leur?

*Complète les phrases avec **lui** ou **leur**.*

1 – Quand est-ce que tu as écrit **à ton amie**?
  – Je … ai écrit hier.

2 – Quand est-ce que tu vas téléphoner **à tes parents**?
  – Je vais … téléphoner ce soir.

3 – Qu'est-ce qu'on a offert **aux participants du concours**?
  – On … a offert un T-shirt.

4 – Qu'est-ce que tu vas prêter **à Mathilde**?
  – Je vais … prêter mon lecteur de CD.

5 – Qui a envoyé la lettre **aux propriétaires du camping**?
  – Moi, je … ai envoyé la lettre.

Now you can …
- talk about what to take on holiday
- use *lui* and *leur*

7.3 On fait du camping

Tarif

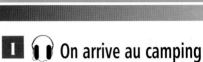

🏕️🚐🚐	emplacement (tente/caravane/camping car)	6,80 €
🚗	voiture	2,70 €
👨	adulte	5,60 €
👩	enfant (de 3 à 14 ans)	2,80 €
🐕	chien	2,70 €
🔌	électricité	3,70 €

1 🎧 On arrive au camping

C'est enfin les vacances! Un groupe de jeunes arrive au camping. Ils vont tout de suite au bureau d'accueil. Malheureusement, beaucoup d'autres personnes arrivent en même temps. Il n'y aura pas de place pour tout le monde!

a *Écoute les conversations. C'est quelle image?*

Exemple: 1 f

b *Quel groupe ne trouve pas de place?*

c *Maintenant, écoute les conversations encore une fois. Note combien de nuits chaque groupe veut passer au camping.*

2 📋 Au bureau d'accueil

Travaillez à deux.

a *Lisez cette conversation au bureau d'accueil d'un camping. Puis changez de rôle.*

b *Changez les mots en couleur et inventez d'autres conversations.*

A Bonjour, Monsieur. Avez-vous **un emplacement**, s'il vous plaît?

B C'est pour une caravane ou une tente?

A **Une tente**.

B Et c'est pour combien de nuits?

A **Quatre nuits**.

B Oui. Il y a de la place. C'est pour combien de personnes?

A **Trois personnes**.

B Vous avez une voiture?

A Oui.

B Voulez-vous l'électricité?

A Oui, s'il vous plaît.

B Alors, **un emplacement** avec électricité, **trois personnes** et une voiture pour **quatre nuits**, ça fait 120 €.

un (deux, etc.)	emplacement(s)

pour	une (deux, etc.)	🚐 🏕️
	un	🚐

une (deux, etc.)	🌙 × 7

une (deux, etc.)	personne(s)
un (deux, etc.)	👨 👩

Oui, (s'il vous plaît). Non, (merci).

3 🎧 Le plan du camping

Regarde le plan du camping et les images, puis écoute les conversations. Au bureau d'accueil, huit personnes posent des questions, mais il y a deux réponses qui ne sont pas correctes. Peux-tu les trouver?

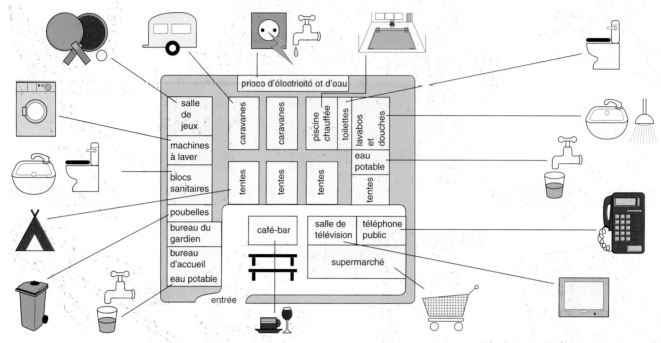

4 C'est où?

Travaillez à deux. Vous êtes devant le bureau du gardien. Posez des questions et répondez à tour de rôle.

Exemple:

A *Où est la piscine, s'il vous plaît?*
B *C'est à l'autre bout du camping, entre les caravanes et les toilettes.*
A *Merci.*

Pour t'aider

à côté	du ...
à l'autre bout	de la ...
en face	de l' ...
près	des ...
devant/derrière ...	
entre ... et ...	
à votre gauche/droite	
à gauche/droite de ...	

5 💻 Pour réserver une place

Écris une lettre de réservation pour ta famille ou ton groupe de copains. Voici une lettre modèle. Change les mots soulignés. Pour t'aider, regarde la conversation au bureau d'accueil (activité 2, page 93) et les cases ci-dessous.

> 2 Bryanston Road,
> West Bromwich DY9 4SF
> Royaume-Uni
> le 17 avril
>
> Camping 'Les Lavandes'
> 4120 Castellane
>
> Monsieur,
> Je voudrais passer <u>deux semaines</u> au Camping 'Les Lavandes' cet été avec ma famille.
>   Veuillez me réserver <u>un emplacement avec électricité</u> pour <u>une tente et une voiture</u> pour <u>deux adultes et deux enfants</u> pendant les nuits <u>du 4 au 14 août</u>.
>   Je vous prie d'agréer, Monsieur, l'expression de mes sentiments distingués.
> *John Tadcaster*

| avec | des amis mon frère ma sœur, etc. |

| avec électricité sans électricité | |

| du 5 au 10 | juillet août, etc. |

Now you can ...

- book in at a campsite
- ask and say where facilities are
- write to reserve a place at a campsite

7.4 On loue un gîte

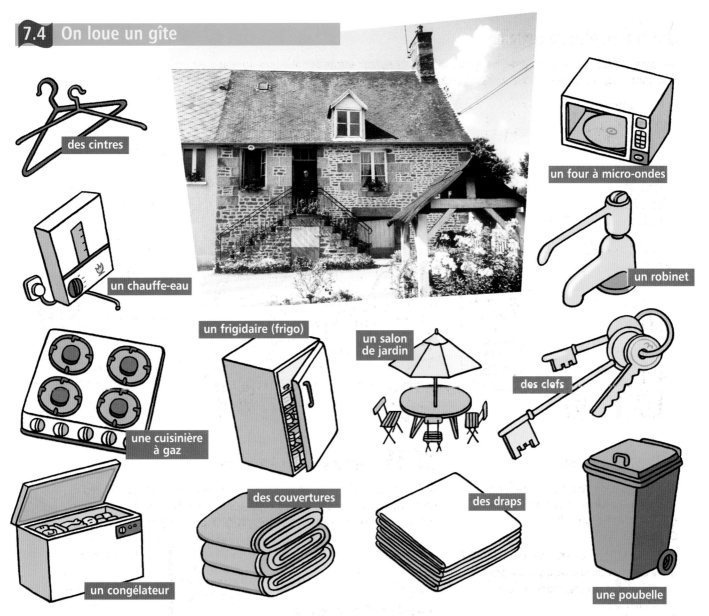

des cintres

un four à micro-ondes

un chauffe-eau

un robinet

un frigidaire (frigo)

un salon de jardin

des clefs

une cuisinière à gaz

des couvertures

des draps

un congélateur

une poubelle

1 🎧 On arrive au gîte

La famille Tusson a réservé un gîte en Normandie. Ils arrivent et se présentent au propriétaire. Ils ont beaucoup de questions à poser.

Lis les questions, puis écoute la conversation. Trouve les cinq questions que les Tusson ont posées.

1   Vous êtes le propriétaire de ce gîte?
2   Est-ce qu'on peut faire le tour de la propriété?
3   Est-ce que la cuisinière est électrique ou à gaz?
4   Est-ce qu'il y a un four à micro-ondes aussi?
5   Est-ce qu'il y a un congélateur?
6   Est-ce qu'il y a une télévision?
7   Où est la poubelle?
8   Est-ce qu'il y a un salon de jardin?
9   Est-ce qu'il y a un barbecue?
10 Où est-ce qu'on peut obtenir du lait?

2 Tu as des questions à poser?

Tu vas passer tes vacances dans un gîte. Tu arrives au gîte. Note six questions que tu poses au propriétaire.

Pour t'aider

Où est le/la Est-ce qu'il y a un/une	chauffe-eau? congélateur? salon de jardin? machine à laver? piscine? poubelle? radio/télévision?
Où sont les Est-ce qu'il y a des	draps? casseroles? cintres? couvertures?

3 Un inventaire illustré

Dans un gîte, il y a, d'habitude, un inventaire – une liste de toute la vaisselle, les appareils électriques,
etc. qui se trouvent dans le gîte. Il faut vérifier l'inventaire quand on arrive au gîte et avant de partir.
Trouve le bon texte pour chaque image.
Exemple: A 12 *verres*

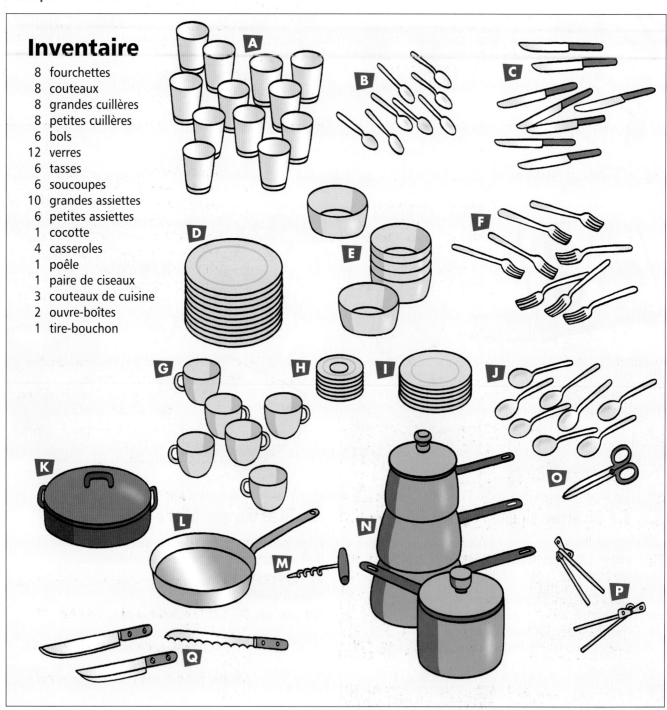

Inventaire

8	fourchettes
8	couteaux
8	grandes cuillères
8	petites cuillères
6	bols
12	verres
6	tasses
6	soucoupes
10	grandes assiettes
6	petites assiettes
1	cocotte
4	casseroles
1	poêle
1	paire de ciseaux
3	couteaux de cuisine
2	ouvre-boîtes
1	tire-bouchon

4 🎧 Qu'est-ce qui manque?

La famille Tusson vérifie l'inventaire.

a *Écoute la conversation et note les choses qui manquent.*
b *Où sont-elles?*

DOSSIER-LANGUE

The pronoun *en*

- When the Tusson family are checking the inventory, they frequently use the pronoun **en**. *En* can mean **of it/of them/some/any**:

  *Tu as assez de couteaux? J'**en** ai sept.*
  Have you enough knives? I've got seven **of them**.

  *Voilà du café. Il **en** boit une tasse.*
  There's some coffee. He's drinking a cup **of it**.

  *Tu **en** veux?*
  Do you want **some/any**?

- It is often used with the phrase *il y a* (there is/there are):

  *Il y **en** a six.* There are six (**of them**).

  In English, we often miss out 'of it/of them', but in French you always have to include it.

- You can see in the examples above that *en* is placed before the verb. In the perfect tense *en* goes before the auxiliary verb:

  *Tu veux du lait? J'**en** ai mis sur la table.*
  Do you want some milk? I've put **some** on the table.

---

5 Français–anglais

Trouve les paires.
Exemple: 1 *d*

1 Il y en a huit.
2 Il y en a plus que ça.
3 Il y en a une qui manque.
4 Il n'y en a plus.
5 Il y en a aussi dans le jardin.
6 Il y en a une dans le village.
7 Il en reste beaucoup.
8 Il y a du lait si tu en veux.

a There's a lot left.
b There are more (of them) than that.
c There's some in the garden as well.
d There are eight (of them).
e There's milk if you want some.
f There's one (of them) missing.
g There's one in the village.
h There's no more left.

---

6 🎧 🗣 C'est pour un renseignement

Des locataires d'un gîte veulent savoir où se trouvent les magasins, le téléphone, etc. les plus proches.

a Écoute les conversations. On cherche quel endroit?
Exemple: 1 A *(On cherche la boulangerie.)*

b Regarde la liste des réponses et écoute la conversation encore une fois. Trouve la réponse correcte.
Exemple: 1 c *(Il y a une boulangerie dans le village, en face du bureau de poste.)*

a Il y a un téléphone public, devant le bureau de poste.
b La station-service est près de l'église.
c Il y a une boulangerie dans le village, en face du bureau de poste.
d Il y a une petite plage près du village: ce n'est pas loin.
e Il n'y a pas d'épicerie dans le village. Il faut aller en ville.
f Il y a une pharmacie dans le village, à côté de la boulangerie.

c Travaillez à deux. Posez des questions et répondez à tour de rôle.
Exemple: A *Où est l'épicerie la plus proche, s'il vous plaît?*
B *Il n'y a pas d'épicerie dans le village. Il faut aller en ville.*
Où est le téléphone le plus proche? (etc.)

la boulangerie

l'épicerie

le téléphone

la pharmacie

la station-service

la plage

> **Now you can ...**
> - talk about staying in a gîte
> - understand some household items
> - ask about facilities
> - use the pronoun *en*

1 🎧 On achète des provisions

Les Tusson achètent des provisions. Voici leur liste.

des tomates	du pâté
1 concombre	du fromage
des croissants	des petits gâteaux
3 quiches	des yaourts
des chips	de la limonade
des pommes	de l'Orangina
du pain	

2 💻 Jeu de définitions

Fais ce jeu de définitions.
Exemple: 1 *C'est un concombre.*

1 C'est un légume qui est long et vert.
2 C'est un plat qui vient d'Italie et qu'on fait principalement avec du pain, des tomates et du fromage.
3 C'est une boisson qui est gazeuse et sucrée, mais qui n'a pas de couleur.
4 C'est une viande qui vient du cochon et qu'on mange souvent dans des sandwichs.
5 C'est un snack que nous achetons en paquet et qu'on fait des pommes de terre.
6 C'est un fruit qui est rond et, normalement, rouge ou vert.

3 💻 Encore des définitions

Trouve les paires pour compléter les définitions.
Exemple: 1 *b*

1 Un gîte est une maison (ou un appartement)
2 Le boucher est la personne
3 Un ouvre-boîtes est quelque chose
4 Un sac est l'objet
5 L'argent est quelque chose
6 Un couteau est quelque chose
7 Le supermarché est le magasin
8 Les soucoupes sont les choses

a que nous mettons sous nos tasses.
b qu'on loue pour les vacances.
c qui vend presque tout à manger et à boire.
d qui sert à payer nos achats.
e que nous utilisons pour couper le pain.
f qu'on utilise pour porter des provisions.
g qui sert à ouvrir les boîtes de conserves.
h qui travaille dans une boucherie.

Écoute la conversation.
a Ils vont à quels magasins?
b On a acheté beaucoup de choses, mais on a oublié deux choses. Qu'est-ce qu'on a oublié?

DOSSIER-LANGUE

Qui and que

All the sentences in the *Jeu de définitions* contain the words *qui* or *que*. These are relative pronouns – very useful words for joining two parts of a sentence together, relating things together and avoiding having to repeat things.

For example, without *qui*, item 1 (task 2) would probably have been two sentences:
C'est **un légume**. **Le légume** est long et vert.

The first part of item 5 might have read:
C'est **un snack**.
Nous achetons **le snack** en paquet.

Both *qui* and *que* join up sentences. Both can mean almost the same things:
• **qui** can mean 'who', 'which' or 'that'
• **que** can mean 'whom', 'which' or 'that'

1 Only one of them is shortened before a vowel: which one is it?
2 Can both of them refer to people and to things?

Solution
1 *Que* is shortened to *qu'* before a vowel. *Qui* is never shortened.
2 Both can relate to people or things.

Now you can...
● buy food
● understand more complex sentences using *qui* and *que*

7.6 Il y a un problème

2 Un petit problème

a Voici des problèmes en images. Si tu as un de ces problèmes pendant tes vacances, qu'est-ce que tu vas dire au propriétaire de ton gîte?

Exemple: 1 *Je regrette, Madame, mais la machine à laver ne marche pas.*

b Cette fois, tu dois laisser un message pour le propriétaire.

Exemple: 1 *Je regrette, Monsieur, mais nous avons perdu l'ouvre-boîtes.*

c Cette fois, le propriétaire de votre gîte vous téléphone pour demander si vous avez besoin de quelque chose et si tout va bien. Qu'est-ce que tu vas dire au propriétaire?

Même en vacances, on peut avoir des problèmes, par exemple:

– le chauffe-eau ne marche pas
– ton frère a fait la vaisselle avec de l'eau froide, mais il a cassé une assiette
– ta mère veut appeler un électricien, mais ton père a perdu le numéro de téléphone des propriétaires.

1 🎧 Quel problème!

Copie la grille, puis écoute les problèmes. Choisis le bon mot dans la case après chaque conversation, puis écris-le dans la liste correcte.

| **a** un bol   **b** la poêle   **c** des cintres   **d** la cuisinière |
| **e** les ciseaux   **f** une chaise   **g** le frigidaire |
| **h** l'ouvre-boîtes |

	perdu(e)(s)	cassé(e)	ne marche pas
1		Ex. a *(un bol)*	
2			

Pour t'aider

Je regrette, Madame, mais	la machine à laver la cuisinière le lave-vaisselle le robinet le chauffe-eau le frigidaire	ne marche pas.
Je regrette, Monsieur, mais	nous avons cassé nous avons perdu	une assiette. une tasse. des verres. le lavabo. la clef du garage. les ciseaux. l'ouvre-boîtes.
Pouvez-vous nous	prêter	des pommes de terre? du lait? un ouvre-boîtes? un tire-bouchon? une poêle?
	appeler	un médecin? un plombier? les pompiers? un garage? la police?

3 Une lettre

La famille Tusson a eu des problèmes au gîte. Après les vacances, ils écrivent au propriétaire.
Lis la lettre et fais l'activité.

Lyon, le 14 août

Monsieur,
Nous avons loué votre gîte du 27 juillet au 10 août. La maison était belle, mais il y a eu des problèmes.

Le premier jour, il faisait chaud et nous voulions prendre une douche, mais la douche ne marchait pas. J'ai téléphoné immédiatement au plombier et enfin, quatre jours plus tard, il a réparé la douche. Nous n'étions pas contents du tout.

Le deuxième lundi, je travaillais dans la cuisine. Je préparais le repas du soir, quand soudain, il y a eu un bruit et la cuisinière a cessé de marcher. L'électricien est venu, mais il n'a pas réparé la cuisinière. Le reste du séjour, nous avons mangé des salades froides et nous sommes allés au restaurant. C'était très cher pour nous.

Nous vous demandons de nous rembourser une partie de nos frais.

Dans l'attente de votre réponse, je vous prie d'agréer, Monsieur, l'expression de mes sentiments distingués.

Georges Tusson

*Écris vrai (**V**) ou faux (**F**). Corrige les phrases qui sont fausses.*
1 Les Tusson n'ont pas eu de problèmes au gîte.
2 Le premier jour, la douche marchait bien.
3 Le plombier a réparé la douche.
4 Lundi, M. Tusson faisait la cuisine.
5 Il y a eu un problème avec la cuisinière.
6 L'électricien a réparé la cuisinière immédiatement.
7 Les Tusson ont pris tous leurs repas au gîte.
8 Ils ont mangé au restaurant, mais ils ont trouvé ça cher.

DOSSIER-LANGUE

Using the imperfect and perfect tenses together

In the two incidents in M. Tusson's letter, both the imperfect and perfect tenses were used.
- The imperfect tense is used for something going on continuously, a state of affairs:
  *Il **faisait** chaud*
  *Nous **voulions** prendre une douche.*
- The perfect tense is used for single actions and events, things that happened and are completed:
  *J'**ai téléphoné** au plombier.*
  *Il **a réparé** la douche.*
- Use the perfect tense for something that **happened** while something else **was happening** (imperfect):
  *Je **préparais** (imperfect) le repas du soir, quand soudain, il y **a eu** (perfect) un bruit et la cuisinière **a cessé** (perfect) de marcher.*

Look for other examples of these two tenses in M. Tusson's letter. Then use them yourself in your own letter.

4 🖥 À toi! ☞

À écrire *Tu as eu un problème au gîte en vacances. Regarde les images et écris une lettre au propriétaire.*

Now you can...
- cope with problems in a gîte
- understand more complex sentences using the perfect and imperfect tenses
- write a letter of complaint

7.7 On va à l'auberge de jeunesse

1 Une réservation

Philippe Berger, un jeune Belge, va passer ses vacances en France. Lis son fax à l'auberge de jeunesse à Strasbourg et réponds aux questions.

1 Combien de nuits a-t-il réservé, et pour combien de personnes?

2 Quand est-ce qu'il va arriver?

> Bruxelles, le 3 février
>
> Monsieur,
>
> Je voudrais réserver deux places à votre auberge pour trois nuits du 4 au 7 avril. C'est pour deux garçons.
>
> Veuillez m'envoyer des détails au sujet de votre auberge.
>
> Je vous prie d'agréer, Monsieur, l'expression de mes sentiments les meilleurs.
>
> *Philippe Berger*

2 💻 On fait une réservation

Écris un fax ou un e-mail de réservation pour deux de ces groupes. Pour t'aider, regarde la lettre de l'activité 1.

nuits	dates	personnes
3	27.07–30.07	3 filles
2	4.04–06.04	1 garçon, 1 fille
2	10.09–12.09	2 garçons, 2 filles
1	26.05–27.05	2 garçons

4 Au bureau d'accueil

Travaillez à deux. Lisez la conversation au bureau d'accueil d'une auberge de jeunesse, puis changez les mots en couleur pour inventer d'autres conversations.

A Bonjour. Avez-vous de la place, s'il vous plaît?

B C'est pour combien de personnes?

A **Deux garçons et deux filles**.

B Et c'est pour combien de nuits?

A **Quatre nuits**.

B Oui, il y a de la place. Vous voulez louer des draps?

A Non, merci. Est-ce qu'on peut prendre des repas?

B Oui, le dîner est à 19 heures 30 et le petit déjeuner entre 7 heures et 9 heures.

A Où sont les chambres?

B **Au premier étage**.

A À quelle heure est-ce que l'auberge ferme le soir?

B À minuit. Si vous allez rentrer plus tard, il faut demander une clef.

3 🎧 À l'auberge de jeunesse

Écoute et lis. Il y a cinq différences entre le CD et le texte. Copie la grille et note les mots qui sont différents.

Exemple:

	sur le CD	dans le texte
1	*Philippe et Martin*	*Philippe et Louis*
2		

Philippe et Louis arrivent à l'auberge de jeunesse. Ils vont au bureau d'accueil.

– Bonjour. Nous avons réservé deux places pour trois nuits.

– Bon. Vous avez la lettre de confirmation et vos cartes?

– Oui. Les voilà.

– Merci. Vous voulez louer des draps?

– Non, merci.

– Alors, vous êtes au dortoir six, au premier étage.

– D'accord. Et où est-ce que nous pouvons mettre nos vélos?

– Il y a un garage derrière l'auberge.

– Bon. Est-ce qu'on peut prendre des repas à l'auberge?

– Oui, le dîner est à 19 heures 30 et le petit déjeuner est entre 7 heures 30 et 8 heures 30.

– Bon, merci. Et l'auberge ferme à quelle heure, le soir?

– On ferme à 23 heures 30, ici. Si vous avez l'intention de rentrer plus tard, il faut demander une clef au bureau.

Les étages

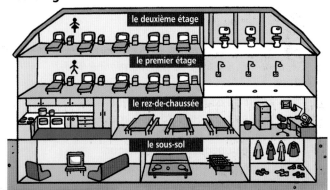

| une personne deux personnes, etc. |

| Où sont | les chambres? les dortoirs? |
| Où est | la salle à manger? la salle de séjour? la salle de télévision? |

| à minuit 11 heures 11 heures 30, etc. |

| au | sous-sol rez-de-chaussée premier étage, etc. |

| une nuit deux nuits, etc. |

| Oui, s'il vous plaît. Non, merci. |

Now you can...

● book in at a youth hostel and find out about facilities

7.8 En vacances

1 Des cartes postales

a *Lis les cartes postales des vacances et trouve l'image qui correspond.*

1

Salut, Zoé!

Je passe les vacances avec ma famille dans un gîte près de Perros-Guirec, une petite ville qui se trouve sur la côte, en Bretagne. C'est très joli ici, mais on a eu des problèmes. Lundi, je faisais la vaisselle et j'ai cassé trois assiettes, puis mardi, mon père faisait le barbecue et il s'est brûlé la main.

Jeudi, nous faisions un tour en bateau quand soudain, il a commencé à pleuvoir et à faire du vent. La mer était très agitée et moi, j'étais malade!

Demain, on va visiter le musée de la télécommunication tout près d'ici, et après, on va manger une spécialité bretonne – des crêpes. Délicieux! J'espère qu'il n'y aura plus de problèmes!
À bientôt,
Julien

2

Cher Daniel,

Hier, nous sommes montés à pied au sommet du Puy de Dôme. C'était fatigant, mais le panorama sur les montagnes de l'Auvergne était fantastique.

Beaucoup de gens faisaient du parapente – j'ai pris des photos de Luc, qui a fait un petit vol en tandem! Ça, c'est pas pour moi!

L'auberge de jeunesse est confortable, mais les premiers jours, la nourriture n'était pas bonne! On a parlé au gardien et on lui a demandé de changer le menu. Maintenant, ça va mieux!

Grosses bises à Maman et à Papa. Je vais leur acheter un petit cadeau de la région – et à toi aussi!
Ta sœur,
Claire

b *C'est vrai (V), faux (F) ou pas mentionné (PM)?*
Exemple: 1 F

1 Julien fait du camping en Bretagne.
2 Perros-Guirec est au bord de la mer.
3 Le père de Julien est allé à l'hôpital.
4 Il a fait beau pendant tout le séjour.
5 Les crêpes sont une spécialité de Bretagne.
6 Daniel est un copain de Claire.
7 Claire va lui acheter un cadeau.
8 Le Puy de Dôme est une auberge de jeunesse.
9 Claire a pris des photos pendant que Luc faisait du parapente.
10 Elle n'a pas mangé de spécialités régionales.

2 💻 À toi! ☞

À écrire *Écris une carte postale des vacances (vraies ou imaginaires). Réponds à ces questions.*
– Où es-tu? Avec qui?
– Qu'est-ce que tu as fait?
– On a eu des problèmes?
– Qu'est-ce que tu vas faire?

A

B

C

3 Six questions sur les vacances

Choisis la bonne réponse. Attention aux verbes!
Exemple: 1 b

1 Qu'est-ce que tu feras pendant les grandes vacances?
   a Je passe un mois au Canada.
   b Je passerai un mois en France.
   c J'ai passé un mois en Afrique.
2 Qu'est-ce que tu as fait l'année dernière?
   a J'irai en Allemagne.
   b Je suis allé en Italie.
   c Je vais en Espagne.
3 Où iras-tu exactement?
   a Je suis allé à Grenoble et à Lyon.
   b J'irai à Montpellier et à Arles.
   c Je vais à La Rochelle et à Bordeaux.
4 Est-ce que tu partiras tout seul?
   a Non, j'y suis allé avec mon frère.
   b Non, je partirai avec mon frère.
   c Non, je pars ce soir.
5 Qu'est-ce qu'il fait en ce moment, ton frère?
   a Il est au cinéma.
   b Il ira au théâtre.
   c Il a écouté des disques.
6 Est-ce que tu as de la famille dans le Midi?
   a Oui, on a un oncle à Montpellier.
   b Oui, mes parents iront à Arles l'année prochaine.
   c Oui, ma sœur est déjà allée à Perpignan.

Now you can...
● talk about holidays

SOMMAIRE

Now you can ...

● **talk about holiday plans**

je vais passer ...	I'm going to spend ...
dix jours	ten days
une semaine	a week
quinze jours	a fortnight
un mois	a month
au bord de la mer	at the seaside
à la campagne	in the country
à la montagne	in the mountains
à l'étranger	abroad
dans une famille française	with a French family
chez mes grands-parents	at my grandparents'
je vais voyager ...	I'll travel ...
en avion	by plane
en bateau	by boat
en train	by train
en voiture	by car
à vélo	by bike
on va ...	we're going ...
faire du camping	to go camping
louer un gîte	to rent a gîte
aller à l'hôtel	to go to an hotel

● **describe things to take on holiday**

une lampe de poche	torch
des piles (f pl)	batteries
un sac à dos	rucksack
une valise	suitcase

● **understand the use of lui and leur** (see page 92)

Je **lui** achète un cadeau.	I buy a present for him/her.
Je **lui** envoie toujours une carte postale.	I always send a postcard to him/her.
Je **leur** prête souvent mes CD.	I often lend my CDs to them.
Je **leur** téléphone ou je leur écris.	I telephone them or I write to them.

● **book in at a campsite**

Avez-vous de la place, s'il vous plaît?	Have you any room please?
C'est pour deux adultes et un enfant.	It's for two adults and a child.
C'est pour une tente/ une caravane/un camping-car.	It's for a tent/ a caravan/a camper van.
C'est pour deux nuits.	It's for two nights.

● **understand campsite notices**

les blocs sanitaires (m pl)	washrooms
le bureau d'accueil	reception (office)
le branchement électrique	connection to electricity
complet	full up

les douches (f pl)	showers
l'eau potable (f)	drinking water
un emplacement	a place (on a campsite)
la poubelle	dustbin
la salle de jeux/de télévision	games/television room
le terrain de jeux/de sports	sports ground
les toilettes (f pl)	toilets

● **cope on a self-catering holiday in a gîte**
(see also **Vocabulaire par thèmes**, page 167)

allumer/fermer l'électricité/le gaz	to turn on/off the electricity/gas
Où est l'épicerie la plus proche?	Where is the nearest grocer's?
Où est-ce qu'on peut obtenir une carte de la région?	Where can we get a map of the area?
Est-ce qu'il y a des cintres?	Are there any coathangers?

● **buy food** (see **Vocabulaire par thèmes**, page 166)

● **understand the use of en** (see page 97)

● **understand the use of qui and que** (see page 98)

● **deal with some holiday problems**

Je regrette, mais la machine à laver ne marche pas.	I'm sorry, but the washing machine isn't working.
nous avons cassé	we have broken
nous avons perdu	we have lost
Pouvez-vous nous prêter ... ?	Can you lend us ... ?
Pouvez-vous nous appeler un plombier?	Can you call a plumber for us?

● **stay at a youth hostel**

une auberge de jeunesse	youth hostel
le bureau d'accueil	reception
la carte d'adhérent	membership card
Avez-vous de la place?	Have you any room?
C'est pour une (deux, trois, etc.) nuit(s).	It's for one (two, three, etc.) night(s).
Vous voulez louer des draps?	Do you want to hire sheets?
Vous êtes au dortoir 4/dans la chambre 6.	You are in dormitory 4/in bedroom 6.
Où sont les dortoirs/ les douches/les toilettes?	Where are the dormitories/ the showers/the toilets?
Où est la salle de séjour/ la cuisine?	Where is the lounge/ the kitchen?
Est-ce qu'il y a une salle de jeux?	Is there a games room?
au sous-sol/rez-de-chaussée/ premier/deuxième étage	in the basement/on the ground/first/second floor
L'auberge ferme à quelle heure, le soir?	What time does the hostel close at night?
Est-ce qu'on peut prendre des repas à l'auberge?	Can you get meals in the hostel?

Réponds aux questions, puis compte le nombre de ■●▲.

Quel genre de vacances préfères-tu?

1 **Tes parents veulent passer des vacances dans une ferme isolée à la campagne. Quelle est ta réaction?**
■ Extra, on peut faire de longues promenades.
● Est-ce qu'il y aura la télé?
▲ Est-ce que je peux inviter un copain/une copine?

2 **Tu t'installes sur la plage. Il y a des gens à côté.**
▲ Tu discutes avec le garçon ou la fille qui se trouve tout près.
■ Tu joues au volley ou tu vas te baigner tout de suite.
● Tu lis un bon livre.

3 **Le camping organise un tournoi de tennis.**
● Tu regardes quelques matchs mais tu ne participes pas.
▲ Tu trouves un/e partenaire et vous participez aux doubles.
■ Tu n'hésites pas à t'inscrire.

4 **Ce que tu détestes le plus en vacances?**
■ Ne rien faire ... tu t'ennuies.
▲ Ne connaître personne ... tu te trouves seul(e).
● Visiter des monuments st des musées avec tes parents.

5 **Tu rencontres un garçon/une fille sympa à la piscine.**
● Tu l'invites à aller au café et vous restez longtemps à discuter.
■ Tu lui proposes de jouer au volley sur la plage.
▲ Tu lui présentes tes amis et tu l'invites à aller en ville avec le groupe.

6 **De retour à la maison, tu regardes tes photos de vacances.**
▲ Les photos montrent surtout tes amis et ta famille.
■ On voit tous les endroits que tu as visités.
● Tu n'as pas pris de photos.

Solution

Des vacances sociables
(Tu as un maximum de ▲)
En vacances, tu as besoin de copains. Tu connais bientôt tous les jeunes au camping. Mais n'oublie pas qu'un peu de calme peut faire du bien de temps en temps!

Des vacances actives
(Tu as un maximum de ■)
Pour toi, les vacances, ce n'est pas pour te reposer. Tu veux profiter au maximum des choses: faire du sport, visiter la région, tout voir.

Des vacances repos
(Tu as un maximum de ●)
Pour toi, les vacances sont pour te reposer. Tu n'aimes pas te fatiguer à faire du sport et tu as horreur de faire des visites.

La nature et l'environnement

Pour traverser l'autoroute

Quand on crée une autoroute, il faut souvent transformer complètement le paysage, mais, près des autoroutes, on a fait des efforts pour remplacer la végétation et remettre les animaux dans leur habitat normal. Pour limiter les risques de collisions avec les animaux, on a créé des passages **SOUS** l'autoroute pour permettre aux petites bêtes de traverser. On appelle ces passages les 'crapauducs'!

Un pesticide vivant!

Voici une coccinelle. Chaque jour, une des ces petites bêtes mange 150 pucerons. À Caen, dans la Normandie, on élève, chaque année, beaucoup de coccinelles, qu'on met dans les jardins publics de la ville au lieu de pesticides polluants. Résultat? 80% de succès. Pas mal, non?

Sport ... sport ... sport

Le tennis

- Le mot 'tennis' vient du verbe français 'tenez'.
- L'origine du jeu moderne était le jeu de paume, joué en France avec la paume de la main et une balle.
- Le Grand Chelem réunit les 4 plus importants tournois du monde. Ils sont:
  - L'Open d'Australie, qui a lieu en janvier à Melbourne, sur un terrain dur.
  - Le tournoi de Roland Garros, qui a lieu en mai-juin à Paris, sur un terrain en terre battue.
  - Le tournoi de Wimbledon (le plus célèbre du monde), qui a lieu en juin-juillet à Londres, sur un terrain en gazon.
  - Le tournoi de Flushing Meadow, qui a lieu en août-septembre à New York, aux États-Unis, sur un terrain dur.

Le basket

- Le basket a été inventé aux États-Unis, en 1891.
- Il devient de plus en plus populaire dans le monde entier.
- Au début, les Américains ont dominé le sport. Pendant les Jeux Olympiques, en 1936, ils ont gagné 63 matchs de suite.
- Dans ce sport, c'est un avantage d'être grand. Le joueur le plus grand qui a fait partie d'un match mesurait 2,45m.
- Beaucoup de vedettes américaines disent que le basket est leur sport de spectacle favori.

Le golf

- Le golf est né en Écosse il y a plus de 500 ans.
- À l'origine, les bergers frappaient des cailloux ronds avec des bâtons.
- Aujourd'hui, c'est l'un des sports les plus pratiqués au monde, surtout au Japon et aux États-Unis.
- Les joueurs professionnels de golf, comme l'Américain Tiger Woods, peuvent gagner beaucoup d'argent.

Un jeu

Trouve un mot de plus pour compléter chaque groupe.

l'hiver   un océan

l'Afrique   l'ouest

un éléphant   le ski

1 le nord, le sud, l'est, ...
2 la mer, un lac, une rivière, ...
3 l'Asie, l'Europe, l'Amérique, ...
4 le printemps, l'été, l'automne, ...
5 un crocodile, un hippopotame, une antilope, ...
6 la motoneige, le hockey sur glace, le patinage, ...

unité

8

Notre monde

8.1 Ici, on parle français

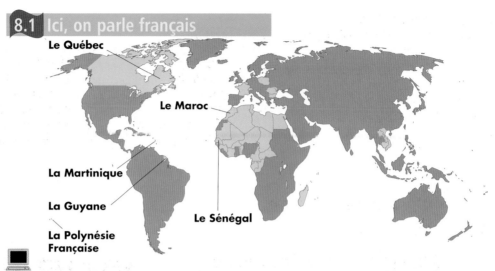

Le Québec

Le Maroc

La Martinique

La Guyane

Le Sénégal

La Polynésie Française

Il y a 160 millions de personnes dans plus de 50 pays et régions du monde qui parlent français. On appelle ces pays les pays francophones. La plupart de ces pays sont des anciennes colonies françaises, comme le Sénégal et le Maroc. D'autres régions, comme la Guyane et la Martinique, font partie de la France. Ce sont des départements d'outre-mer (les DOM). Il y a aussi des territoires d'outre-mer (les TOM), comme la Polynésie Française, qui sont liés à la France, mais qui sont plus indépendants.

1 🎧 💻 La Guyane

Écoute et lis. Puis fais les activités, page 107.

J'habite à Cayenne, en Guyane Française. La Guyane fait partie de la France, mais elle se trouve à 7 000 km de la France, en Amérique du Sud. La plupart de la population habite comme nous sur la côte. Mon père est pêcheur. On pêche beaucoup de crevettes. Mmm, j'adore ça.

Il fait très chaud et très humide ici, car nous ne sommes pas loin de l'équateur. Le pays est assez plat avec beaucoup de rivières.

On cultive de la canne à sucre, du maïs et des patates douces.

le maïs

la canne à sucre

une patate douce

95% de notre pays est couvert par la forêt d'Amazonie. Quelquefois, nous entrons dans la forêt quand nous allons visiter le village de mes grands-parents. On voit des oiseaux et des animaux magnifiques, mais il faut toujours marcher avec prudence. Pour s'orienter, on laisse des signes pour indiquer le chemin du retour. La forêt change vite et on peut se perdre facilement. On doit faire attention aux odeurs et aux bruits. Et on ne doit jamais oublier qu'on peut se trouver face à face avec un crocodile ou un serpent.

a *Réponds aux questions.*
1 Où se trouve la Guyane Française?
2 Quel temps fait-il?
3 Qu'est-ce qu'on y cultive?
4 Pourquoi est-ce qu'on doit faire
   attention dans la forêt?
   (Parce qu'on peut ...)

b *Trouve les paires.*
Exemple: 1 d

1	La Guyane est	a	habitent sur la côte.
2	Beaucoup de personnes	b	est importante.
3	La pêche	c	est recouvert de forêt.
4	Le climat est	d	en Amérique du Sud.
5	La plupart du pays	e	voit des animaux et des oiseaux merveilleux.
6	Dans la forêt, on	f	tropical: chaud et humide.

2 🎧 💻 La Polynésie Française

Écoute et lis. Puis fais les activités.

Moi, j'habite à Tahiti, une île tropicale dans le Pacifique. Tahiti fait partie de la Polynésie Française, qui regroupe plus de 100 îles. Nous sommes loin de tous les autres pays, entre le Chili et l'Australie.

Le tourisme est important pour le pays. La plupart des touristes viennent en hiver (de mai à octobre), quand il ne pleut pas. En été (de novembre à avril), il pleut beaucoup et il fait chaud (30 degrés) et humide.

Les plages sont noires parce que c'est une région volcanique. Beaucoup de touristes font de la plongée sous-marine en mer et dans les lagons. Moi aussi. On voit des poissons magnifiques sur le corail, mais il faut faire attention aux méduses.

Comme la plupart de la population, j'habite à Papeete, la capitale et la plus grande ville de la Polynésie Française.

une méduse

a *Réponds aux questions.*
1 La Polynésie est un groupe d'îles dans quel océan?
2 Quels sont les pays les plus proches?
3 Qu'est-ce qu'on peut faire comme sports nautiques?

b *Complète le texte avec les mots dans la case.*
Exemple: 1 a (île)

Tahiti est une …(**1**)… qui se trouve dans l' …(**2**)… Pacifique. Beaucoup de …(**3**)… visitent la région. Ils aiment faire de la …(**4**)… sous-marine. Ils viennent surtout entre mai et … (**5**)…, pendant la …(**6**)… sèche. Les …(**7**)… sont noires. On peut voir des …(**8**)… magnifiques en mer et dans les lagons.

a	île	b	océan	c	octobre	d	plages	e	plongée
		f	poissons	g	saison	h	touristes		

3 🎧 C'est où?

a *Écoute les six personnes. On parle de la Guyane (**G**) ou de la Polynésie (**P**)?*
Exemple: 1 G

b *Et toi? Quelle région veux-tu surtout visiter? Pourquoi?*
(Je voudrais visiter … parce que …)

Now you can …

• understand information about different French-speaking regions around the world

8.2 Des vacances à l'étranger

1 C'est quel pays?

Trouve le bon nom pour chaque pays.
Exemple: 1 *e (l'Italie)*

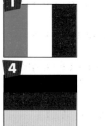

a l'Allemagne (*f*)	**d** l'Irlande (*f*)	**g** le Canada
b l'Espagne (*f*)	**e** l'Italie (*f*)	**h** le Maroc
c la Grèce	**f** l'Écosse (*f*)	**i** les États-Unis

2 🎧 On parle des vacances

Écoute les huit conversations. On parle de quel pays?
Exemple: 1 *i (les États-Unis)*

3 🎧 Julien part en vacances

Julien part en vacances en Suisse. Écoute et lis la conversation, puis réponds aux questions.
Exemple: 1 *Il va en Suisse.*

1 Où va Julien?
2 Est-ce que sa mère part avec lui?
3 Quand est-ce qu'il va téléphoner à sa mère?
4 Qu'est-ce que Julien doit acheter pour Corinne?
5 Julien accepte, mais Corinne doit donner quoi à Julien?

– Julien, je te parle.
  Tu m'entends?
– Oui, je t'entends, maman.
– Tu vas me téléphoner ce soir?
– Oui, je vais te téléphoner après 8 heures.
– N'oublie pas de nous envoyer une carte.
– Non, je vais vous envoyer une carte postale des Alpes.
– Julien, tu ne m'as pas donné ton numéro de téléphone en Suisse.
– Si, si, je t'ai donné tous les détails hier. Ne t'inquiète pas, maman!
– Julien, tu peux me rendre un service?
– Peut-être, Corinne.
– Tu peux m'acheter un T-shirt de Genève?
– Je vais voir.
– Et tu peux m'acheter un CD et des chocolats suisses?
– Je veux bien acheter tout ça, si tu me donnes de l'argent à l'avance!

4 Des dessins

Trouve le bon texte pour chaque image.

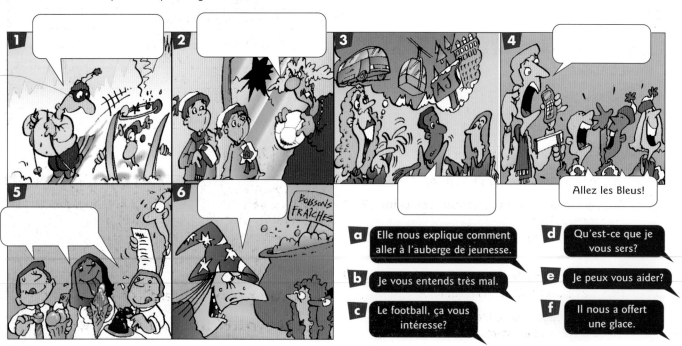

Allez les Bleus!

BOISSONS FRAÎCHES

a Elle nous explique comment aller à l'auberge de jeunesse.	**d** Qu'est-ce que je vous sers?
b Je vous entends très mal.	**e** Je peux vous aider?
c Le football, ça vous intéresse?	**f** Il nous a offert une glace.

Object pronouns: *me, te, nous, vous*

These useful French pronouns have several meanings:
– *me (m')* means 'me' or 'to me' or 'for me'
– *te (t')* means 'you' or 'to you' or 'for you'
– *nous* means 'us' or 'to us' or 'for us'
– *vous* means 'you' or 'to you' or 'for you'

Like other pronouns, they usually go before the verb:
  *Je **te** parle.* I'm speaking to you.
• In the perfect tense, they go before the auxiliary
  verb (*avoir* or *être*):
  *Je **t'**ai vu en ville ce matin.*
  I saw you in town this morning.
• If there is a verb + an infinitive, the pronoun goes
  before the infinitive:
  *Tu peux **me** téléphoner ce soir?*
  Can you phone me this evening?

5 Des expressions utiles

Trouve les paires.

1	Tu m'attends?	a	Does it hurt you?
2	Je t'enverrai un e-mail.	b	Will you wait for me?
3	Je vous dois combien?	c	Do you mind?
4	Ça vous fait mal?	d	Can you take us into town?
5	Tu peux nous emmener en ville?	e	How much do I owe you?
6	Ça m'énerve.	f	It gets on my nerves.
7	Ça vous dérange?	g	I'll treat you.
8	Je t'invite.	h	I'll send you an e-mail.

6 En ville

*Complète ces conversations avec **nous** ou **vous**. Puis lis les conversations à deux.*

1 – Pouvez-vous ... donner des renseignements sur la ville? On ... a dit que c'est une ville très intéressante.
– Bien sûr, et je vais ... donner un plan de la ville.

2 – Pouvez-vous ... expliquer comment trouver l'Hôtel Splendide?
– Oui, je vais ... montrer ça sur le plan.

3 – Oui, monsieur. On peut ... donner la chambre 12 avec salle de bains.
– Merci. Pouvez-vous ... servir du thé dans notre chambre?

4 – Pardon, Mademoiselle, ça ... dérange si je me mets là?
– Non, pas du tout. Ça ... plaît, cet hôtel ?

5 – Qu'est-ce que je ... sers, Madame?
– Un café, s'il ... plaît. Merci. Je ... dois combien?

7 À la maison

*Complète ces conversations avec **me**, **m'**, **te** ou **t'**.*

1 – Charles, je ...(**1**)... parle. Tu ...(**2**)... entends?
– Oui, maman, je ...(**3**)... entends.
– Alors tu vas ...(**4**)... répondre?
– Euh, je n'ai pas entendu la question.
– Qu'est-ce qu'on ...(**5**)... a donné comme devoirs?
– Pas grand-chose.
– Bon, alors, peux-tu ...(**6**)... aider dans la cuisine, s'il te plaît?

2 – Papa, est-ce que tu peux ...(**1**)... prêter de l'argent?
– Oui, Sophie, je peux ...(**2**)... prêter 10 €, mais tu ...(**3**)... dois déjà 5 €.
– C'est vrai, mais je vais ...(**4**)... rendre tout ça, samedi, je ...(**5**)... assure!

8 Les bons comptes font les bons amis

Tu organises un week-end à Bruxelles, en Belgique. Ça coûte 200 € par personne. Travaillez à deux pour faire des conversations. Après quatre conversations, changez de rôle.

Exemple: 1 A *Je t'ai payé 90 €, alors je te dois combien?*
  B *Tu me dois encore 110 €.*

ou

Dis à tous les participants combien ils t'ont payé et combien ils te doivent.

Exemple: 1 *Annette, tu m'as payé 90 €. Tu me dois encore 110 €.*

Week-end à Bruxelles – payé:		
1	Annette	90 €
2	Bruno	100 €
3	Catherine	150 €
4	Daniel	120 €
5	Éric	50 €
6	Odile	125 €
7	Ibrahim	60 €
8	Nadia	75 €

Pour t'aider

50	cinquante	**80**	quatre-vingts
60	soixante	**90**	quatre-vingt-dix
70	soixante-dix	**100**	cent
75	soixante-quinze		

Now you can ...

• understand information about different countries in the world
• understand and use the pronouns *me, te, nous, vous*

8.3 Ma ville, ma région

1 Des attractions à Montréal

Voici des photos de Montréal, la deuxième ville du Canada (après Toronto).
Trouve le bon texte pour chaque photo.

A Les descentes du Saint-Laurent
De mai à septembre, on peut faire du rafting sur le fleuve. C'est sensationnel.

B Le Biodôme
Ce musée présente quatre écosystèmes de notre planète. Quand il fait très froid à Montréal, on peut y aller pour se réchauffer dans 'la forêt tropicale de l'Amazonie'.

C Le parc du Mont Royal
Mont Royal – c'est l'origine du nom de la ville. Les habitants l'appellent 'la montagne'. On y trouve un grand parc avec un lac. Du sommet, on a un beau panorama sur la ville.

D La Tour Olympique
C'est la plus grande tour inclinée du monde. On peut monter au sommet par le funiculaire. Les rails sont inclinés, mais la cabine est toujours dans une position horizontale – heureusement!

2 🎧 Montréal – un mini-guide

Écoute et complète le guide avec les mots dans la case.
Exemple: 1 f (Québec)

Ville: Montréal

Situation: dans le sud du ...(**1**)...; sur le fleuve ...(**2**)...

Aspects généraux: 1,3 million d'habitants; ...(**3**)... ville francophone du monde

Principales attractions: ...(**4**).., cinémas, théâtres, etc., parc Olympique, ...(**5**).. du Mont Royal

Activités sportives: la natation, le ...(**6**)... (sur glace et à roulettes), le cyclisme, le hockey sur glace et le ...(**7**)..., en été – du rafting

Transports: le ...(**8**)... , le bus, le train

a deuxième	**b** métro	**c** musées	**d** parc
e patinage	**f** Québec	**g** Saint-Laurent	**h** ski

3 Bonjour de Montréal!

Réponds aux questions.
Exemple: 1 à Montréal.

> Je passe dix jours de vacances à Montréal avec mon collège. Nous sommes arrivés lundi dernier. Hier, nous avons fait du ski. C'était très bien, mais fatigant. Il fait très froid et il neige beaucoup.
>
> Demain, nous allons visiter le Biodôme. C'est un musée sur l'environnement. On a créé quatre régions climatiques différentes. Moi, je vais aller directement à la région tropicale!
>
> Nous rentrerons jeudi prochain.
> À bientôt,
> Raj

1 Raj passe ses vacances où?
2 Quand est-il arrivé?
3 Qu'est-ce qu'il a fait hier?
4 C'était bien?
5 Quel temps fait-il?
6 Qu'est-ce qu'il va faire demain?

4 💻 À toi! 👉

À écrire *Tu passes des vacances à l'étranger. Écris une carte postale. Voici des idées:*

> Je passe ...
> Nous sommes arrivés ...
> Hier, nous avons fait ...
> Nous sommes allés à ...
> C'était ...
> Demain, nous allons visiter ...

5 🎧 On parle de sa région

On parle à deux Français qui habitent en Angleterre,
Roselyne (R) et Benoît (B). Écoute les conversations, puis
décide qui a dit chaque phrase.
Exemple: 1 R (Roselyne)

1 C'est à environ 60 kilomètres de Londres.
2 C'est un village entre Leeds et York, dans le nord de
   l'Angleterre.
3 C'est une ville assez grande.
4 C'est une ville plutôt commerciale et administrative.
5 Il n'y a rien dans le village.
6 En été, on organise des festivals de musique – ça c'est
   bien.
7 Il y a des maisons historiques, comme Harewood House.
8 Oui, en général, ça me plaît comme ville.

7 💻 Une lettre à écrire

Écris une lettre à un(e) jeune Français(e).
Exemple:

Chère Claire,
J'ai bien reçu ta lettre et les cartes postales de Toulouse.
Merci beaucoup. C'est sûrement une ville très
intéressante. J'espère pouvoir venir un jour.
   Nous avons emménagé à Leeds récemment. C'est une
grande ville industrielle, située dans le nord de
l'Angleterre, à 200 miles environ de Londres. À Leeds, il y
a des universités et il y a beaucoup d'étudiants dans la
ville. Dans le centre-ville, il y a beaucoup de magasins et
un marché important.
   Comme distractions, il y a des cinémas, des théâtres,
des discothèques, des parcs, des complexes sportifs,
etc. Il y a souvent des concerts et des festivals de
musique. On ne peut pas dire que c'est une belle ville,
mais c'est très animé et ça me plaît.
   Je t'envoie une carte postale de Leeds et un dépliant
sur le Yorkshire. Écris-moi bientôt,
   Affectueusement,
Melanie

1 *Décris ta ville ou ton village.*

C'est une	grande petite	ville industrielle/touristique de ... habitants.
... située dans	le nord le sud l'ouest l'est le centre	de l'Angleterre. de l'Écosse. de l'Irlande. du pays de Galles.
Elle se trouve	près de .../à ... miles/kilomètres de ...	
C'est un village à la campagne. La ville la plus proche s'appelle ...		

6 On fait une interview

Prépare tes réponses à ces questions. Puis travaillez à deux
pour faire une interview.

– Où est-ce que tu habites? (*J'habite à ...*)

– C'est où, exactement? (*C'est dans le*
  nord/sud/est/ouest/au centre de ... C'est près de ...)

– Décris la ville. (*C'est une grande/petite ville ...*)

– Qu'est-ce qu'on peut faire dans la ville? (*On peut ...*)

– Qu'est-ce qu'il y a d'intéressant pour les jeunes? (*Il y a*
  des cinémas/une piscine/un bowling/une patinoire, etc.)

– Qu'est-ce qu'il y a à voir dans la région? (*Dans la*
  région, il y a un parc d'attractions/un château, etc.)

2 *Parle un peu de ce qu'il y a dans la ville ou dans la*
   région, et de ce qu'il n'y a pas.

Près de ..., À ...,	il y a	un château. un musée. une cathédrale. un grand parc. beaucoup de grands magasins. un grand centre commercial, etc.
Dans mon quartier, il n'y a pas de ... À ..., il n'y a rien, mais à ..., il y a ...		

3 *Parle des distractions.*

Comme distractions, il y a	un cinéma. une piscine. un complexe sportif. un parc d'attractions. un stade.
Il n'y a pas beaucoup de distractions. Il n'y a rien à faire/à voir.	

4 *Et donne ton avis sur ta ville ou sur ta région.*

Je suis content(e) de vivre ici. Je m'amuse bien ici. À mon avis, c'est trop tranquille ici. Je trouve qu'il n'y a pas assez de distractions. On a besoin d'un cinéma/un bowling/une piscine ici. Je trouve que nous habitons trop loin de ...

Now you can ...

● understand information about Montreal
● exchange information about your own town and
   region

8.4 On doit faire ça!

1 🎧 À l'office de tourisme

Écoute et trouve la bonne réponse.

1 La touriste doit visiter
  a le jardin botanique
  b le Biodôme
  c le parc Mont Royal

2 Pour voir un match, les garçons doivent aller
  a au centre sportif
  b au parc
  c au Stade Olympique

3 Pour visiter le parc d'attractions, les touristes doivent aller
  a au centre-ville
  b à l'île Sainte-Hélène
  c au parc Mont Royal

4 Pour y aller en métro, ils doivent prendre la ligne
  a 4   b 14   c 24

5 Pour faire du rafting, on doit
  a réserver à l'avance
  b aller directement au bureau
  c aller au vieux port

6 Pour y aller, on doit prendre le métro jusqu'au terminus, puis le bus
  a 10   b 100   c 110

2 Qui va au match?

*Lis la conversation entre Nicolas (**N**), Marion (**M**) et Raj (**R**).*
Puis réponds aux questions.
Exemple: 1 *Sanjay*

1 Qui doit faire ses devoirs?
2 Qui doit aller chez les grands-parents?
3 Qui doit faire du baby-sitting?
4 Qui doit aller chez le médecin?
5 Qui peut aller au match? (*deux personnes*)

> **N** – Marion, est-ce que tu veux aller au match, samedi?
>
> **M** – Non, Nicolas, je suis désolée, mais je dois rester à la maison avec ma petite sœur.
>
> **N** – Et toi, Raj, tu dois rester à la maison aussi?
>
> **R** – Non, Nicolas. Moi, je peux aller au match avec toi. Est-ce que Fatima vient aussi?
>
> **N** – Non, elle doit aller chez le médecin.
>
> **R** – Et Camille et Émilie, est-ce qu'elles viennent?
>
> **N** – Non, elles doivent aller chez leurs grands-parents.
>
> **R** – Et Sanjay?
>
> **N** – Non, il doit faire ses devoirs.

DOSSIER-LANGUE

devoir

In the first two tasks, there are different parts of the verb *devoir* (to have to, must). Here it is in full:

je dois	nous devons
tu dois	vous devez
il/elle/on doit	ils/elles doivent

- Like the verbs *aller*, *pouvoir* and *vouloir*, *devoir* is often followed by an infinitive.

Can you work out why homework is translated as *les devoirs* in French? What do you think *un devoir* means?

- *devoir* can also mean 'to owe':
  Tu me dois 3€ pour l'entrée au cinéma.
  You owe me 3€ for the cinema ticket.
  You have already used it in this way on page 109.

- *devoir* is irregular in the perfect tense:
  *J'**ai dû** travailler beaucoup hier.*
  I had to work a lot yesterday.
  *On **a dû** faire une erreur.*
  They must have made a mistake.

3 Pour améliorer la ville

Trouve les paires.
Exemple: 1 f

1 On doit …	**a** doit améliorer les transports en commun.
2 Le gouvernement …	**b** devez laisser la voiture à la maison.
3 De temps en temps, les gens …	**c** des pistes cyclables.
4 Quelquefois, vous …	**d** dois pas jeter des papiers dans la rue.
5 On doit créer …	**e** doivent circuler à pied ou en transport en commun.
6 Moi, je ne …	**f** planter des arbres.

4 Français–anglais

Trouve les paires.

1 Tu dois absolument voir ça.	**a** *He must be tired.*
2 Je dois rentrer à 9 heures.	**b** *You have to get off here for the stadium.*
3 J'ai dû faire mes devoirs hier soir.	**c** *I had to do my homework last night.*
4 Il doit être fatigué.	**d** *They have to tidy their room.*
5 Ils doivent ranger leur chambre.	**e** *I have to be home at 9 o'clock.*
6 Vous devez descendre ici pour le stade.	**f** *We have to arrive at school at 8 o'clock.*
7 Elles ont dû manquer le bus.	**g** *They must have missed the bus.*
8 Nous devons arriver au collège à 8 heures.	**h** *You really must see that.*

5 🎧 Des messages

a Écoute les conversations et note la raison qui correspond à chaque excuse.
Exemple: 1 b

Les raisons

a aller chez le dentiste		**e** aller chez le médecin
b jouer à un concert		**f** jouer à un match de football
c travailler au restaurant		**g** aller à l'hôpital
d chercher ses enfants à la gare		**h** aller à Paris

b Complète les messages pour M. Leclerc, qui organise les activités à la maison des jeunes. Utilise la forme correcte du verbe devoir dans chaque message.
Exemple: 1 Marion ne peut pas aller au match parce qu'elle <u>doit jouer à un concert</u>.

1 Marion ne peut pas aller au match parce qu'elle …

2 Sanjay ne peut pas aller au stade parce qu'il …

3 Nicolas et Raj ne peuvent pas aller à la piscine parce qu'ils …

4 Camille et Émilie ne peuvent pas aller à la patinoire parce qu'elles …

5 Ibrahim doit partir à 3 heures parce qu'il …

6 Mme Dupont doit partir à 5 heures parce qu'elle …

7 Les Legrand ne peuvent pas aller à la réunion parce qu'ils …

8 Les Duval ne peuvent pas venir dimanche parce qu'ils …

6 À toi! 👉

Inventez au moins trois règles: une règle pour la ville, une pour la maison et une pour le collège.
Exemple:

En ville
Les gens qui font des voyages identiques doivent partager leur voiture.

À la maison
À la maison, on doit consulter les enfants sur les menus des repas.

Au collège
Au collège, les profs ne doivent pas donner plus de 20 minutes de devoirs.

> **Now you can …**
> • use the verb *devoir*

8.5 Attention à l'environnement!

1 Le vocabulaire de l'environnement

Pour parler de l'environnement, on utilise souvent ces mots.
Trouve les paires.

Exemple: 1 *e*

1	une marée noire	a	*global warming*
2	la couche d'ozone	b	*threatened*
3	les déchets (*m pl*)	c	*fire*
4	endommagé	d	*damaged*
5	l'effet de serre (*m*)	e	*oil slick*
6	une espèce	f	*greenhouse effect*
7	une inondation	g	*ozone layer*
8	menacé	h	*rubbish*
9	un incendie	i	*flood*
10	le réchauffement de la planète	j	*species*

2 🎧 Des catastrophes naturelles

Une conséquence de l'effet de serre, c'est que toutes les conditions climatiques sont amplifiées. Il y a des périodes de sécheresse plus longues et des pluies plus abondantes qui peuvent provoquer des inondations.

a *Trouve le bon texte pour chaque photo.*

1 Marée noire

2 Ville sous la glace

3 Incendie dans le sud

4 Tempête à Paris

5 Dégâts après les inondations

b *Écoute les extraits et trouve la photo qui correspond.*

France, décembre 1999

Algérie, novembre 2001

Québec, janvier 1998

Provence, septembre 2001

Bretagne, décembre 1999

3 🎧 Que sais-tu sur l'environnement?

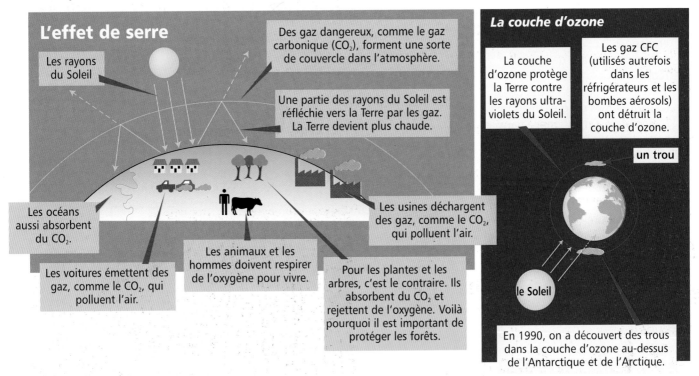

L'effet de serre

Les rayons du Soleil

Des gaz dangereux, comme le gaz carbonique (CO$_2$), forment une sorte de couvercle dans l'atmosphère.

Une partie des rayons du Soleil est réfléchie vers la Terre par les gaz. La Terre devient plus chaude.

Les océans aussi absorbent du CO$_2$.

Les voitures émettent des gaz, comme le CO$_2$, qui polluent l'air.

Les animaux et les hommes doivent respirer de l'oxygène pour vivre.

Les usines déchargent des gaz, comme le CO$_2$, qui polluent l'air.

Pour les plantes et les arbres, c'est le contraire. Ils absorbent du CO$_2$ et rejettent de l'oxygène. Voilà pourquoi il est important de protéger les forêts.

La couche d'ozone

La couche d'ozone protège la Terre contre les rayons ultra-violets du Soleil.

Les gaz CFC (utilisés autrefois dans les réfrigérateurs et les bombes aérosols) ont détruit la couche d'ozone.

un trou

le Soleil

En 1990, on a découvert des trous dans la couche d'ozone au-dessus de l'Antarctique et de l'Arctique.

Pour chaque section, devine les bonnes réponses. Puis écoute pour vérifier.

a L'effet de serre

1 Quel gaz contribue le plus à l'effet de serre?
   a l'oxygène   **b** le gaz carbonique   **c** l'ozone

2 D'où vient-il principalement? (*deux réponses*)
   a des plantes   **b** des voitures   **c** des océans
   d des usines

3 Qu'est-ce qui absorbe le CO$_2$? (*deux réponses*)
   a des plantes   **b** des animaux   **c** des océans
   d des nuages

4 Comment s'appelle le gaz qui forme une couche protectrice haut dans l'atmosphère?
   a l'oxygène   **b** le gaz carbonique   **c** l'ozone

5 Ce gaz protège la Terre contre quoi?
   a les rayons ultra-violets   **b** les rayons X
   c les rayons infra-rouges

b Les déchets

1 Il y a de moins en moins de place pour tous les déchets qu'on produit. Qu'est-ce qu'on peut faire pour les réduire? (*trois réponses*)
   a faire du compost avec les matières organiques (les pelures de fruits et de légumes, etc.)
   b déposer des verres dans les conteneurs de verre
   c jeter les papiers à la campagne
   d recycler le papier

2 Les déchets ne se dégradent pas tous à la même vitesse. Lequel de ces éléments se dégrade
   i le plus vite   **ii** le moins vite?
   a une peau de banane   **b** un papier de bonbon
   c un sac en plastique   **d** un journal

3 80% des déchets en mer sont en quelle matière?
   a en carton   **b** en métal   **c** en plastique
   d en bois

4 Le verre et le métal des canettes peuvent être recyclés indéfiniment, mais pas le papier. On peut recycler le papier combien de fois?
   a 5 fois   **b** 8 fois   **c** 10 fois

les canettes

c L'eau

1 Quel pourcentage de l'eau de la planète est utilisable par les humains et les animaux (terrestres)?
   a 1%   **b** 5%   **c** 10%

2 Si on ferme le robinet quand on se brosse les dents, on économise environ combien d'eau?
   a 10 litres   **b** 20 litres   **c** 30 litres

3 Quand est-il plus efficace d'arroser les champs ou le jardin?
   a le matin   **b** à midi   **c** la nuit

4 Quelles sont les conséquences si un bateau, qui transporte du pétrole, est endommagé ou naufragé? (*quatre réponses.*)
   a rien de grave   **b** la pollution de la mer
   c ça peut tuer les oiseaux
   d ça peut empoisonner les poissons
   e une marée noire

naufragé – *shipwrecked*

4 Les espèces en péril

Lis le texte pour trouver les réponses.

1 Donne deux exemples d'animaux en danger.
2 Le risque est grave dans quelle région?
3 Voici les principales causes de la disparition des espèces, mais une seulement est mentionnée dans le texte. Laquelle?
   a les hommes, leur manière de vivre, leurs activités (la chasse, la pêche)
   b la destruction des habitats par l'agriculture
   c la pollution de l'air, des eaux et du sol
   d la destruction de la forêt

Les espèces en péril

- Selon les spécialistes internationaux, plus de 11 000 espèces de plantes et d'animaux sont en risque d'extinction dans un avenir proche.

- Le risque est très grave dans la forêt tropicale, où la diversité des plantes et des animaux est très riche.

LE GRAND PANDA
On estime qu'il y a seulement un peu plus d'un millier de pandas en Chine et au Tibet. Il y en a environ 100 dans les zoos.

LA BALEINE
Depuis 1986, il est interdit de tuer les baleines pour les vendre. Cependant, certains pays continuent de pêcher les baleines parce que leur viande est très appréciée.

LES ÉLÉPHANTS ET LES RHINOCÉROS
Les éléphants et les rhinocéros ont été pourchassés et tués par des bandits pour leurs défenses en ivoire. Cette matière est utilisée pour fabriquer des bijoux et des sculptures. En 1989, la majorité des pays ont signé un accord pour interdire le commerce de l'ivoire.

5 Les 3 R

Complète le texte avec les mots dans la case.
Exemple: 1 c (consommer)

Voici trois règles importantes:

1 Réduire:	il faut moins …(1)… – comme ça il y aura moins de déchets.
2 Réutiliser:	il faut réutiliser un article …(2)… fois avant de le jeter dans …(3)… .
3 Recycler:	il faut recycler le verre, …(4)…, le plastique et le métal. Il ne faut pas …(5)… jeter dans la même poubelle, il faut trier les déchets et mettre les articles …(6)… dans le bon conteneur.

a le papier   b recyclables   c consommer
d plusieurs   e la poubelle   f tout

DOSSIER-LANGUE

il faut + infinitive

- The expressions *il faut* and *il ne faut pas* are used to say what should or should not happen. They can be translated in different ways in English, e.g. 'it is (not) necessary', 'you must (not)', 'you should (shouldn't)', 'you (don't) have to', 'you (don't) need to', etc.

- They are usually followed by the infinitive of another verb.

6 Que peut-on faire?

a *Complète les phrases avec* **Il faut** *ou* **Il ne faut pas**.
b *Choisis trois phrases et traduis-les en anglais.*

1 … améliorer les transports en commun.
2 … augmenter les tarifs.
3 … continuer à construire de nouvelles routes.
4 … interdire les voitures au centre-ville, sauf pour les personnes handicapées.
5 … conserver de l'énergie.
6 … laisser la télé allumée quand on ne la regarde pas.
7 … polluer l'air avec la production de l'énergie.
8 … trouver des méthodes plus propres pour produire de l'énergie.
9 … conserver l'eau.
10 … laisser couler l'eau du robinet quand on se brosse les dents.
11 … chasser les animaux en danger, comme les baleines et les rhinocéros.
12 … protéger les espèces en péril.

7 🎧 À mon avis

Écoute les trois témoignages. Pour chaque personne, trouve deux phrases qui correspondent.

a Il faut nettoyer les lacs et les rivières.
b Il faut recycler le plus possible.
c Il faut réduire la circulation.
d Il ne faut pas polluer l'eau.
e Il ne faut pas abolir les voitures des handicapés.
f Il ne faut pas jeter les piles par terre.

Now you can…
- understand information about environmental problems
- discuss what should and should not be done
- use *il faut* and *il ne faut pas* + infinitive

8.6 L'esprit vert

1 Jeu-test

Est-ce qu'on a l'esprit vert chez toi? Fais ce jeu-test pour le savoir. Réponds: **toujours**, **quelquefois** *ou* **jamais**.

1 Pour conserver de l'électricité, est-ce que tu éteins l'ordinateur ou la télé quand tu fais autre chose?

2 Est-ce que tu éteins la lumière quand tu sors d'une pièce?

3 En hiver, est-ce que tu portes un pull de plus au lieu d'augmenter le chauffage?

4 À la maison, est-ce qu'on trie ses déchets, pour recycler le verre, le papier, le métal et le plastique?

5 Est-ce qu'on composte les matières organiques au lieu de les jeter à la poubelle?

6 Est-ce qu'on utilise des lampes à basse consommation qui utilisent moins d'énergie?

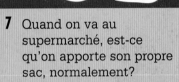

7 Quand on va au supermarché, est-ce qu'on apporte son propre sac, normalement?

8 Pour de petits voyages, est-ce qu'on laisse la voiture à la maison pour partir à vélo, à pied ou en transport en commun?

Compte tes points!

toujours: 3 points   quelquefois: 2 points   jamais: 0
(Question 4: compte 1 point de plus pour chaque matériel recyclé.)

18 +   Bravo! Tu fais un grand effort pour l'environnement.
12 +   C'est pas mal. Continue à faire un effort.
8 ou moins   Encore un peu d'effort. Chacun doit faire sa part.

2 À toi!

À discuter *Discutez de ces questions à deux.*
À écrire *Écris quelques phrases sur la protection de l'environnement. Réponds à ces questions:*

– Qu'est-ce que le gouvernement doit faire pour protéger l'environnement?
– Qu'est-ce que les individus peuvent faire?
– Qu'est-ce que tu fais, personnellement, pour protéger l'environnement?
– Qu'est-ce que tu feras à l'avenir?

Pour t'aider

Le gouvernement doit …
À mon avis, il faut …
    améliorer les transports en commun.
    décourager/interdire les voitures au centre-ville.
    créer des pistes cyclables.
Les gens doivent …
    prendre le bus/le métro/le train pour aller au centre-ville.
    conserver l'énergie.
Moi, je fais du recyclage/je vais en ville à pied/j'essaie de conserver l'énergie.
À l'avenir, je vais …
    apporter mon propre sac quand je fais des achats.
    essayer de conserver l'énergie.
    faire du recyclage.

Now you can …

● say what you and others (must) do to protect the environment

SOMMAIRE

Now you can ...

● **understand information about an area or country**

la côte	coast	**les pays**	
l'équateur (m)	equator	l'Allemagne (f)	Germany
un fleuve	river	la Belgique	Belgium
une forêt	forest	l'Espagne (f)	Spain
francophone	French-	la France	France
	speaking	la Grèce	Greece
une île	island	l'Irlande (f)	Ireland
un lac	lake	l'Irlande du	Northern
loin	far	Nord (f)	Ireland
la mer	sea	l'Italie (f)	Italy
la montagne	mountain	la Suisse	Switzerland
l'océan (m)	ocean	l'Angleterre (f)	England
un pays	country	l'Écosse (f)	Scotland
une plage	beach	le Royaume-Uni	UK
plat	flat	le pays de Galles	Wales
		les Pays-Bas (m pl)	Netherlands

les continents

l'Afrique (f)	Africa	le Canada	Canada
l'Amérique (f)	America	le Maroc	Morocco
l'Antarctique (f)	Antarctic	le Sénégal	Senegal
l'Asie (f)	Asia	les États-Unis	USA
l'Australie (f)	Australia	(m pl)	
l'Europe (f)	Europe		

● **use the pronouns** *me*, *te*, *nous* **and** *vous* (see also page 109)

Ça t'intéresse?	Does that interest you?
Viens me voir.	Come and see me.

● **talk about towns and villages**

C'est ...	It's ...
une grande ville	a large town
une ville moyenne	a medium-sized town
une petite ville	a small town
un village	a village
à la campagne	in the country
à la montagne	in the mountains
sur la côte	on the coast
près de ...	near ...

● **say where a place is situated**

dans le nord	in the north	dans l'ouest	in the west
dans le sud	in the south	au centre	in the centre
dans l'est	in the east		

● **talk about your town and area**

une bibliothèque	library
une cathédrale	cathedral
un château	castle, stately home
une gare (routière)	(bus) station
un hôtel de ville	town hall

un marché	market
un musée	museum
un office de tourisme	tourist office
un centre sportif/un complexe sportif	sports centre
un parc (d'attractions)	(theme) park
une patinoire	ice rink
une piscine	swimming pool
une piste de ski artificielle	dry ski slope
un stade	stadium
une station-service	petrol station
un théâtre	theatre
une zone/rue piétonne	pedestrian precinct/street
à ... kilomètres de ...	... kilometres from ...
près de ...	near ...
une ville touristique/industrielle	a tourist/industrial town
un quartier	district
Il n'y a rien à faire.	There's nothing to do.
Ça me plaît, comme ville.	I like it as a town.
À mon avis, c'est trop tranquille ici.	I think it's too quiet here.
On a besoin d'un cinéma.	We need a cinema.

● **use the verb** *devoir* **to say that you 'have to' or 'must' do something** (see page 112)

● **understand information about the environment**

un arbre	tree
augmenter	to increase
la circulation	traffic
le climat	climate
la couche d'ozone	ozone layer
les déchets (m pl)	rubbish
les dégâts (m pl)	damage
l'effet de serre (m)	greenhouse effect
une espèce	species
éteindre	to switch off
un incendie	fire
une inondation	flood
une marée noire	oil slick
la pluie	rain
polluer	to pollute
polluant	polluting
une poubelle	dustbin
le recyclage	recycling
les transports en commun (m pl)	public transport
trier	to sort (e.g. rubbish)
une usine	factory

● **use** *il faut* **and** *il ne faut pas* **+ infinitive** (see also page 116)

Il faut réduire la pollution.	We must reduce pollution.
Il ne faut pas détruire les forêts.	We mustn't destroy the forests.

1 Des jeunes

Complète les textes, puis devine qui est-ce? C'est un des jeunes qui cherche des correspondants à la page 6.
Exemple: 1 *elle danse*

1 Le week-end, elle … (**1** danser), elle … (**2** regarder) des films et elle … (**3** surfer) sur Internet.
Elle … (**4** dessiner) et elle … (**5** écouter) de la musique. Elle … (**6** jouer) du piano. Elle … (**7** aimer) aussi lire, écrire et rencontrer des jeunes. Son anniversaire … (**8** être) en novembre.

2 Elle … (**1** habiter) en Suisse. Elle … (**2** être) très sportive. Elle … (**3** pratiquer) la natation, le ski et le roller et elle … (**4** jouer) au tennis.
Elle … (**5** commencer) à faire du skate. Elle … (**6** parler) français, anglais, et un peu d'allemand.

3 Il … (**1** avoir) 15 ans et il … (**2** habiter) une grande ville française. Il … (**3** être) assez grand. Il … (**4** rechercher) des correspondants allemands et anglais. Il … (**5** parler) allemand et anglais un peu, mais il n' … (**6** être) pas fort en langues. Il … (**7** aimer) les jeux électroniques. Le week-end, il .. (**8** regarder) des films au cinéma ou en vidéo.

4 Il … (**1** habiter) en Afrique du nord. Il … (**2** avoir) 14 ans. Il … (**3** parler) arabe et français. Il … (**4** adorer) le sport. Il … (**5** pratiquer) la natation et la planche à voile et il … (**6** jouer) au foot et au basket. Il … (**7** utiliser) un ordinateur au collège et il … (**8** regarder) souvent les sites sur le sport.

2 Des animaux

Complète les mots avec des voyelles et écris l'anglais.
Exemple: 1 _u_ n _o i s e a u_ bird

1 _n _ _ s _ _ _

2 _n c h _ t

3 _n c h _ _ n

4 _n l _ p _ n

5 _n_ s _ _ r _ s

6 _n c h _ v _ l

7 _n p _ _ s s _ n

8 _n_ p _ r r _ c h _

9 _n_ t _ r t _ _

10 _n s _ r p _ n t

3 Français–anglais

Trouve les paires.
Exemple: 1 *b*

1	bavard	**a**	*red-haired*
2	joli	**b**	*talkative*
3	marron	**c**	*shy*
4	moyen	**d**	*pretty*
5	paresseux	**e**	*nice*
6	roux	**f**	*brown*
7	sympa	**g**	*lazy*
8	timide	**h**	*average*

4 Des détails personnels

Copie la fiche et écris:
a *tes détails personnels*
b *les détails de quelqu'un que tu connais bien.*

1	Âge	
2	Anniversaire	
3	Yeux	
4	Cheveux	
5	Famille	
6	Couleur préférée	
7	Animal préféré	
8	Sports pratiqués	

5 Des mots en groupes

a *Trouve le mot qui va avec chaque groupe.*

court un chien le volley écouter la mère jaune se disputer

b *Ajoute un autre mot à chaque groupe.*
Exemple: 1 le père, la sœur, le frère, *la mère,*
la grand-mère

1 le père, la sœur, le frère, …
2 vert, bleu, rouge, …
3 un cheval, un lapin, une souris, …
4 le basket, le judo, le tennis, …
5 jouer, travailler, regarder, …
6 petit, grand, long, …
7 se lever, se coucher, se relaxer, …

Des jeunes francophones unité 1

1 La vie de famille en France et au Sénégal

Lis les phrases et devine si c'est vrai (V) ou faux (F).

a En France

1 Les femmes sont plus âgées que les hommes au premier mariage.
2 Chaque année, il y a un divorce pour deux mariages.
3 Une famille qui est composée d'un seul adulte et des enfants s'appelle une famille monoparentale.
4 Plus de deux millions d'enfants vivent dans une famille monoparentale ou une famille recomposée (avec des demi-frères et des demi-sœurs.)
5 Il y a plus d'animaux domestiques que d'enfants à Paris.

b Au Sénégal

1 Comme dans beaucoup de pays d'Afrique, un homme peut avoir plusieurs femmes.
2 Pour avoir deux femmes ou plus, un homme doit avoir plus de 40 ans.
3 Dans une famille moyenne, il y a deux ou trois enfants.
4 Les familles sont souvent très grandes, avec environ huit enfants.
5 On dit souvent 'vous' à ses parents, même si on s'entend bien avec eux.

Solution: page 143

3 Des questions

*Relis **Une petite sœur dans le même collège**, à la page 10, et réponds aux questions.*

1 Quel est le problème de Sophie? (Sa petite sœur …)
2 Quand est-ce que Lucie cherche Sophie?
3 Quelle est la réaction des parents?
4 Est-ce que Mathieu trouve que c'est un problème grave?
5 À son avis, qu'est-ce qu'il faut faire? (Il faut …)
6 Pourquoi est-ce que Corinne écrit? (Parce qu'elle a …)
7 À ton avis, qui est plus sympathique, Corinne ou Sophie?

5 Des phrases

Invente une phrase pour chaque image. Pour t'aider, regarde les verbes pronominaux (reflexive verbs) dans le Sommaire, à la page 17.

2 On se relaxe

Complète les phrases.
*Attention! Les verbes en rouges sont irréguliers. Pour t'aider, consulte **Les verbes** aux pages 158–160.*
Exemple: 1 Moi, je **parle** à mes amis.

Pour un sondage récent, on a demandé aux jeunes: Qu'est-ce que vous faites pour vous relaxer? Voici des réponses.

1 Moi, je … à mes amis. (parler)
2 Beaucoup de jeunes … de la musique. (écouter)
3 Je … dans ma chambre. (aller)
4 Mon frère … un livre. (lire)
5 Mes amis … du sport. (faire)
6 Je …, je … une promenade. (sortir/faire)
7 Mes sœurs … la télé. (regarder)
8 Quelquefois, je … de la guitare. (jouer)
9 Nous … sur Internet. (surfer)
10 J'… des messages à mes amis. (écrire)

4 C'est pareil en français

Beaucoup de mots sont pareils, ou presque pareils, en français. Quelquefois, la prononciation est un peu différente. Voici quelques exemples:

une image   un site Web   un groupe   la musique

Trouve cinq autres exemples. (Pense à des sports, des transports, des fruits, etc.)

1 Des dessins

Complète les bulles avec la forme correcte du verbe.
Exemple: 1 *Je remplis*

Ça va, maman.
Je … le verre.
(remplir)

Tu … bientôt?
(finir)

Elle … facilement.
(rougir)

Nous … des
baskets. (choisir)

Vous … .
Qu'est-ce qu'il y a?
(pâlir)

Ils … ,
tes chiens. (grandir)

2 Des conversations

Complète les conversations.
Exemple: 1 *Tu attends, Elle perd*

1 – Tu … ta sœur? (attendre)
– Oui, elle cherche son cahier. Elle … toujours quelque chose. (perdre)
2 – Est-ce que vous … des timbres ici? (vendre)
– Non, désolé, mais on … des timbres au tabac en face. (vendre)
3 – Vous … vos enfants? (attendre)
– Oui, ils … à leurs emails. (répondre).
Ils … avec beaucoup de jeunes sur Internet. (correspondre)
4 – Nous … ici? (descendre)
– Oui, tout le monde … ici, c'est le terminus. (descendre)
5 – Tu m'… ? (entendre)
– Non, j'… très mal. Parle un peu plus fort. (entendre)
6 – Tu … quelqu'un? (attendre)
– Oui, j'… mes amis. (attendre). Ils … des livres à la bibliothèque. (rendre)

3 Au contraire

Trouve les contraires.
Exemple: 1 *h*

1	grand	**a**	blanc
2	noir	**b**	court
3	frisé	**c**	dernier
4	long	**d**	difficile
5	vieux	**e**	impatient
6	premier	**f**	jeune
7	bon	**g**	mauvais
8	actif	**h**	petit
9	facile	**i**	paresseux
10	patient	**j**	raide

4 Des descriptions

a Écris l'adjectif au féminin.
Exemple: 1 une promenade *fatigante*

1 un sport fatigant   une promenade …
2 un homme sportif   une femme …
3 un livre ennuyeux   une histoire …
4 un garçon paresseux   une fille …
5 un pull cher   une robe …

b Écris l'adjectif au masculin. Attention! Ces adjectifs sont irréguliers.
Exemple: 1 le *vieux* quartier

1 la vieille ville   le … quartier
2 une très longue conversation   un très … message
3 une nouvelle chanson   un … film
4 une belle photo   un … cadeau
5 une bonne idée   un … repas

c Écris l'adjectif au pluriel.
Exemple: 1 des enfants *égoïstes*

1 un enfant égoïste   des enfants …
2 un animal curieux   des animaux …
3 une fille gentille   des filles …
4 une personne généreuse   des personnes …
5 une souris blanche   des souris …

5 Je n'aime pas entendre ça!

Voici des choses qu'on n'aime pas entendre. À ton avis, est-ce que c'est un parent (**p**) ou un adolescent (**a**) qui parle?
Exemple: 1 *a*

1 Je m'ennuie. Qu'est-ce que je peux faire?
2 Tu passes trop de temps sur l'ordinateur.
3 Range ta chambre, s'il te plaît.
4 Je peux regarder ce film qui commence à onze heures ce soir?
5 Tu fais tes devoirs?
6 Je vais faire mes devoirs plus tard.
7 Tu te lèves, enfin?
8 Tu peux laver ce pantalon pour ce soir?
9 C'est à la mode, les jeans comme ça?
10 Mais tous mes amis ont ça.

1 En ville

Complète les mots avec des voyelles et écris l'anglais.

Exemple: 1 l e m u s é e – museum

1 l _ m _ s _ _
2 l _ f l _ _ v _
3 l _ c _ t h _ d r _ l
4 _ n m _ n _ m _ n t
5 l _ m _ r c h _
6 l _ p l _ c _
7 l' _ l _
8 l _ j _ r d _ n p _ b l _ c
9 l' _ g l _ s _
10 _ n _ _ v _ n _ _

2 Qu'est-ce qu'on a fait?

*Trouve la bonne partie du verbe **avoir**.*

Exemple: 1 on a regardé

1 Hier, on … (ai/a/ont) regardé un bon film à la télé.
2 Nous … (avez/ont/avons) visité un musée moderne.
3 Qu'est-ce que tu … (as/a/ai) fait à midi?
4 Moi, j'… (avez/as/ai) mangé à la cantine.
5 Ma sœur … (a/as/ont) pris un sandwich, comme d'habitude.
6 Vous … (avons/avez/ont) vu le nouveau stade?
7 Mes parents … (avons/avez/ont) pu voir un concert, la semaine dernière.
8 En été, David … (as/a/ai) voyagé en avion pour la première fois.

3 Le journal d'Audrey

Audrey écrit un journal sur son voyage à Paris. Complète les détails. Pour t'aider, regarde les cartes postales à la page 23.

Exemple: 1 Nous *avons pris*

avons visité	avons pris	avons fait	a voyagé
a acheté	a pu	a visité	a pris	a fait

SAMEDI. . . . .

Nous …(**1**)… le TGV de Genève à Paris.
L'après-midi, nous …(**2**)… une promenade en bateau sur la Seine. On …(**3**)… voir beaucoup de monuments.

DIMANCHE. . . . .

Nous …(**4**)… la Tour Eiffel. C'était impressionnant.
L'après-midi, on …(**5**)… les égouts. On …(**6**)… en bateau. C'était intéressant.

LUNDI. . . . .

On …(**7**)… le funiculaire jusqu'au Sacré-Cœur.
Le soir, on …(**8**)… une excursion en car.

MARDI. . . . .

Nous …(**9**)… le métro à La Défense, où nous …(**10**)… la Grande Arche.

4 Jeu de définitions

*Choisis la bonne partie du verbe **être**, puis réponds aux questions.*

Exemple: 1 Il *est*

1 C'est un monument très célèbre.
Il …(**a**)… (êtes/est/sont) en fer. Il …(**b**)… (est/sont/es) très haut. Il …(**c**)… (es/êtes/est) situé près de la Seine. Qu'est-ce que c'est?
2 C'est une cathédrale très célèbre.
Elle …(**a**)… (es/sommes/est) située sur une île, l'île de la Cité, au milieu de la Seine. Qu'est-ce que c'est?
3 Vous …(**a**)… (est/êtes/es) sur une très grande place, à Paris. Les Champs-Élysées …(**b**)… (sont/suis/sommes) à votre droite. L'Obélisque …(**c**)… (êtes/suis/est) juste en face de vous. Où …(**d**)… (êtes/es/sommes)-vous?
4 Je …(**a**)… (sont/sommes/suis) devant un très grand musée à Paris. Les tableaux qui …(**b**)… (sont/sommes/suis) dans ce musée …(**c**)… (sommes/sont/êtes) connus de tout le monde. Je ne …(**d**)… (sont/suis/sommes) pas très loin d'une très grande place, la Place de la Concorde. Où …(**e**)… (suis/sommes/sont)-je?

5 Complète les phrases

Regarde les images et complète les phrases avec le bon participe passé.

Exemple: 1 Il est *venu* en avion.

descendue	partis	restées	sortie	tombé	venu

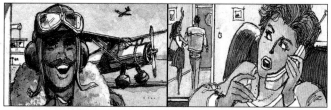

1 Il est … en avion.

2 Je regrette, elle est déjà … .

3 Elles sont … à la maison.

4 Luc est … d'un cheval.

5 Elle est … en parachute.

6 Nous sommes … silencieusement.

1 🎧 Un jeu sur Paris

a *Voici les questions qu'on va poser aux concurrents d'un jeu sur Paris. Peux-tu répondre aux questions?*

Comment s'appelle …

1 le monument construit en métal, qui est très célèbre et qui est très haut?
2 la cathédrale de Paris, située sur l'île de la Cité?
3 le grand musée à Paris, qui était autrefois un palais royal?
4 l'église qui est toute blanche et qui est construite sur une colline à Montmartre?
5 la plus grande et la plus célèbre avenue à Paris?
6 le monument énorme, qui se trouve dans le quartier de La Défense et qui ressemble à un cube gigantesque?

b *Maintenant, écoute l'émission. Quelles sont les bonnes réponses?*

2 Ma journée

a *Écris une petite description d'une journée scolaire de la semaine dernière, mais n'indique pas quel jour.*

> **Pour t'aider**
>
> J'ai quitté la maison à …
> Les cours ont commencé à …
> Le matin, on a eu …
> Pendant la pause-déjeuner, j'ai mangé …
> L'après-midi, on a eu …
> Les cours ont fini à …

b *Maintenant, échange ta description contre celle d'un(e) camarade et essaie de deviner le jour décrit.*
Exemple: *C'était lundi.*

3 Le dimanche de Vincent et Sophie

Fais une petite description du dimanche dernier de Vincent et de Sophie. Les questions donnent des idées.
Exemple: *Dimanche dernier, Vincent et Sophie ne sont pas allés au collège. Ils …*

> **Pour t'aider**
>
> Est-ce qu'ils sont allés au collège?
> Ils sont restés au lit jusqu'à quelle heure?
> Quand est-ce qu'ils sont descendus?
> L'après-midi, où sont-ils allés?
> À quelle heure sont-ils partis?
> Quand sont-ils rentrés?

4 🎧 Questions et réponses

a *On a interviewé Vanessa Dupont, championne belge de tennis junior. Complète les questions avec le passé composé des verbes.*
Exemple: 1 vous *avez fait*

1 Qu'est-ce que vous … … pour vous préparer au championnat? (faire)
2 À quel âge …-vous … à jouer au tennis? (commencer)
3 À quel âge …-vous … le premier championnat junior? (gagner)
4 …-vous … en Amérique? (aller)
5 …-vous … l'Australie? (visiter)
6 …-vous … au championnat junior de Wimbledon? (participer)
7 Pourquoi …-vous … de vivre à Nice? (décider)

b *Trouve les réponses.*
Exemple: 1 *c*

a J'ai gagné le premier championnat junior à l'âge de douze ans.
b Oui, j'ai participé au championnat junior de Wimbledon l'année dernière.
c Pour me préparer, j'ai joué au tennis tous les jours, pendant six heures.
d J'ai décidé de vivre à Nice parce que j'adore le soleil.
e Oui, je suis allée en Amérique.
f J'ai commencé à jouer au tennis à l'âge de six ans.
g Non, je n'ai pas visité l'Australie.

c *Écoute pour vérifier.*

1 Au téléphone

Regarde les images et les bulles. Qui a dit quoi?
Exemple: 1 i

1 (Les enfants sont partis!)
2 (Les filles sont parties!)
3 (Nous sommes arrivés!)
4 (Nous sommes arrivées!)
5 (Mon frère est tombé.)
6 (Ma sœur est tombée.)
7 (Je suis descendu.)
8 (Je suis descendue.)
9 (Je suis arrivé!)
10 (Je suis arrivée!)

2 🎧 Une visite à Paris

a *Pierre et Luc discutent d'une visite à Paris. Quelle est la bonne réponse à chaque question?*
1 Où êtes-vous allés en voyage scolaire?
2 Comment avez-vous voyagé?
3 Combien de professeurs ont accompagné le groupe?
4 Pour le déjeuner, avez-vous pris un pique-nique?
5 Qu'est-ce que tu as surtout aimé à Paris?
6 À quelle heure êtes-vous rentrés au collège?

a Nous avons voyagé en car.
b J'ai surtout aimé la promenade en bateau mouche – c'était fantastique.
c Nous sommes allés à Paris.
d Nous sommes rentrés vers dix-sept heures.
e En tout, quatre profs ont accompagné notre groupe.
f Non, nous avons mangé au café. C'était bon.

b *Écoute pour vérifier.*

3 Des questions brouillées

Peux-tu débrouiller les questions?
Exemple: 1 *Qu'est-ce que tu as fait aujourd'hui?*
1 fait as Qu'est-ce que aujourd'hui tu ?
2 êtes-vous en vacances Où allés ?
3 Paris à de temps Combien passé as-tu ?
4 aimé surtout tu as Qu'est-ce que ?
5 déjeuné Où avez-vous ?
6 avez-vous Comment voyagé ?
7 est allé Qui à Disneyland Paris ?
8 est-il ici venu Pourquoi ?

4 Une visite à la Villette

Complète le journal d'Audrey.
Exemple: 1 nous *sommes allés*

avons voyagé   avons regardé   avons visité
sommes allés   avons vu   sommes rentrés
sommes montés   avons déjeuné   sommes entrés

JEUDI

Aujourd'hui, nous …(1)… à la Villette. Nous …(2)… en métro. Le matin, nous …(3)… la Cité des sciences. C'est un grand centre de sciences et de technologie avec beaucoup d'expositions. Nous …(4)… dans un avion, puis nous …(5)… une exposition sur l'espace. Ensuite, nous …(6)… dans l'Argonaute, un vieux sous-marin. Nous …(7)… au café Croq'cité. L'après-midi, nous …(8)… un film à la Géode, un cinéma avec un très grand écran. Nous …(9)… à l'hôtel à 19 heures.

5 Une journée récente

Complète les phrases.
Exemple: 1 *Claire est allée à la bibliothèque*

Le matin, Claire …(1)… , Ibrahim …(2)… , mais Sophie …(3)… .

L'après-midi, Claire et Ibrahim …(4)… et Sophie …(5)… .

Le soir, Claire et Sophie …(6)… , mais Ibrahim …(7)… .

Claire

10h30	aller à la bibliothèque
14h	aller à la piscine
20h	aller au cinéma

Ibrahim

10h	aller au stade
14h	aller à la piscine
20h	partir en vacances

Sophie

11h30	rester au lit!
14h	sortir avec le chien
20h	aller au cinéma

1 💻 Jeu de mots

Regarde les pages 34–35 et complète les expressions suivantes avec des voyelles. Elles sont toutes utiles pour parler de quand on fait quelque chose.

Exemple: 1

ch*a*q*u*e s*e*m*a*i*n*e

1 ch_q_ _ s_m_ _ n_
2 ch_q_ _ s_m_d_ s_ _ r
3 s_ _ v_n t
4 q_ _l q_ _ f_ _ s
5 t_ _j_ _ rs
6 t_ _ s l_ s j_ _ rs
7 t_t_ l'_nn_ _
8 d_ _ x f_ _ s p_r _ n
9 r_g_l_ _ r_m_n t
10 d_ _ x f_ _ s p_r
   s_m_ _ n_

2 L'ABC des loisirs

Regarde bien cette liste de loisirs pour 21 des lettres de l'alphabet.

a Ferme le livre et essaie de dire ou d'écrire le nom d'un loisir pour des lettres différentes, en commençant avec A, B, C etc. Combien de loisirs est-ce que tu peux trouver?

b Regarde la liste encore. Peux-tu trouver quatre sports, quatre activités musicales, quatre activités d'atelier et quatre activités d'intérieur?

l'astronomie, l'athlétisme
le badminton, le ballet, le bricolage
la chorale, le cinéma, la couture, la cuisine, le cyclisme
la danse
les échecs, l'escalade, l'escrime
le football
le golf, la gymnastique
le handball, le hockey
l'informatique
le jardinage, le jazz, les jeux de société, le judo

le karaté
la lecture
la musique
la natation, la nature
l'opéra, l'orchestre
le patin à roulettes, le patinage, la peinture, la photo, la poterie
la randonnée, le rugby
le shopping, le ski
le tennis, le théâtre, le trampoline
la voile, le volleyball
le yoga

3 Il y a cinq ans

Choisis la forme correcte du verbe à l'imparfait.
Exemple: 1 j'habitais

1 Il y a cinq ans, j'…(habitais/habitait/habitaient) à la campagne.
2 Mon père … (travaillais/travaillait/travaillaient) aux États-Unis.
3 Chaque été, nous … (allais/allions/alliez) au Québec.
4 Mes parents …(était/étions/étaient) avec nous.
5 On … (regardais/regardait/regardiez) souvent des dessins animés à la télé.
6 Ma mère … (jouait/jouions/jouaient) souvent du piano.
7 Est-ce que vous … (avais/avait/aviez) des cours de musique?
8 Que … (faisais/faisiez/faisaient)-tu il y a cinq ans?

4 Maintenant ou autrefois?

Lis les phrases et décide si c'est maintenant (M) ou autrefois (A).
Exemple: 1 M

1 J'habite un appartement à Calais.
2 Il y avait un grand jardin.
3 Nous n'avons pas de jardin.
4 Ma chambre était assez grande.
5 Je n'avais pas d'ordinateur dans ma chambre.
6 Mes parents choisissaient mes vêtements.
7 Je choisis mes propres vêtements.
8 Nous habitions une maison près de Rennes.
9 Mon collège est intéressant.
10 On allait à l'école primaire.

5 Un commentaire

Lis le commentaire et les phrases. Écris vrai (V), faux (F) ou pas mentionné (PM).

1 *Harry Potter à l'École des Sorciers* est le dernier livre de la série.
2 Harry Potter a 11 ans dans ce livre.
3 L'école des sorciers s'appelle Poudlard en français.
4 Le livre n'est pas du goût de Nadine.
5 Selon l'avis de Nadine, le film est plus intéressant.
6 Le personnage principal s'appelle Nadine.
7 Selon Nadine, Harry Potter est assez sympa.
8 Il n'y a pas assez d'action dans le jeu vidéo.

Harry Potter à l'École des Sorciers est le premier livre de la série *Harry Potter*. C'est l'histoire d'un garçon de onze ans qui est sorcier. Ça se passe dans une école pour sorciers en Grande-Bretagne. Harry et les autres élèves ont beaucoup d'aventures.

Moi, je n'aime pas tellement le livre parce que ce n'est pas de mon goût. Je trouve que c'est ennuyeux. Le personnage principal est assez sympa, mais je déteste les histoires d'école.

Je préfère le jeu vidéo. C'est super parce qu'il y a beaucoup d'action.

Nadine S., Paris

Ça me passionne unité 3

1 Enquête 7–14–21

Écris le verbe en français.
Exemple: 1 j'adorais

On a interviewé des jeunes à l'âge de 7 ans. Maintenant, ils ont 14 ans et on leur a demandé, 'Comment la vie a-t-elle changé pour toi?'.

Magali
Autrefois, j'… (**1** *used to like*) les bonbons et les chips, mais maintenant, je mange les choses qui sont meilleures pour la santé.

Robert
J'… (**2** *used to listen to*) la musique classique et je … (**3** *used to read*) beaucoup. C'est toujours comme ça – mes goûts n'ont pas changé!

Anne et Sandrine
Avec notre argent de poche, nous … (**4** *used to buy*) des jouets ou des bonbons. Maintenant, nous achetons surtout des vêtements et des CD.

Grégoire
Mon frère et moi, nous … (**5** *used to be*) de petits garçons très sérieux. Nous … (**6** *used to have*) les cheveux très courts et nous … (**7** *didn't (used to) like*) la musique pop. Maintenant, nous avons les cheveux longs et nous jouons dans un groupe très moderne!

Sébastien
À l'âge de sept ans, j'… (**8** *used to be*) enfant unique, mais je … (**9** *didn't (used to) like*) ça et je … (**10** *used to want*) des compagnons. Maintenant, j'ai deux petites sœurs et un chien – la vie a vraiment changé!

Élise
Il y a sept ans, mes grands-parents … (**11** *used to live*) dans le Midi et il … (**12** *used to be*) beau la plupart du temps, mais maintenant, ils habitent dans le nord-est – c'est très différent!

2 💻 Autrefois

Tu as changé de collège. Combien de phrases correctes peux-tu faire en dix minutes?
Exemple: *Maintenant, je sors souvent, tandis qu'autrefois, je sortais moins souvent.*

Ici, Aujourd'hui, Maintenant, Récemment,	il y a … , j'aime … , j'ai …, je vais … , je sors souvent,	tandis qu' mais par contre, d'autre part,	autrefois, à l'autre école,	je n'y allais pas. je sortais moins souvent. il n'y avait pas ça. je n'aimais pas ça. je n'avais pas ça.

3 Invente des phrases

Combien de phrases correctes peux-tu faire?
Exemples: *Le TGV est le train le plus rapide du monde.*
La Loire est le fleuve le plus long de France.

Le TGV Concorde Le Mont Blanc La Tour Eiffel Le Québec Toronto La Loire Paris L'Everest Le Sahara Le Pacifique	le train la montagne le monument la province la ville le fleuve le désert la mer l'avion	rapide long haut célèbre grand	du monde de France du Canada

4 Ce n'était pas de ma faute!

Complète les bulles avec le verbe correct dans la case et choisis la bonne bulle pour chaque image.
Exemple: 1 e Ce n'*était* pas de ma faute!

était avait croyais voulais pensiez savions

a Mais, je … seulement écrire mon nom.

b Alors, tu … qu'elle était ouverte au public!

c Et vous … qu'il n'y avait plus de bêtes ici.

d Nous ne … pas que la cage était ouverte!

e Ce n'… pas de ma faute!

f Je suis sûr qu'il y … un hôtel par ici!

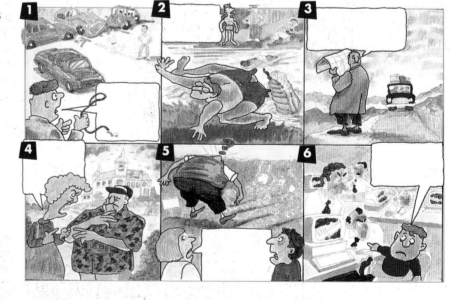

1 Le journal de Christophe

C'est les vacances. Regarde le journal et complète les phrases. Choisis dans la case.
Exemple: 1 *chaque dimanche*

1 Christophe sort avec le chien … .
2 …, il va au cinéma.
3 …, il se lève assez tard.
4 Il joue au football … .
5 …, il va toujours à la piscine.
6 Il regarde un peu la télé … .
7 Il aime faire du vélo et il fait un petit tour … .

chaque dimanche	
deux fois par semaine	
le week-end	
mardi soir	
tous les jours	
trois fois par semaine	
le vendredi matin	

LUNDI	18h ⚽	21h 📺			
MARDI	10h 🚲	14h 📺	19h 🎥		
MERCREDI	14h 🚲	20h 📺			
JEUDI	18h ⚽	21h 📺			
VENDREDI	10h 🏊	18h 📺			
SAMEDI	11h ⏰	13h 🚲	18h 📺		
DIMANCHE	11h ⏰	15h 🐕	20h 📺		

2 🎧 Pour ou contre les régimes?

a *Lis la publicité.*

Beaucoup de Français essaient une régime au moins une fois dans leur vie.
Mais les régimes pour maigrir, est-ce que ça marche vraiment? Est-ce que c'est bon pour la santé?
Dans notre émission, on va parler à Chantal et à Liliane.

LE RÉGIME VITAMINCE, ÇA MARCHE!
Voici le témoignage de Chantal et de Liliane.

Chantal
Avant le régime Vitamince, nous mangions beaucoup trop et nous pesions 86 et 78 kilos.

Liliane
Maintenant, nous mangeons uniquement les choses recommandées par le régime Vitamince et nous pesons 56 et 49 kilos.

Picture used for illustrative purposes.

b *Écoute l'émission, puis choisis les six phrases qui sont vraies et mets-les dans l'ordre de l'interview.*
Exemple: 1

Pendant leur interview, Chantal et Liliane disent que (qu') …
1 Avant le régime Vitamince, elles mangeaient beaucoup trop.
2 Chantal ne mangeait rien, le matin.
3 Elles ne sortaient pas souvent et quelquefois, le week-end, elles ne voyaient personne.
4 Liliane ne mangeait que les choses qui sont mauvaises pour la santé, comme les gâteaux et les frites.
5 Elles n'allaient pas à la piscine, parce qu'elles ne trouvaient pas de maillots de bain à leur taille.
6 Maintenant, elles boivent uniquement du thé au citron et, quelquefois, un peu de vin.
7 Comme elles suivent le régime Vitamince, elles mangent uniquement des choses qui sont bonnes pour la santé et boivent uniquement de l'eau minérale. Elles ne sont plus grosses.
8 Elles buvaient trop aussi, surtout du coca et du chocolat chaud.
9 Chantal mangeait des bonbons, du chocolat et des glaces.
10 Après le régime, elles pèsent quarante-cinq kilos, chacune.

3 Le régime Vitagros

Ce n'est pas toujours bon d'être très mince. Voici l'histoire de deux personnes qui ont fait un autre régime. Remplis les blancs avec les mots dans la case.
Exemple:
1 *nous mangions*

buvions
buvons
avions
avons
pesaient
pèsent
étions
sont
mangions
mangeons

Avant, nous …(**1**)… toujours des salades et des fruits. Nous …(**2**)… faim.

Nous …(**3**)… uniquement de l'eau minérale. Nous …(**4**)… très minces, et très tristes aussi.

Voici Jules et Jérôme. Avant le régime Vitagros, ils …(**5**)… 45 et 42 kilos.

Mais avec le régime Vitagros, nous …(**6**)… bien et nous …(**7**)… beaucoup de coca. Nous n'…(**8**)… plus faim.

Après le régime Vitagros, Jules et Jérôme …(**9**)… 80 et 90 kilos. Ils …(**10**)… gros, mais contents!

1 Je ne suis pas content!

Écris ces phrases à la forme négative.
Exemple: 1 *Je n'ai pas passé une bonne journée.*
1 J'ai passé une bonne journée.
2 J'ai trouvé mon portable.
3 J'ai téléphoné à mes amis.
4 L'ordinateur a marché.
5 J'ai surfé sur Internet.
6 J'ai joué aux jeux en ligne.
7 À midi, j'ai bien mangé.
8 Le soir, j'ai regardé la télé.

2 Les matières que j'aime

Lis l'extrait de la lettre de Daniel. Il aime quelles matières?
Note les quatre bonnes lettres.

> J'aime les sciences, mais je n'aime pas la technologie et je trouve l'anglais difficile. L'histoire, c'est intéressant, mais je trouve le dessin ennuyeux et je n'aime pas l'allemand. Je m'intéresse aussi à la géographie, mais ma matière préférée est les maths.

a l'allemand	**f** l'histoire
b l'anglais	**g** les maths
c le dessin	**h** les sciences
d le français	**i** la technologie
e la géographie	

3 Où vont-ils travailler?

Exemple: 1 *Karima va travailler dans une grande entreprise.*

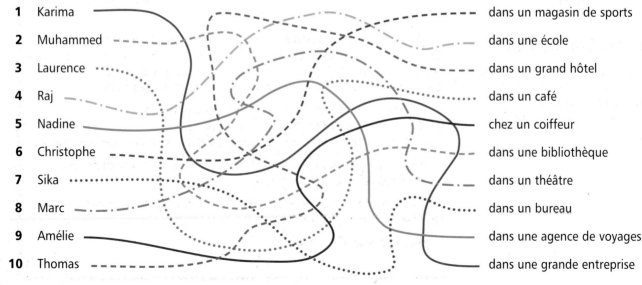

1 Karima	dans un magasin de sports
2 Muhammed	dans une école
3 Laurence	dans un grand hôtel
4 Raj	dans un café
5 Nadine	chez un coiffeur
6 Christophe	dans une bibliothèque
7 Sika	dans un théâtre
8 Marc	dans un bureau
9 Amélie	dans une agence de voyages
10 Thomas	dans une grande entreprise

4 5-4-3-2-1

Trouve: **5** métiers au féminin
4 métiers au masculin
3 expressions qui indiquent le futur
2 matières scolaires
1 endroit où on travaille

le mois prochain

cuisinier

demain

le dessin

dessinatrice

un bureau

facteur

hôtesse de l'air

infirmière

la chimie

instituteur

la semaine prochaine

pharmacienne

technicien

vendeuse

5 Mes projets

Complète les phrases comme tu veux.
1 L'année prochaine, je vais étudier ....(une matière)
2 Je ne vais plus étudier ....(une matière)
3 Pour mon stage en entreprise, je voudrais travailler ....(un lieu de travail)
4 Si possible, je voudrais être ....(une profession)

1 Une journée pas réussie

Réponds pour le touriste.
Exemple: 1 *Je n'ai rien vu.*

1 Qu'est-ce que tu as vu au musée?
2 Tu as acheté beaucoup de souvenirs?
3 Tu as écrit beaucoup de cartes postales?
4 Tu as pris beaucoup de photos?
5 Tu as vu un bon film?
6 Alors, qu'est-ce que tu as fait?

2 Les jeunes parlent aux jeunes

a Lis les extraits, puis écris les initiales de la personne qui correspond.
Exemple: 1 *L (Laure)*

1 Elle accepte que les maths est une matière importante, mais elle n'est pas forte en maths.
2 Elle a des amis qui l'aident avec ses devoirs de maths.
3 Il prend des cours supplémentaires en maths.
4 Son père l'aide avec ses devoirs.
5 Elle va à une nouvelle école avec un uniforme scolaire.
6 Elle ne veut pas s'habiller comme les autres.
7 À son avis, les contrôles peuvent être utiles.
8 Il pense que les élèves doivent avoir trop de contrôles.

b Tu es d'accord ou pas d'accord avec qui? Pourquoi?

Les jeunes parlent aux jeunes

Je suis nulle en maths

Je suis nulle en maths. J'essaie de faire un effort, mais je trouve ça très difficile et souvent je n'y comprends rien. Je sais que c'est une matière importante, mais même si je travaille beaucoup, j'ai de mauvaises notes. Le prof n'est pas content, mais je ne sais pas ce que je peux faire de plus.
Laure

Tu es comme moi, tu n'as pas compris les exercices. Cette année, j'ai un prof qui n'explique pas bien et, en plus, je ne suis pas forte en maths, mais mon père m'aide beaucoup. Et on s'entraide entre copains. Les explications d'un copain sont souvent plus claires que celles d'un adulte. Alors, si tu ne veux pas parler à ton prof, demande à tes amis de t'aider.
Fatima

Moi aussi je suis nul en maths et cela depuis la 6ème. Je suis maintenant en 3ème et j'ai toujours des difficultés. Mais cette année, je prends des cours de maths en plus avec un étudiant. Tu peux aussi demander à tes parents de te payer des cours particuliers.
Julien

L'uniforme scolaire?

J'ai changé d'école récemment et je dois porter un uniforme maintenant. J'aime bien ça. Je ne passe plus des heures à penser à ce que je vais mettre pour aller en classe.
Cécile

Je suis contre l'uniforme scolaire. Je veux m'habiller comme je veux le matin. Je comprends les gens qui aiment avoir un uniforme, mais je sais que, moi, je ne pourrais jamais aller dans une école comme ça!
Marion

On ne veut plus de contrôles!

Je trouve qu'il y a vraiment trop de contrôles cette année et je n'aime pas ça!
Benoît

D'accord, les contrôles sont barbants, mais c'est un moyen de nous motiver (ou forcer) d'apprendre des choses, comme le vocabulaire. À mon avis, les contrôles sont nécessaires.
Ibrahim

3 Une lettre de Mélanie

*Complète cette lettre avec des verbes au présent, au passé ou au futur proche (**aller** + **infinitif**).*
Exemple: 1 *je vais passer*

Montréal, le 20 avril

Chère Nicole,

Cet été, je ... (**1 passer**) deux mois en France. Est-ce que tu ... (**2 être**) en France cet été aussi? J'... (**3 trouver**) un poste comme au pair à Paris. La famille ... (**4 s'appeler**) Rey. Ce ... (**5 être**) des amis de mon professeur de français.

Les Rey ... (**6 habiter**) dans la banlieue de Paris. M. Rey ... (**7 travailler**) dans l'informatique et Mme Rey ... (**8 être**) pharmacienne. Ils ... (**9 avoir**) deux enfants.

Je ... (**10 partir**) le 5 juillet en avion et je ... (**11 rester**) en France jusqu'au 2 septembre.

La semaine dernière, je ... (**12 aller**) à une grande exposition pour les jeunes. C'était génial.

Alors, à bientôt, j'espère,

Mélanie

1 Jeu de mémoire

Sans regarder la lettre de Pierre à la page 53, trouve les phrases qui sont vraies. (Il y en a six.)

1 Pierre est en troisième.
2 Pierre est en seconde.
3 L'année prochaine, il va aller au lycée.
4 Dans deux ans, il va aller au lycée.
5 Sa matière préférée est les maths.
6 Ses matières préférées sont les langues vivantes.
7 Sa petite amie, Marine, est nulle en maths.
8 Il est nul en maths.
9 Il n'est pas très fort en chimie.
10 Il n'est pas très fort en allemand.
11 Il va laisser tomber le dessin.
12 Il va laisser tomber l'histoire.
13 Plus tard, il va travailler dans le marketing.
14 Il voudrait être professeur d'anglais.
15 Il ne sait pas encore ce qu'il va faire plus tard.

2 Voilà pourquoi

Trouve les paires.

1 Lise veut travailler chez un vétérinaire, parce qu'…
2 Raj va faire son stage dans une école, parce qu'…
3 J'espère travailler dans l'informatique, parce que …
4 Mon ami veut travailler dans un magasin de musique, parce qu'il …
5 L'année prochaine, je voudrais travailler dans une piscine, parce que je …
6 Ma sœur veut travailler à la bibliothèque, parce qu'elle …

a aime lire.
b ça m'intéresse beaucoup.
c elle adore les animaux.
d fais de la natation régulièrement et j'aime ça.
e s'intéresse beaucoup à la musique.
f il aime les enfants.

3 On ne peut pas travailler tout le temps!

Invente des phrases.

a Jette un dé ou écris des numéros au hasard.
Exemple: 1, 3, 5 Ce soir, j'espère lire un livre.

1 Ce soir,	je voudrais	www.
2 Demain,	je vais	
3 Après-demain,	j'espère	
4 Mercredi prochain,	on peut	
5 Plus tard,	nous voulons	
6 La semaine prochaine,	on veut	

b Complète ces phrases au choix.
1 Le week-end prochain, je vais …
2 Le mois prochain, je voudrais …
3 L'année prochaine, on peut …

4 Offres d'emploi

Regarde les offres d'emploi et trouve les réponses.
Exemple: 1 Elle peut trouver du travail à la Banque Américaine.

1 Ta cousine (25 ans) est secrétaire. Elle veut travailler en France. Où peut-elle trouver du travail?
2 Ton oncle travaille chez Vauxhall en Angleterre, mais il veut travailler en France. Il peut demander du travail dans quel garage?
3 Le frère de ton correspondant téléphone au 03 38 24 42 27. Qu'est-ce qu'il fait dans la vie?
4 Les vendeuses aux Galeries Lafayette à Paris …
   – commencent leur travail à … ?
   – finissent leur travail à … ?
   – ne travaillent pas le … ?
5 Un de tes copains veut travailler comme boulanger. Il se présente au 29 av. de Voltaire à quatre heures de l'après-midi. Est-ce qu'il trouve du travail?
6 Ta tante veut travailler à la clinique d'Aulnay. Qu'est-ce qu'elle fait dans la vie?

a Galeries Lafayette
recherchent
POUR SAISON ÉTÉ
VENDEUSES
HORAIRES DE TRAVAIL
9h45 – 15h15
repos lundi
Se présenter 25, rue de la
Chaussée-d'Antin, Paris 9e

b Pour
LEVALLOIS
BOULANGERS
Se présenter
ce jour de 10h à 15h
29, av. de Voltaire

c BANQUE AMÉRICAINE
recherche
SECRÉTAIRE BILINGUE
anglais, 2 à 4 ans d'expérience
Se prés. 1, rue La Fayette

d Agent Renault recherche
MÉCANICIENS
Garage Rembert,
108 avenue de la
République

e INFIRMIÈRES
BON SALAIRE
Clinique d'Aulnay
4 av. de la République

f Recherche TRÈS BON
ÉLECTRICIEN
Pour banlieue NORD
Tel: 03 38 24 42 27

1 Mes prochaines vacances

Écris six phrases au futur.

Exemple: *Je passerai mes vacances en Italie.*

Je	passer mes vacances	à	Paris/Rome/Berlin/…
		en	Écosse/France/Irlande/…
	loger	dans	un grand hôtel/un petit hôtel/…
		chez	des amis/…
	prendre	l'avion/le train/le car/…	
	visiter	les monuments/les marchés/les montagnes/la ville/…	
	manger	des glaces/des pâtes/des frites/…	
J'y	rester	une semaine/dix jours/un mois/…	

2 Vendredi prochain

Trouve les paires.

1 Quand est-ce que vous …
2 Nous …
3 Est-ce qu'on …
4 Ma sœur a un portable, alors elle …
5 Est-ce que tu …
6 Non, je …
7 Est-ce que Jean et Claude …
8 Non, ils …

a finirons à quatre heures.
b rentreras directement à la maison?
c attendra les autres au café?
d joueront aussi?
e téléphonera s'il y a un problème.
f jouerai au badminton.
g prendront le bus en ville.
h sortirez du collège, vendredi prochain?

3 Des vacances de neige

Choisis le bon mot.
1 Nous … (irai/irons/iront) en Suisse.
2 On … (fera/feras/ferez) du ski.
3 J'…(irai/ira/iront) à l'école de ski.
4 Mes amis … (sera/serons/seront) aussi à la montagne.
5 J'espère qu'il y … (aura/aurez/auront) beaucoup de neige.
6 Nous … (ferai/ferons/ferez) du patinage, aussi.
7 Le soir, on … (irai/iras/ira) au café.
8 Ce … (sera/serez/seront) fantastique.

4 Des mots utiles à l'hôtel

Complète les mots avec des voyelles et écris l'anglais.

Exemple: 1 u n e c h a m b r e
a room

1 _ n _ c h _ m b r _ e
2 l _ s _ l l _ d _ b _ _ n s
3 l _ d _ _ c h _
4 l _ l _ t
5 _ n _ n _ _ t
6 l _ c l _ f
7 l _ s _ v _ n
8 _ n _ s _ r v _ _ t t _
9 q _ _ l _ t _ g _ ?
10 l _ s _ _ s - s _ l

5 Des questions et des réponses

Trouve les paires.

1 Qu'est-ce que tu as fait le week-end dernier?
2 Quand est-ce que vous irez à Paris?
3 Est-ce que tu partiras en vacances cet été?
4 Qu'est-ce que tu feras pendant les prochaines vacances?
5 Où est-ce que vous êtes allés l'année dernière?
6 Qu'est-ce que tu fais aujourd'hui?

a Oui, nous irons en Espagne en juillet.
b Nous irons là-bas en août.
c Je passerai une semaine chez mon correspondant en Écosse.
d Je joue sur l'ordinateur et je surfe sur Internet.
e J'ai joué un match de hockey.
f Nous sommes allés aux États-Unis.

1 Une visite à Paris

Tu organises une visite à Paris pour un groupe de touristes. Réponds à leurs questions.
Exemple: 1 *On y va samedi.*

lu.	la Tour Eiffel
mar.	la Cité des Sciences
mer.	le musée du Louvre
jeu.	le château de Versailles
ven.	la Grande Arche
sam.	le Stade de France
dim.	la cathédrale de Notre-Dame

1 Quand est-ce qu'on va au Stade de France?
2 Quand est-ce qu'on va à la Tour Eiffel?
3 C'est quand, la visite au Louvre?
4 Quand est-ce qu'on va à Versailles?
5 Quand est-ce qu'on va à la Cité des Sciences?
6 C'est quand, la visite à Notre-Dame?
7 Est-ce qu'on va à la Grande Arche?

2 L'avenir en questions

Complète les questions avec les verbes au futur.
Exemple: 1 *les écoles continueront, on apprendra*

1 Est-ce que les écoles … (continuer) à exister ou est-ce qu'on … (apprendre) tout sur Internet?
2 On … (vivre) plus longtemps, mais est-ce qu'on … (découvrir) des remèdes contre les maladies?
3 Les gens … (faire) leurs courses sur Internet, alors est-ce qu'il y … (avoir) toujours des magasins?
4 Est-ce que les hommes … (aller) sur la planète Mars?
5 Est-ce qu'on … (pouvoir) passer ses vacances dans l'espace?
6 Est-ce qu'on … (inventer) des voitures plus petites qui … (consommer) moins d'énergie?
7 Est-ce qu'on … (trouver) de nouvelles méthodes pour produire de l'énergie?
8 L'avenir, comment … (être)-t-il?

3 À mon avis

a *Choisis trois questions de **L'avenir en questions** et écris tes réponses. Écris des phrases complètes.*
b *Invente trois prédictions pour décrire la vie au futur.*
Voilà des idées:
Il y aura … des robots pour faire le ménage.
des ordinateurs connectés à Internet dans toutes les gares.
Il sera possible/impossible de … voyager en espace.
etc.

4 On peut toujours espérer!

Qu'est-ce que tu espères va arriver et qu'est-ce que tu espères ne va pas arriver? Écris quatre phrases ou plus.
Exemple: *J'espère qu'on n'aura pas de contrôle. J'espère que je pourrai aller en ville.*

Pour t'aider

pouvoir aller aller	au match/cinéma en disco à la piscine aux magasins	ce week-end demain samedi prochain
faire	de la gymnastique/voile du vélo/roller	
(n') avoir (pas)	de contrôle beaucoup de devoirs	
(ne) faire (pas)	beaucoup d'exercices	

5 Une lettre de Thomas

Complète la lettre avec des verbes au présent, au passé ou au futur.
Exemple: 1 *Je passe*

Cher Benoît,
Je …(1)… (passer) de très bonnes vacances ici.
    Mercredi dernier, j'…(2)…(prendre) l'avion de Genève et Paris à Mathieu et sa mère …(3)… (venir) me chercher à l'aéroport.
    Le week-end dernier, nous …(4)… (aller) au Futuroscope. C'était excellent. Nous …(5)… (voir) beaucoup de films avec des effets spéciaux. J'…(6)…(aimer) le spectacle nocturne aussi.
    Demain, nous …(7)… (aller) à la Tour Eiffel. J'espère qu'il …(8)… (faire) beau. Après-demain, on …(9)… (aller) au Stade de France pour voir un match de football. Je …(10)… (rentrer) en Suisse jeudi prochain.
    À bientôt,
                        Thomas

6 🎧 Des messages téléphoniques

Écoute bien. Tu travailles au bureau d'un parc d'attractions. Le téléphone sonne tout le temps. Écris des messages.
Exemple: 1 *Laurent est malade. Il restera à la maison aujourd'hui.*

	a pris	demain
Laurent	a organisé	au bureau
Nicole	a manqué	malade
Luc	ne passera pas	le train
Suzanne	ira	la visite à Radio Québec (jeudi 10h)
Hélène	est allé(e)	à la maison aujourd'hui
Marc	est	vers 14h00
Il	arrivera	à l'école Jacques Cartier
Elle	restera	à l'hôtel de ville
	téléphonera	les photos pour le journal

1 Une conversation

*Complète les réponses et note les mots qui sont remplacés par **y**.*

Exemple: 1 *J'y vais en bus. (en ville)*

1 – Comment vas-tu en ville normalement?
  – J'… vais en bus.
2 – Comment vas-tu au collège?
  – J'… vais à pied.
3 – Est-ce que vous allez à la piscine avec le collège?
  – Oui, j'… vais chaque mercredi.
4 – Est-ce que ta mère travaille au théâtre depuis longtemps?
  – Oui, elle … travaille depuis deux ans.
5 – Quand est-ce que tu travailles au café?
  – J'… travaille le samedi après-midi.
6 – Il y a un bon film au cinéma. On y va samedi?
  – Oui, je veux bien … aller.

3 Le salon de la jeunesse

Complète les détails de cet événement pour les jeunes. Écris les verbes au futur.

Le salon de la Jeunesse …(1)… (avoir) lieu à Montréal le mois prochain.

Le salon …(2)… (ouvrir) ses portes le 18 avril et …(3)… (continuer) jusqu'au 25 avril.

Au salon, on …(4)… (trouver) des renseignements sur tous les sujets. Chaque jour, il y …(5)… (avoir) un programme différent. Des personnalités célèbres …(6)… (visiter) le salon. On …(7)… (organiser) des quiz, des jeux et des concours. Des musiciens et des groupes …(8)… (donner) des spectacles.

Les jeunes …(9)… (pouvoir) participer aux activités différentes. On espère que tous les jeunes de la région …(10)… (venir) à ce grand événement.

4 Infos-langue

Complète le tableau.

Quand il y aura …,	on dit que le temps sera …
de la neige,	neigeux.
un orage,	1 …
un nuage (ou deux!),	2 …
de la brume, (*mist*)	3 …
Un peu différent:	
de la pluie,	4 pluvi…

2 Pilote de course

Choisis le bon verbe.

Exemple: 1 *Je serai*

– Dis donc, qu'est-ce que tu feras plus tard, toi, dans la vie?
– Je …(**1**)… (suis/serai/seront) pilote de course.
– Pilote de course? Pas mal! Qu'est-ce que tu …(**2**)… (auras/as/as eu) comme voiture?
– Une Williams, bien sûr!
– Est-ce que tu …(**3**)… (gagnes/gagneras/as gagné) beaucoup de courses?
– Moi, gagner beaucoup de courses? Mais …(**4**)… (j'ai gagné/je gagne/je gagnerai) toutes les courses! J'…(**5**)…(ai/aurai/ai eu) les meilleurs mécaniciens du monde et …(**6**)… (je conduirai/je conduis/j'ai conduit) très, très vite: les gens ne …(**7**)…(verront/verra/voient) pas passer ma voiture!
– Bah, ce n'est pas possible!
– Si, avec ma voiture, ce sera possible; j'…(**8**)…(ai/ai eu/aurai) la voiture la plus rapide du monde et …(**9**)… (je suis/j'ai été/je serai) le meilleur pilote du monde.

5 Interview pour un emploi

On cherche une personne pour un centre de vacances. Imagine que tu habites en France et que tu te présentes pour le poste. Choisis la bonne réponse.

Exemple: 1 a *J'habite à Lyon.*

1 Où habitez-vous?
  a J'habite à Lyon.
  b J'ai habité à Lyon.
  c J'habiterai à Lyon.
2 Est-ce que vous travaillez en ce moment?
  a Oui, j'ai travaillé comme professeur.
  b Oui, je travaillerai dans une banque, cet été.
  c Non, je ne travaille pas.
3 Avez-vous déjà fait ce genre de travail?
  a Oui, je travaille comme ingénieur.
  b Oui, je travaillerai dans une école secondaire.
  c Oui, j'ai travaillé dans un camping l'été dernier.
4 Avez-vous beaucoup voyagé en France?
  a Oui, j'irai à Toulouse cet été.
  b Oui, je suis allé(e) à Nice et à Bordeaux.
  c Oui, je voyage souvent aux États-Unis.
5 Qu'est-ce que vous faites comme loisirs?
  a J'ai fait beaucoup de sport, comme le tennis et la natation.
  b Je ferai du sport et j'irai au cinéma.
  c Je fais du sport, surtout de la natation, et j'aime lire.
6 Si on vous offre l'emploi, quand pourrez-vous commencer?
  a Je pourrai commencer la semaine prochaine.
  b J'ai pu commencer hier.
  c Je ne peux pas commencer.

1 Que fais-tu?

Complète le message avec les mots dans la case.
Exemple: 1 *forme*

| détend | forme | fume | gâteaux | jouer | piscine |
| samedi | santé | semaine | vite |

```
Chère Viviane,
Pour rester en …(1)…, je joue au hockey deux fois
par …(2)… . J'aime …(3)… en équipe et ça me …(4)… .
J'aime aussi la natation et je vais à
la …(5)… chaque …(6)…
après-midi. Je ne nage pas très …(7)…, mais ça fait du
bien. Et je ne …(8)… jamais, parce que ça, c'est
mauvais pour la santé. J'adore les …(9)… au chocolat et
j'en mange chaque semaine. Ce n'est pas tellement bon
pour la …(10)…, mais c'est délicieux!
Ton ami,
Denis
```

2 5-4-3-2-1

Trouve …
- **5** *fruits*
- **4** *légumes*
- **3** *produits laitiers*
- **2** *viandes*
- **1** *boisson*

les cerises
les bananes
le beurre
le chou-fleur
le fromage le yaourt
les haricots verts
les pêches **les poires**
l'orangeade **les pommes de terre** les raisins
le poulet les petits pois le steak

3 Fais ça!

Choisis le bon mot.
Exemple: 1 *Choisissez*

1 …(Choisis/Choisit/Choisissez) un fruit si vous avez faim.
2 N'…(oublie/oublions/oublient) pas de fermer la porte, papa.
3 Tu as ton appareil? Alors, … (prends/prenons/prenez) une photo de moi.
4 Anne et Luc, … (regardes/regarde/regardez) le tableau, s'il vous plaît.
5 Ne … (mange/manges/mangeons) pas trop vite tes repas.
6 …(Finis/Finissent/Finissez) les légumes, puis vous pouvez manger le dessert.
7 …(Mettons/Mettez/Mets)-toi là, s'il te plaît.
8 Si vous voulez boire quelque chose, … (prends/prenez/prennent) une bouteille d'eau.

4 Qui parle?

Marc (M) et Francine (F) ont fait ça hier. Décide qui parle à chaque fois. (Regarde les participes passés.)
Exemple: 1 *F*

1 Je me suis réveillée à sept heures.
2 Je me suis levé à neuf heures.
3 Je me suis reposé devant la télé.
4 Je me suis promenée avec le chien.
5 Après le petit déjeuner, je me suis douchée.
6 Je me suis mise à regarder un vieux film.
7 Après deux heures de télé, je me suis endormi.
8 L'après-midi, je me suis baigné à la piscine.
9 Je me suis endormie vers 11 heures.
10 Je me suis couché à minuit.

5 Français–anglais

Trouve les paires. **Exemple: 1** *c*

1	j'ai mal à la gorge	a	your eyes hurt
2	tu as mal au bras	b	she has a temperature
3	il a froid	c	my throat hurts
4	elle a de la fièvre	d	they are hot
5	nous avons faim	e	he is cold
6	vous avez mal aux yeux	f	we are hungry
7	ils ont chaud	g	they are thirsty
8	elles ont soif	h	your arm hurts

6 Qu'est-ce que c'est?

Regarde les images. Qu'est-ce que c'est?
Exemple: 1 *du dentifrice*

1

On le met sur une brosse à dents.

2

On le prend quand on a mal à la tête.

3

On les prend quand on a mal à la gorge.

4

On met le dentifrice sur cet objet.

5

On la met pour se protéger contre les piqûres d'insectes.

1 Invente des phrases

Invente des phrases avec des adverbes. Combien de phrases correctes peux-tu faire? Ça peut être au passé, au présent ou au futur.

Exemples: *Mon père a mangé vite son petit déjeuner. Tu travailles bien en classe. Elle va partir immédiatement pour Paris.*

Je	aller	bien
Tu	écrire	dangereusement
Il/Mon ami/Le train/...	lire	doucement
Elle/Ta mère/La voiture/...	manger	immédiatement
Nous/Mes amis et moi/...	parler	lentement
Vous	partir	mal
Ils/Mes parents/Les bus/...	rouler	silencieusement
Elles/Tes amies/Les filles/...	travailler	vite

2 Six conseils pour avoir la forme

Regarde les pages 74–77 et écris six conseils (ou plus) pour avoir la forme.

Pour t'aider

essayez de ...	ne buvez pas de ...	évitez ...
mangez ...		si possible, ...

4 Il y a toujours quelque chose qui ne va pas!

Complète les conversations.
Exemple: 1 *chaud*

1 – J'ai ...
  – Alors, enlève ton manteau.
  – Maintenant, j'ai froid.
2 – Brr! J'ai ...
  – Alors, mets un pull.
  – Maintenant, j'ai trop ...
3 – Maman, nous avons ...
  – Alors, mangez ces sandwichs.
  – Maintenant, nous avons ...
  – Alors, buvez de la limonade.
4 – Ouf! J'ai ...
  – Alors, bois cette orangeade glacée.
  – Brr! Maintenant, je n'ai plus ..., mais j'ai ...
  – Alors, mets ton pull!

5 Un e-mail

Consulte les images pour compléter le message.

Cher Paul,

Je regrette, je ne peux pas venir à la ...(1)... vendredi soir. J'ai mal ...(2)... et mal ...(3)... .

Qu'est-ce que tu fais ...(4)... après-midi? Tu veux aller au ...(5)... en ville? Le week-end, j'ai toujours ...(6)...!

Ton amie,
Mathilde

3 Une vie active

Décris la journée de Sanjay et de sa sœur, Sika.
Exemple: 1 *Sanjay s'est réveillé à 7 heures et il s'est levé immédiatement.*

se réveiller; se lever immédiatement — s'habiller; se disputer avec Sika – musique trop forte

Sanjay + Sika se dépêcher à la piscine — se doucher; entrer dans la piscine

se baigner pendant une heure; Sika – ne pas se baigner; s'ennuyer — après-midi – Sanjay + ami se mettre à jouer au foot; Sika + amie s'asseoir au soleil

1 Faites de l'exercice

Complète cette liste de conseils pour encourager les gens à faire de l'exercice, même s'ils n'ont pas le temps.
Exemple: 1 *l'ascenseur*

> l'ascenseur Buvez crampes à pied progrès
> sport à vélo la voiture

1 Montez l'escalier plutôt que de prendre … . C'est un bon moyen de faire de l'exercice sans perdre de temps!
2 Pour de petit trajets de moins de 500 mètres, laissez … à la maison et allez-y … ou … .
3 Si vous commencez un nouveau … , ne vous forcez pas trop au début.
4 Faites des … petit à petit.
5 Faites attention aux … et aux courbatures, au mal de dos surtout et, si nécessaire, modérez vos efforts.
6 … avant, pendant et après l'effort. Ça diminue le risque des crampes.

2 Complète les phrases

Complète les phrases avec l'impératif du verbe (dans la case).
Exemple: 1 *écris*

> attendez dors écris lisez ris servez
> travaillez viens

1 J'attends de tes nouvelles, alors …-moi bientôt.
2 Julie, … ici! J'ai quelque chose pour toi.
3 Monsieur, … un moment, s'il vous plaît. Le train arrive bientôt.
4 Et maintenant, … en groupes.
5 Tu as vu ma photo? Ne … pas! Ce n'est pas drôle!
6 Bon appétit, tout le monde, …-vous!
7 Tu te couches? Alors, … bien!
8 Avant de prendre ce médicament, … bien les instructions.

5 💻 Un peu de gymnastique

Lis les textes et trouve la bonne image à chaque fois.
Exemple: 1 *b*

> Pour être en forme, faites un peu de gymnastique. Voici des exercices. Faites-les six fois chacun.
>
> 1 Les bras d'abord! Mettez les mains sur les épaules, puis levez les bras très haut!
> 2 Quelque chose pour le cou, les épaules et le dos. Mettez les mains derrière le dos, les pieds écartés. Puis, tournez le corps à droite et à gauche.
> 3 Les jambes maintenant. Mettez la main droite sur le dos d'une chaise. Levez la jambe gauche en haut … en bas … . Pliez le genou, puis allongez la jambe. Faites de même avec l'autre jambe.
> 4 Joignez les deux pieds, levez les mains très haut …, puis touchez vos pieds … même vos doigts de pied. Surtout, ne pliez pas les genoux!

3 Qu'est-ce qui s'est passé?

Complète les phrases avec la forme correcte du verbe. Attention à la terminaison!
Exemple: 1 *Ils se sont habillés très vite.*

1 Ils … sont … très vite. (habiller)
2 Nathalie et Claire, vous … êtes souvent … en vacances? (se baigner)
3 Hier, mon frère …est … avec moi. (se disputer)
4 – Raj et David, le film était intéressant hier soir?
   – Non, pas du tout! Nous … sommes … tous les deux! (s'endormir)
5 – Simon, tu … es bien … au Parc Astérix? (s'amuser)
   – Pas tellement. Je … suis … après deux heures. (s'ennuyer)
6 J'ai mangé tout le gâteau et ma mère …est … . (se fâcher)
7 – Tu es partie de bonne heure hier, Karima?
   – Oui, je … suis … très tôt pour partir avant 8 heures. (se lever)
8 – Tu …es … à quelle heure, Agnès? (se réveiller)
   – Vers 10 heures: mes parents … sont … parce que j'étais en retard. (s'inquiéter)

4 Depuis quand?

Aujourd'hui, c'est vendredi. Depuis quand est-ce que ça ne va pas? Complète les phrases avec les mots dans la case.
Exemple: 1 *depuis deux jours*

1 J'ai mal aux yeux depuis … jours.
2 J'ai mal aux pieds depuis … jours.
3 – Depuis … avez-vous mal à la …?
   – Depuis mardi.
4 J'ai mal à la … depuis hier.
5 Mon vélo ne marche pas depuis … .
6 J'ai faim … ce matin, mais il n'y a rien à manger!

> cinq depuis deux gorge lundi quand tête

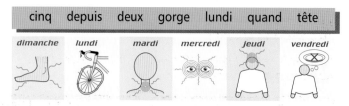

dimanche lundi mardi mercredi jeudi vendredi

a b

c d

1 Questions et réponses

Une famille prépare une fête pour les grands-parents.
Trouve la bonne réponse à chaque question.
Exemple: 1 f

1 Qu'est-ce que tu as acheté pour tes grands-parents?
2 Est-ce que Marc a donné une invitation à Lucie?
3 Qu'est-ce que Sika va montrer à nos grands-parents?
4 Qui veut parler à Michel et Suzanne?
5 Combien d'argent est-ce qu'on paie au charcutier?
6 Quand as-tu téléphoné à ta grand-mère?
7 Est-ce que tu as envoyé un plan à tante Josette?
8 À quelle heure va-t-on servir l'apéritif aux invités?

a Je lui ai téléphoné vers 10 heures.
b Bien sûr, je lui ai envoyé un plan.
c Il lui a donné une invitation ce matin.
d On lui paie 60 euros.
e On va leur servir l'apéritif à 7 heures.
f Je leur ai acheté des fleurs.
g Mon oncle veut leur parler.
h Elle va leur montrer des photos de leur enfance.

2 C'est au camping

Complète les mots avec des voyelles et écris l'anglais.
Exemple: 1 l e s   d o u c h e s – showers

1 l _ s d _ _ ch _ s
2 _ n _ mpl _ c _ m _ nt
3 _ n _ t _ nt _
4 l _ s bl _ cs s _ n _ t _ _ r _ s
5 l _ b _ r _ _ _ d' _ cc _ _ _ l
6 _ n _ c _ r _ v _ n _
7 l _ p _ _ b _ ll _
8 l _ s _ ll _ d _ j _ _ x
9 l _ s t _ _ l _ tt _ s
10 _ n c _ mp _ ng-c _ r

3 Dans la cuisine

Regarde bien cette image et trouve au moins douze choses
*qui commencent avec la lettre **c**.*

4 Il y en a combien?

Regarde les images et réponds aux questions.
*Utilise **en** dans la réponse.*
Exemple: 1 Il y en a six.

1 Il y a combien de grandes assiettes?
2 Nous avons combien de fourchettes?
3 Est-ce qu'il y a un tire-bouchon?
4 Il y a combien de tasses?
5 Tu as trouvé les petites assiettes?
6 Est-ce qu'il y a des soucoupes?
7 Combien de verres y a-t-il?
8 Il y a combien de poêles?
9 Est-ce qu'il y a un ouvre-boîtes?
10 Il y a combien de bols?

5 À la charcuterie

Lis cette publicité pour les charcuteries et les traiteurs en
France. Qu'est-ce qu'on achète à la charcuterie? Trouve le
bon texte pour chaque image.
Exemple: 1 *des pizzas*

Vous avez faim, mais vous n'avez rien à manger?

Allez à la charcuterie. On y trouve de bonnes petites choses.

du jambon   des crêpes   des salades   du pâté
des quiches   des pizzas

1 Chez mon correspondant

a *Paul est revenu de chez son correspondant. Lis la conversation et complète les phrases avec **lui** ou **leur**.*

b *Note la phrase que **lui** ou **leur** remplace.*

Exemple: 1a *lui;* **b** *à mon corres*

- Qu'est-ce que tu as offert à ton corres?
- Je …(**1**)… ai offert un CD.
- Et à ses parents?
- Je …(**2**)… ai offert un livre sur la Grande-Bretagne.
- Est-ce que tu as téléphoné à tes parents?
- Oui, je …(**3**)… ai téléphoné deux fois.
- Est-ce que tu as envoyé une carte postale à ton ami?
- Non, je ne …(**4**)… ai pas envoyé de cartes postales.
- Tu as parlé aux parents de ton correspondant en français?
- Oui, bien sûr, je …(**5**)… ai parlé en français.
- Tu as écrit à ses parents pour dire merci?
- Non, je ne …(**6**)… ai pas encore écrit.
- Et tu vas écrire à sa cousine aussi?
- Bien sûr! Je vais …(**7**)… envoyer un e-mail ce soir! Je …(**8**)… ai déjà donné une photo de moi!
- Est-ce qu'elle a une amie qui veut un correspondant?
- Je vais …(**9**)… demander!

2 Le jeu des préférences

Copie et complète ces phrases avec tes préférences.

Exemple: *Une personne qui m'amuse est Vic Reeves.*

Une personne qui m'amuse est …
Une personne que j'admire est …
Le groupe que je préfère est …
Un endroit que je voudrais visiter est …
Un magazine qui m'intéresse est …

3 En cas de difficulté

Invente une phrase qui convient pour chaque dessin.

Exemple: 1 *Je regrette, Monsieur, mais nous avons perdu la clef de la maison.*

4 Mon séjour

a *Complète le texte avec la forme correcte des verbes. Utilise le passé composé ou l'imparfait.*

Exemple: 1 *J'ai passé*

b *Écris une carte postale à un(e) ami(e).Décris une visite ou un séjour. Utilise des verbes à l'imparfait et au passé composé.*

Chère Amarjeet,
J' …(1)… (passer) de très bonnes vacances avec des amis en Alsace. Nous …(2)… (rester) dans une auberge de jeunesse à Saverne. Moi, j' …(3)… (aimer) la nourriture, mais les garçons …(4)… (avoir) toujours faim!
Un jour, pendant que nous …(5)… (aller) le long du canal, Sanjay …(6)… (tomber) dans l'eau. Heureusement, il …(7)… (pouvoir) sortir, mais il …(8)… (rentrer) à l'auberge ou il …(9)… (changer) de vêtements!
Jeudi, comme il …(10)… (pleuvoir) très fort, nous …(11)… (décider) d'aller à Strasbourg. Pendant que les autres …(12)… (visiter) la cathédrale et les musées, je …(13)… (aller) avec Thomas au Palais de l'Europe qui …(14)… (être) impressionnant!
À bientôt!
Sika

1 Ici, on parle toutes les langues

Mathieu est gardien d'un camping et il adore parler les langues étrangères.
Il accueille des jeunes de toutes les nationalités. Lis les phrases, puis décide ce que Jean fait.
Exemple: 1 d

1 José vient de Madrid.	**a** Mathieu lui parle en allemand.
2 Peter et Sam viennent de New York.	**b** Mathieu leur parle en italien.
3 Michaela et Luigi viennent de Rome.	**c** Mathieu leur parle en anglais.
4 Michouko vient de Tokyo.	**d** Mathieu lui parle en espagnol.
5 Christina et Aristote viennent d'Athènes.	**e** Mathieu leur parle en grec.
6 Sigrid vient de Berlin.	**f** Mathieu leur parle en danois.
7 Annette et Kirsten viennent de Copenhague.	**g** Mathieu lui parle en japonais.
8 Boris vient de Moscou.	**h** Mathieu lui parle en russe.

2 Qu'est-ce que tu lui as prêté?

a *Voici des choses que tu vas prêter à tes ami(e)s. Écris les noms de six personnes, puis décide ce que tu vas prêter à chaque personne et écris-le à côté du nom.*

Exemple:

> *James: un appareil-photo*
> *Helen: une cassette vidéo*

b *Travaillez à deux. Posez des questions et répondez à tour de rôle pour découvrir ce que l'autre a prêté à ces six personnes. Combien de questions faut-il poser?*

Exemple:

A J'ai prêté quelque chose à James.
B Tu lui as prêté une cassette vidéo?
A Non.
B Tu lui as prêté un appareil-photo?
A Oui. Ça fait deux questions.
B Maintenant, à toi. J'ai prêté quelque chose à Katy.

3 En vacances

*Voici deux phrases. Fais une phrase avec qui (**1–5**) et avec que/qu' (**6–10**).*
Exemples: 1 *Nous louons un **gîte** qui se trouve en Bretagne.*
     6 *Je mange souvent des crêpes que j'achète à la crêperie.*

1 Nous louons un gîte. Le gîte se trouve en Bretagne.
2 Voici notre chien. Notre chien s'appelle Fifi.
3 J'aime nager dans la piscine. La piscine est tout près.
4 Ma sœur va sortir avec un garçon. Le garçon habite en face.
5 Chaque matin, je vais à la boulangerie. La boulangerie vend le meilleur pain.
6 Je mange souvent des crêpes. J'achète les crêpes à la crêperie.
7 Mon père a des livres. Il lit ses livres toute la journée.
8 On a visité un musée. J'ai trouvé le musée ennuyeux.
9 Ma mère va acheter des cartes postales. Elle va envoyer les cartes à ses amis.
10 Nous aurons un bon souvenir des vacances. Nous passons les vacances ici.

4 Qu'est-ce qu'on faisait?

Trouve les paires.
Exemple: 1 c

1 Je mangeais mon petit déjeuner		**a**	il pleuvait toujours.
2 Elle regardait la télé quand		**b**	amis sont partis.
3 Quand le téléphone a sonné, ils		**c**	quand la lettre est arrivée.
4 Nous sommes partis à vélo, mais		**d**	verre est tombé par terre?
5 Pendant que je dormais, mes		**e**	j'ai oublié l'heure.
6 Il faisait si beau qu'on		**f**	travaillaient dans le jardin.
7 Je m'amusais tellement que		**g**	a décidé de faire une promenade.
8 Qu'est-ce que tu faisais quand le		**h**	elle a entendu un bruit.

Notre monde unité 8

1 🎧 **Le Sénégal** *Écoute et lis. Puis fais les activités.*

Je suis Sénégalais et j'habite à Dakar. Le Sénégal est situé sur la côte ouest de l'Afrique et Dakar en est la capitale. Le Sénégal est au nord de l'équateur et nous avons deux saisons: la saison des pluies (de juin à octobre), quand il fait chaud, jusqu'à 30°C; et la saison sèche (de novembre à mai), quand la température est entre 24 et 27°C. La plupart des touristes visitent le pays pendant la saison sèche.

Le tourisme est une industrie importante ici. Beaucoup de touristes aiment visiter le Parc national de Niokolo-Koba. C'est le meilleur endroit pour observer les animaux sauvages en liberté. Les derniers éléphants du Sénégal vivent dans ce parc mais il est difficile de les voir. Par contre, on voit assez souvent des antilopes, des crocodiles et des hippopotames. Près de la côte, on voit aussi des dauphins.

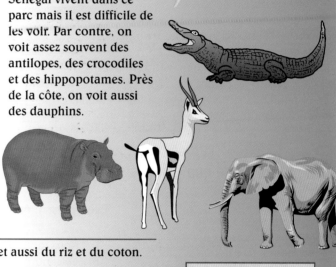

Le Sénégal est un pays agricole. On cultive de l'arachide et aussi du riz et du coton. La pêche est importante aussi.

l'arachide – *peanut*

a *Réponds aux questions.*
- Où se trouve le Sénégal?
- Qu'est-ce que les touristes peuvent voir comme animaux sauvages?
- À ton avis, quel est le meilleur moment de visiter le pays? (Pendant la saison des pluies ou la saison sèche?)

b *Trouve les paires.*
Exemple: 1 f

1 Le Sénégal se trouve …	**a**	beaucoup d'animaux sauvages.
2 C'est au nord …	**b**	sont importantes aussi.
3 Dakar …	**c**	de l'équateur.
4 D'habitude, les touristes …	**d**	visitent le pays entre novembre et mai.
5 On peut voir …	**e**	est la capitale du Sénégal.
6 L'agriculture et la pêche …	**f**	à l'extrême ouest de l'Afrique.

2 🎧 **Le Québec** *Écoute et lis. Puis fais les activités, page 141.*

J'habite à Montréal au Québec. Le Québec est la plus grande province du Canada et trois fois plus grand que la France. C'est la seule province au Canada où la majorité de la population (83%) est francophone.

La province est immense, divisée en deux par le fleuve Saint-Laurent, et il y a beaucoup de lacs. Dans les forêts, on peut voir beaucoup d'animaux sauvages, comme des cerfs, des porcs-épics, des castors, des ours noirs, des loups et des lynx.

Près de la côte, on voit des baleines bleues et des phoques.

L'hiver est long et difficile. Pendant cinq mois, les températures descendent en dessous de zéro. En janvier, les températures peuvent baisser jusqu'à −22°C. Le printemps est très court et, en été, il fait chaud. Juillet et août sont les mois les plus chauds: 30°C en moyenne.

Moi, j'adore le sport et, en hiver, on peut faire beaucoup de sports d'hiver, comme le ski alpin, le ski de fond, la motoneige, le hockey sur glace et le patinage.

a Réponds aux questions.
- Lequel est le plus grand, la France ou le Québec?
- Quel temps fait-il en hiver au Québec?
- Qu'est-ce qu'on peut faire comme sports en hiver?

b Trouve le mot qui manque.
Exemple: 1 *d (francophone)*

a côte	**b** fleuve	**c** forêts	**d** francophone
e juillet	**f** lacs	**g** sports	**h** froid

Le Québec est une grande province …(**1**)… au Canada.
Le …(**2**)… Saint-Laurent divise la province en deux. C'est
une région de forêts et de …(**3**)… . Dans les …(**4**)… , on
peut voir beaucoup d'animaux sauvages. Près de
la …(**5**)… , on voit des baleines bleues et des phoques.

Il fait très …(**6**)… en hiver, mais c'est parfait pour
les …(**7**)… d'hiver.
En …(**8**)… et en août, il fait chaud.

3 Une région francophone

*Lis les textes aux pages 106, 107 et 140. Choisis une région
et en écris un petit résumé.*
- C'est où?
- Quelle est la capitale/quelles sont les villes principales?
- Le climat, c'est comment?
- Qu'est-ce que les touristes peuvent visiter?
- Qu'est-ce qu'on peut y voir comme animaux sauvages?
- Est-ce que tu voudrais la visiter? Pourquoi (pas)?

4 Les problèmes de l'environnement

Trouve la bonne réponse à chaque question.
1. Quels sont les principaux problèmes?
2. Quel est le plus grand problème, pour toi?
3. Est-ce qu'il y a des problèmes de pollution dans ta région?
4. Qu'est-ce que le gouvernement fait pour réduire la pollution?
5. À ton avis, est-ce que les problèmes deviendront plus graves?

a. À mon avis, la pollution en ville est le plus grand problème. En été, quand il fait chaud et qu'il n'y a pas de vent, il est difficile de respirer.
b. Oui, la circulation en ville est insupportable et il y a beaucoup de pollution.
c. Il y a beaucoup de problèmes, comme la pollution, les changements du climat et les espèces menacées.
d. Je pense que les problèmes deviendront plus graves parce que le gouvernement ne fait pas assez de choses pour améliorer la situation.
e. On a créé des pistes cyclables et des zones piétonnes et on organise le recyclage des déchets.

5 Quelle définition?

Trouve la bonne définition.
Exemple: 1 *e*

1 l'écologie	4 l'ozone
2 la désertification	5 la déforestation
3 l'effet de serre	6 les espèces en voie de disparition

a. La transformation d'une région en désert.
b. Un gaz qu'on trouve très haut dans l'atmosphère. Il protège la planète des rayons solaires ultraviolets B, qui sont très dangereux.
c. L'action de détruire les forêts.
d. Des gaz, comme le CO_2, restent dans l'atmosphère et empêche l'énergie de la terre de s'échapper. Résultat: la terre devient plus chaude.
e. La science des relations des êtres vivants avec leur environnement.
f. Des animaux menacés qui sont de plus en plus rares, comme la baleine bleue et le grand panda.

6 Que faut-il faire?

Trouve les paires.
Exemple: 1 *b*

1. Il faut améliorer les transports en commun.
2. Il faut visiter Montréal, un jour.
3. Il ne faut pas tout acheter.
4. Il faut faire vite.
5. Qu'est-ce qu'il faut faire?
6. Il ne faut pas crier.
7. Est-ce qu'il faut réserver?

a. *You don't have to shout.*
b. *We should improve public transport.*
c. *Do you have to book?*
d. *What shall we do?*
e. *We must act quickly.*
f. *You don't need to buy everything.*
g. *You should visit Montreal one day.*

(page 22) 6 C'est ouvert?

Travaillez à deux. Une personne (B) regarde cette page, l'autre (A) regarde la page 22.

Tu es touriste à Paris et tu prépares ton programme de visites. Seulement un des deux endroits est ouvert le jour prévu. Demande des renseignements à ton/ta partenaire. Puis écris ton programme dans ton cahier.

Exemple: B *Le Palais de la Découverte, c'est ouvert le lundi 29 avril?*
A *Non, le lundi, c'est fermé.*
B *La Tour Eiffel, c'est ouvert le lundi?*
A *Oui, c'est ouvert tous les jours.*

lundi 29 avril:	le Palais de la Découverte ou la Tour Eiffel
mardi 30 avril:	le Louvre ou le Sacré-Cœur
mercredi 1 mai:	le Centre Pompidou ou le Musée Grévin

(page 69) 5 La semaine prochaine

Travaillez à deux. Une personne (B) regarde cette page, l'autre (A) regarde la page 69.

a *Consulte l'agenda et réponds aux questions.*

Exemple: A *Qu'est-ce que tu feras lundi?*
B *Lundi, j'irai au stade.*
A *Est-ce que tu seras libre mardi?*
B *Non, mardi, je ..., (etc.)*

lundi	aller au stade
mardi	faire du roller
mercredi	aller au supermarché
jeudi	jouer au hockey
vendredi	aller au club de théâtre
samedi	être libre

b *Pose des questions pour découvrir ce que ton/ta partenaire fera la semaine prochaine. Il/Elle sera libre un jour seulement, mais lequel? Écris des notes.*

Exemple: B *Qu'est-ce que tu feras lundi?*
A *Lundi, j'irai à la piscine.*

Tu écris: lundi – à la piscine;
mardi ...

(page 71) 4 Quel temps fera-t-il?

Travaillez à deux. Une personne (B) regarde cette page, l'autre (A) regarde la page 71. Tu travailles au service météo. Réponds aux questions de ton partenaire.

Exemple: A *Quel temps fera-t-il dans le nord?*
B *Dans le nord, il y aura de la pluie. À Lille, il fera 16 degrés.*
A *Et en Bretagne, quel temps fera-t-il? (etc.)*

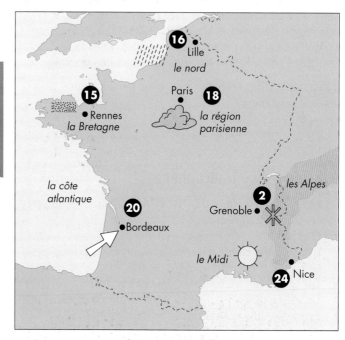

(page 86) 2 Il y a eu un accident

Travaillez à deux. Une personne (B) est témoin d'un accident et regarde cette page. L'autre (A) est journaliste et regarde la page 86. Puis changez de rôle.

Heureusement, personne n'est gravement blessé. Choisis un des accidents et réponds aux questions du journaliste.

Où?	Boulogne	Morzine
Quand?	15h30	17h00
Temps	☀	❄
Victime	🚶 17	🚶 15
Que faisait-il/elle?	🐎	⛷
L'accident	Elle est tombée ... mal au bras	Il est tombé ... mal à la jambe

Solutions

(page 48) **1** 🎧 Que sais-tu de la vie scolaire en France?

1a **2**c **3**b **4**c **5**c **6**b **7**b **8**a

(page 115) **3** 🎧 Que sais-tu sur l'environnement?

a L'effet de serre

1b **2**b, d **3**a, c **4**c **5**a

b Les déchets

1 a, b, d (Presque 33% de nos déchets sont constitués de matières organiques; les matières organiques pèsent lourd, donc il faut plus d'énergie pour les transporter.)

2 i le plus vite – **a**
   ii le moins vite – **c**

3 c

4 b

c L'eau

1 a (97,5 % de l'eau dans le monde est salée et 2,5 % est de l'eau douce. Mais de l'eau douce qui reste, 87,3% se retrouve sous forme de glaciers.)

2 c

3 c (L'eau s'évapore moins vite.)

4 b, c, d, e

Presse-Jeunesse:
Presse-Jeunesse 2
(page 32) **Tu es détective?**

Le 'voleur du métro' arrêté – dans le métro!

C'est un contrôleur de la RATP qui a arrêté, ce matin, l'homme mystérieux que tout le monde appelle le 'voleur du métro'.

Vers huit heures du matin, un homme a acheté 250 grammes de bonbons pralinés au petit étalage tout près de l'aérogare des Invalides. Puis, tout à coup, il a pris la caisse qui était sur le comptoir et il a disparu dans le métro. Deux agents l'ont suivi, mais ils n'ont pas pu le retrouver. Cette fois-ci, ce voleur célèbre a fait une erreur. Il est entré dans le métro sans ticket!

Il paraît qu'il avait oublié d'acheter un nouveau carnet ce matin-là! Il est monté dans un train, mais un contrôleur de la RATP est arrivé tout de suite après. Il l'a arrêté parce qu'il voyageait sans ticket, et ce n'est que plus tard qu'on a découvert la caisse du marchand de bonbons sur lui! Quelle surprise pour le contrôleur – et pour le voleur aussi, bien sûr!

(Alors, la version correcte à la page 32, c'est le numéro 2.)

(page 33) **Ce jour-là**

1b **2**d **3**e **4**j **5**c **6**h **7**a **8**i **9**f **10**g

Presse-Jeunesse 3
(page 46) **Des Français célèbres**

1d **2**c **3**a **4**b

Presse-Jeunesse 4
(page 61) **Des Français et des Françaises célèbres**

1b **2**d **3**a **4**c

Presse-Jeunesse 5
(page 75) **Le jeu des nombres**

1 6 **2** 31 **3** 50 **4** 100 degrees C **5** 3 **6** 50
7 6 (l'Espagne, l'Italie, la Suisse, l'Allemagne, le Luxembourg, la Belgique) **8** 11 **9** 100 **10** 3

(page 75) **Des Français et des Françaises célèbres**

1d **2**c **3**b **4**a

Presse-Jeunesse 6
(page 89) **Ce n'est pas mon type!**

Le prénom caché est **MATHILDE**.

Presse-Jeunesse 7
(page 105) **Un jeu**

1 l'ouest **2** un océan **3** l'Afrique **4** l'hiver
5 un éléphant **6** le ski

Au choix:
(page 120) **1 La vie de famille en France et au Sénégal**

a 1F (L'âge moyen est 27 ans pour les femmes et 29 ans pour les hommes.)
   2V
   3V
   4V
   5V

b 1V
   2 F (Mais il doit être assez riche.)
   3F (En général, les familles sont grandes avec environ huit enfants.)
   4V
   5V

This section includes some tips for revising for tests and exams and some hints for listening, reading, speaking and writing tasks. At the end of the section there are some notes on French pronunciation.

Learning vocabulary and verbs

- Organise and list words in alphabetical order under topics. You could type these in different files and make an electronic phrase book on a computer.
- Use word shapes and spider diagrams to help you visualise words, e.g. write out weather words as though they are rays of the sun; write clothing words as though they are being worn by a stick figure.
- Write masculine words in one colour and feminine words in a different colour.
- Copy out a list of words in a different order, e.g. starting in the middle – often we learn words at the beginning and end of lists more easily but tend to forget the ones in the middle.
- Copy out words without the vowels. Then try to recognise them, e.g. jobs: v _ n d _ _ r, m _ d _ c _ n.
- Learn irregular adjectives and verbs in a phrase, e.g. *Je lis une longue histoire ennuyeuse.*
- Type irregular verbs in an electronic verb table, using the table function of a word processor. Blank out parts of the verb and then see if you can remember the missing parts later.
- Use memory aids, e.g. Mrs van de Tramp (page 154) for the verbs which take *être* in the perfect tense.

Listening

Using the questions to help you
Listening is usually tested by a range of different tasks, e.g. questions in French or in English, completing a grid, choosing the correct visual or word, etc. The rubric will tell you how to give your answer, e.g.

Coche la case qui correspond.	Tick the correct box.
Choisis la bonne image.	Choose the correct picture.
Remplis les blancs.	Fill in the gaps.
Complète la grille.	Complete the grid.

- Usually, if the questions are in English, you must answer in English.
- For answers in French, it is important that the answer is clear, but you won't lose marks for mistakes in spelling.
- Before doing a task or test, look at the title and any pictures. Read the rubric and questions carefully. They can often give you a clue to the subject matter. Note any names of people or places. Think about the sort of vocabulary that might be linked to the topic.
- In a test, spend as much time as you can thinking about the questions. Are they asking what? who? where? when? how long? why?
- Do the questions refer to the present, past, future? Check the tense of the verbs and any time markers, e.g. *hier, aujourd'hui, demain.*

- Look at the mark scheme. This will give you a clue to how much information is required. If there are two marks, you need to listen for two details.
- Questions asking for detailed information usually follow the same order as the passage.
- At higher levels you may also be asked more general questions which involve thinking about the passage as a whole, e.g. the mood of the speakers, opinions, what conclusions you can draw.

Listening to the passage
- If you are practising on your own, you can listen to the recording as often as you like. In a test you will usually be allowed to listen to it twice. The first time you hear it, listen as carefully as you can, trying to get the general gist of the passage. Note the tone of voice of the speakers to get an idea of the mood. You could jot down a few key points, e.g. a number or a date, but be careful about this because, while writing something down, you might miss the next point.
- When you do make notes, you may find it easier to jot down the French, particularly of numbers, and then work out the exact meaning later.
- You can use abbreviations or symbols in your notes, as long as you will be able to understand them later.
- Remember that some words that look the same in French and in English are pronounced differently, e.g. accident, ticket, portion, cousin, instrument, fruit. Read through the notes on French pronunciation to remind yourself of how words are pronounced.

Unknown vocabulary
- Do you need to understand every word in order to complete the task? Often the same thing is said again in a different way.
- If you do need to understand a word, use your knowledge of English and French. Is the new word similar to any words you already know? For example, you might be able to work out the meaning of *une tortue de mer* (turtle) from *une tortue* (tortoise) and *la mer* (sea).
- Try to work out whether the unknown word is a verb, noun or adjective.
- Does the context help? If the passage is about a hotel, could the unknown word refer to facilities at the hotel e.g. *un ascenseur* (a lift).
- If you still can't work it out, make a reasonable guess or look it up, if you're allowed to use a dictionary.

Checking your answers
- When you have completed your answers, check that the answers you have given correspond to the instructions. Make sure you have ticked the correct number of boxes. If you left something blank, make a reasonable guess.
- If there are two marks for a question, make sure you have given two details.

Reading

Many of the tips for listening also apply to reading.

- Look at the title and any pictures. These are often there to help with understanding.
- In a test, read any questions and instructions carefully. They can often give you a clue to the subject matter.
- Use your knowledge of English. Many French words are the same or similar and have the same meaning, e.g. *l'électricité, le gaz* – these are called cognates.
  But be aware that there are a few *faux amis* (false friends). These are words which look the same as an English word, but which have a different meaning, e.g. *le car* (coach), *la veste* (jacket), *des chips* (crisps).
- Use the words that you already know to help you guess the meaning, e.g. if you know *vendre* (to sell), you could guess *un vendeur/une vendeuse* (sales assistant).
- Look out for **prefixes** (letters added to the beginning of words), e.g.
  re- (adds idea of 'again' or 'back'), e.g. *commencer* (to begin), *recommencer* (to begin again); *venir* (to come), *revenir* (to come back)
  in- (adds idea of 'not'), e.g. *connu* (well known), *inconnu* (unknown); *utile* (useful), *inutile* (useless)
- Look out also for **suffixes** (letters at the end of a word). Often there are similar patterns in English, e.g.

French	English
-ment *(lentement)*	**-ly** (slowly)
-té *(une spécialité)*	**-y** (speciality)
-ie *(la biologie)*	**-y** (biology)
-eur/-euse *(un chanteur)*	**-er** (singer)
-ant *(écoutant)*	**-ing** (listening)
-eux *(délicieux)*	**-ous** (delicious)
-que *(électronique)*	**-ic** (electronic)

- Use your knowledge of grammar.
  - Spot the nouns – look out for *un, une, des, le, la, l', les* in front of the word.
  - Is it singular or plural? Does the word end in *-s* or *-x*? Can you see *les, des, mes* etc.?
  - Try to pick out the verbs – look out for the endings. Which tense is used?
  - Look out for negatives, e.g. *ne ... pas* – they make a vital difference to the meaning!
- If you can't work out the meaning of a word easily, consider whether you need to understand it in order to grasp the general meaning of the text. Often the same thing is said again in a different way. Only a few words are really key words to understanding the text. As a last resort, look up the word in the glossary or a dictionary.

Skimming and scanning

It is often a good idea to skim through the whole text to get a general idea of the story or the main points. You might be asked to give an overall impression of something you read. In this case you don't need to understand every word, but you do need to read right to the end before deciding on your answer.

Reading for detail

Sometimes when you are reading, you need to find out certain key pieces of information but you do not need to read through the whole passage. In that case, look quickly through the text until you spot what you need. (You can go back through the rest in more detail later if you want to, but sometimes you don't need to read everything, such as when you are looking something up in an encyclopaedia or on a CD-ROM.)

Here are some tips on what to do:

- Find the important words in the question and try to spot them in the text, e.g.
  Question: *Qu'est-ce que **Marie a perdu**?*
  Extrait du texte:

  *Charlotte a décidé de préparer ses affaires pour les vacances. Soudain, sous son lit, elle a trouvé une montre. «Tiens, **Marie a perdu** sa montre. C'est peut-être ça!»*

  Réponse: *Elle (Marie) a perdu sa **montre**.*

- Sometimes the question gives you a pointer to what you have to look for, e.g.
  Combien? – look for a number
  Où? – look for a place
  Qui? – look for a person.

Using a dictionary or glossary

A dictionary or glossary is useful to check spellings and genders as well as meanings. Here are some points to bear in mind:

- A bilingual dictionary has two parts: French-English, English-French.
- Words are listed in alphabetical order in each part.
- The word at the top of the left hand page (or column) shows the first word on that page and the word at the top of the right hand page (or column) shows the last word listed on that page.
- Compound words or phrases are usually listed under the main word (known as the headword), so *tout le monde* could be listed under *tout* or *monde*.
- The letter **n** after the word shows that it is a **noun**. The letter **m** is used for **masculine** nouns (*un, le*); **f** for **feminine** (*une, la*). Plurals are only shown if they are irregular – often just the ending is shown, e.g. *-x*.
- The letter **v** (or **vtr** or **vi**) shows that the word is a **verb**. Verbs are usually listed under the infinitive. Sometimes the different parts of irregular verbs are shown.
- The letter **a** shows that the word is an **adjective**. Adjectives are listed under the masculine singular form, so to find out the meaning of *blanche*, you would look up *blanc*. If the feminine or plural form is irregular, this is usually shown, although sometimes in a shortened form, e.g. *actif,-ive*.

Speaking

Preparation

- Read the tips on **Understanding and pronouncing words in French** (page 147).
- Practise reading aloud and trying to sound French.
- Speak clearly so your listener can hear you easily.
- Record yourself and listen to the recording.
- Prepare as much material in advance of a test as you can, e.g. a description of yourself, leisure interests, family, home, town, holidays.
- Use present, past and future tenses and time marker words e.g. *la semaine dernière, dans quelques jours, l'année prochaine*.

Conversation

Listen carefully to the person asking questions. Make sure you understand the main question words, e.g. qui (who), quand (when), etc. (see page 161 for a full list). Listen for the tense used and for any time marker cues. You usually answer a question in the same tense and will be expected to talk about present, past and future events, e.g.

- *Qu'est-ce que tu veux faire plus tard dans la vie?*
- *Je ne sais pas encore ce que je ferai.*

Give detailed answers to questions. Try to do most of the talking in a test. Always expand on *Oui/Non* answers, e.g.

- *Tu aimes le sport?*
- *Non, je ne suis pas très sportif, mais j'aime l'informatique. J'ai un ordinateur dans ma chambre et j'aime beaucoup jouer aux jeux électroniques.*

Give opinions. Use words like *à mon avis* (in my opinion), *moi, je trouve que ...* (I find that), etc. (see page 162 for a fuller list). e.g.

- *Qu'est-ce que tu as vu comme films récemment?*
- *J'ai vu Le seigneur des anneaux. J'ai beaucoup aimé le film. À mon avis, la photographie et les effets spéciaux étaient génials, mais le film était un peu long.*

Give reasons, e.g.

- *Je vais souvent à la piscine, parce que j'adore la natation.*
- *Mon frère ne va jamais au centre sportif, parce qu'il n'aime pas le sport.*

Try to stick to what you know you can say. Avoid getting into complicated explanations. But do try to vary your sentences and use connecting words like *mais* (but), *cependant* (however), *parce que* (because), e.g.

- *Je n'aime pas regarder les documentaires à la télé, mais j'adore les feuilletons.*
- *Nous n'avons pas d'ordinateur à la maison, cependant je peux utiliser Internet à la bibliothèque.*

Role play tasks

- The easiest role play tasks explain exactly what is required and you may be given some choice in what you can say. Read the notes carefully and do all the tasks required.
- Be polite. Use *bonjour, au revoir, s'il vous plaît* and *merci*, when appropriate.

- In some tasks, there will be an 'unprepared' task, usually shown by ! Try to think beforehand what this might be, e.g. if describing your symptoms to a chemist, you might be asked when the symptoms started.
- In more advanced tasks, you are usually only given brief cues in French. You will need to listen carefully to know how to respond. Try to give detailed replies.

Writing

- Read the instructions carefully and any letters, job adverts or an outline plan, if given. You may be able to adapt some of the language used in your answer.
- If you do use any text from the question, double-check that you have spelt it correctly.
- Check what style or register of language is required. If you are writing a letter to a hotel or to apply for a job, use a more formal style and use '*vous*'. For an e-mail, postcard or message to a friend, use a more chatty, informal style, using *tu* if you are writing to one person of your own age.
- Make sure that you answer any questions required by the task, e.g. *Comment est ta ville?*
- Include all the information specified, e.g. *Parlez de vos impressions*. Give opinions and reasons where appropriate.
- For most questions, accuracy and spelling is important, so pay careful attention to these.
- For longer items, it is a good idea to do a rough plan: beginning, middle, end. Jot down headings for each section and list any words or phrases you plan to use.
- Try to use a variety of language, e.g. different tenses to refer to past, present and future, time expressions, adjectives and comparisons, etc.
- Use some longer sentences with connecting words, e.g.

d'abord	first of all	*et*	and
cependant	however	*mais*	but
en plus	moreover	*ou*	or
ensuite	next	*puis*	then

- Allow time at the end to check what you have written. It is a good idea to have a set procedure for this and to check for one thing at a time, e.g.
  - Check that you have answered all the questions and not missed any out and that your answers are clear.
  - Check verb endings.
  - With the perfect tense, check that you have used the correct auxiliary verb (*avoir* or *être*); check the past participles, especially irregular ones. With verbs taking *être*, check that the past participle agrees (has an extra **e** or **s**) with feminine or plural subjects.
  - Check that any adjectives used agree with the nouns
  - Check that plural words have a final **-s** or **-x**, if needed, e.g. *les livres, des cheveux*.
  - Check that il y a (there is, there are) and c'est (it is) are used correctly, e.g. *il y a un film à la télé, c'est intéressant*.

Understanding and pronouncing words in French

- There are many words which sound almost the same in English and in French and have the same meaning:
la classe (class), *le film* (film), *le groupe* (group), *le week-end* (weekend).
However, in French, each syllable of a word is normally stressed equally, whereas in English, there is often a stronger emphasis on one syllable:
l'animal (animal), *une catastrophe* (catastrophe), *la direction* (direction), *la table* (table), *impossible* (impossible).
- Other words look the same, but they are pronounced differently. If you know something about French sounds, it will help you to understand spoken French and to speak French better.

General points

- You rarely hear a consonant if it is the last letter of a French word:
l'art, un camp, le concert, content, le riz, le sport.
- If you do hear a consonant, then it is probably followed by the letter -e:
une liste, une rose, la salade, la tente, un vase.
- You rarely hear the final -s in a plural word:
des melons, des sandwichs, des tables, des trains
But if the following word begins with a vowel, there may be a 'z' sound. This is called a liaison.
mes amis; les enfants; des oiseaux; ses insectes
- The letters -cial, -ciel, -tiel (which often come at the end of a word) have a softer 'hissing' sound:
spécial, officiel, essentiel.
- The endings -sion and -tion sound like 'see-on':
la destination, l'excursion, la solution.

French sounds

As you read through these notes, say the sentences and words to practise the different sounds.

- The letter c is soft before e and i and if it has a cedilla (ç).
Cent cinquante citrons descendent du ciel.
- When the letter c (without a cedilla) is followed by a, o or u, it is pronounced like a 'k'.
Le curé compte les cartes dans un coin de la cathédrale.
- The letters ch have a softer sound in French, like sh as in 'shoe'.
Charles cherche le chat dans la chambre du château.
- The letters é, -et, -er and -ez are all pronounced like an 'ay' sound, as in 'play'.
Pépé et son bébé ont préféré le papier et les jouets au café.

- The letter g is like c – it is soft (like the j in *jouer*) before e, i and y.
Le gentil général fait de la gymnastique dans le gîte. C'est génial!
- When the letter g is followed by a, o and u, it is a hard sound like the 'g' in 'goggles'.
Le garçon du guichet à la gare gagne un gâteau pour le goûter.
- The letter h is not normally pronounced in French.
Henri, le héros heureux, arrive à l'hôpital à huit heures.
- The letter i is pronounced like an 'ee' sound, as in 'speed'.
En visite ici, Fifi dit mille fois merci.
- The letter j is soft in French.
Jonathan et Julie jouent au judo.
- The letters qu are pronounced like a 'k' sound, as in 'kind'.
Quinze cuisiniers qualifiés quittent le quartier.
- The letters th are pronounced like 't', as in 'time'.
Thierry prend du thé et parle à la télé de ses théories.
- The letter r is pronounced much more strongly in French. It is produced at the back of the throat by producing a vibrating sound.
Roland, le rat, refuse de rendre la rose rouge.
- The letter u on its own or between consonants is a very special sound in French. Say it with rounded lips (as though you are going to whistle).
Dans la rue, Hercule a vu la statue d'une tortue.
- It is different from the sound of the letters ou, which is like 'oo', as in 'boot'.
En août, tout le groupe joue aux boules sur la pelouse à Toulouse.

Nasal vowels

When a vowel (a, e, i, o, u) is followed by m or n, the vowel is pronounced slightly differently. These are called 'nasal vowels' and there are four different sounds:

- -am, -an, -em, -en
Cent enfants chantent en même temps.
- -im, -in, -ain
Cinq trains américains apportent du vin au magasin.
- -on
Le cochon de mon oncle Léon adore le melon.
- -um, -un
J'adore le parfum brun de Verdun.

You can practise French sounds and pronunciation by using the *Écoute et parle* copymasters and CD.

1 Nouns

1.1 Masculine and feminine

A noun is the name of someone or something or the word for a thing (e.g. a box, a pencil, laughter). All nouns in French are either masculine or feminine. (This is called their **gender**.)

masculine singular	feminine singular
le garçon	*la fille*
un village	*une ville*
l'appartement	*l'épicerie*

Nouns which refer to people often have a special feminine form. Most follow one of these patterns:

	masculine	feminine
add -e	*un ami*	*une amie*
-er → -ère	*un infirmier*	*une infirmière*
-eur → -euse	*un vendeur*	*une vendeuse*
-eur → -rice	*un instituteur*	*une institutrice*
-en → -enne	*un lycéen*	*une lycéenne*
stay same	*un touriste* *un élève* *un enfant*	*une touriste* *une élève* *une enfant*
no pattern	*un copain* *un roi*	*une copine* *une reine*

1.2 Is it masculine or feminine?

Sometimes the ending of a word can give you a clue as to whether it's masculine or feminine. Here are some guidelines:

endings normally masculine	exceptions	endings normally feminine	exceptions
-age -aire -é -eau -eur -ier -in -ing -isme -ment -o	*une image* *l'eau (f)* *la fin* *la météo*	-ade -ance -ation -ée -ère -erie -ette -que -rice -sse -ure	 *un lycée* *un squelette* *le plastique,* *un moustique,* *un kiosque* *le dentifrice*

1.3 Singular and plural

Nouns can also be singular (referring to just one thing or person) or plural (referring to more than one thing or person):

une chambre   *des chambres*

In many cases, it is easy to use and recognise plural nouns because the last letter is an *-s*. (Remember that an *-s* on the end of a French word is often silent.)

un livre   *des livres*

1.3a Some common exceptions:

1 Most nouns which end in *-eau* or *-eu* add an *-x*:
   un château   *des châteaux*
   un jeu   *des jeux*

2 Some nouns which end in *-ou* add an *-s* in the plural, others add an *x*:
   un trou   *des trous*
   un chou   *des choux*

3 Most nouns which end in *-al* change this to *-aux* in the plural:
   un animal   *des animaux*

4 Nouns which already end in *-s*, *-x* or *-z* don't change in the plural:
   un repas   *des repas*
   le prix   *les prix*

5 A few nouns don't follow any clear pattern:
   un œil   *des yeux*

2 Articles

2.1 *le, la, les* (definite article)

The definite article is the word for 'the' which appears before a noun. It is often left out in English, but it must not be left out in French (except in a very few cases).

masculine	singular feminine	before a vowel	plural (all forms)
le village	*la ville*	*l'épicerie*	*les touristes*

2.2 *un, une, des* (indefinite article)

These are the words for 'a', 'an' or 'some' in French.

singular masculine	feminine	plural (all forms)
un appartement	*une maison*	*des appartements* *des maisons*

No article is used in French when describing a person's occupation:
Elle est dentiste.   She's a dentist.
Il est employé de bureau.   He's an office worker.
Note: if there is an adjective before the noun, *des* changes to *de*.
On a vu de beaux châteaux au pays de Galles.
We saw some fine castles in Wales.

2.3 Some or any (partitive article)

The word for 'some' or 'any' changes according to the noun it is used with:

masculine	singular feminine	before a vowel	plural (all forms)
du pain	*de la viande*	*de l'eau*	*des poires*

Use *de (d')* instead of *du/de la/de l'/des* in the following cases:
• after a negative (*ne ... pas, ne ... plus, ne ... jamais* etc.)
   Je n'ai pas d'argent.   I haven't any money.
   Il n'y a plus de légumes.   There are no vegetables left.
• after expressions of quantity:
   un kilo de poires   a kilo of pears
But not with the verb *être*:
   Ce n'est pas du sucre, c'est du sel. It's not sugar, it's salt.

2.4 *ce, cet, cette, ces* (this, that, these, those)

The different forms of *ce* are used instead of *le, l', la, les* when you want to point out a particular thing or person:

masculine	singular before a vowel (masculine only)	feminine	plural (all forms)
ce chapeau	*cet anorak*	*cette jupe*	*ces chaussures*

Ce can mean either 'this' or 'that'. Ces can mean either 'these' or 'those'.
Ce, cet or cette before a singular noun can mean either 'this' or 'that'.
   Ce livre n'est pas cher.   This (That) book isn't expensive.
   Cette carte postale est jolie.   This (That) postcard is pretty.
Ces before a plural noun can mean either 'these' or 'those'.
   Ces chaussures sont confortables.   These (Those) shoes are
                                         comfortable.

3 Adjectives

3.1 Agreement of adjectives

Adjectives, or describing words (e.g. tall, important) tell you more about a noun. In French, adjectives are masculine, feminine, singular or plural to agree with the noun.
Look at the patterns in the tables below to see how adjectives agree.

3.1a Regular adjectives

| singular | | plural | |
masculine	feminine	masculine	feminine
grand	grande	grands	grandes

A lot of adjectives follow the above pattern.
Adjectives which end in -u, -i or -é change in spelling, but sound the same.

bleu	bleue	bleus	bleues
joli	jolie	jolis	jolies
fatigué	fatiguée	fatigués	fatiguées

Adjectives which already end in -e (with no accent) have no different feminine form:

| jaune | jaune | jaunes | jaunes |

Adjectives which already end in -s have no different masculine plural form:

| français | française | français | françaises |

Adjectives which end in -er follow this pattern:

| cher | chère | chers | chères |

Adjectives which end in -eux follow this pattern:

| délicieux | délicieuse | délicieux | délicieuses |

Some adjectives double the last letter before adding an -e for the feminine form:

| gros | grosse | gros | grosses |
| bon | bonne | bons | bonnes |

3.1b Irregular adjectives

Many common adjectives are irregular, and you need to learn each one separately. Here are some you have already met:

blanc	blanche	blancs	blanches
long	longue	longs	longues
vieux (vieil)	vieille	vieux	vieilles
nouveau (nouvel)	nouvelle	nouveaux	nouvelles
beau (bel)	belle	beaux	belles

Vieil, nouvel and *bel* are used before masculine nouns which begin with a vowel.
A few adjectives are invariable (inv.) and do not change at all:

marron	marron	marron	marron
bleu marine	bleu marine	bleu marine	bleu marine
vert foncé	vert foncé	vert foncé	vert foncé
gris clair	gris clair	gris clair	gris clair

3.2 Position of adjectives

Adjectives normally follow the noun:

J'ai vu un film très intéressant à la télé.
Regarde cette jupe noire.

Some common adjectives go before the noun, e.g. *beau, bon, court, grand, gros, haut, jeune, joli, long, mauvais, petit, premier, vieux.*
C'est un petit garçon.
Il prend le premier train pour Paris.
Adjectives of colour and nationality follow the noun.

3.3 Comparisons

To compare one person or thing with another, you use *plus* (more), *moins* (less) or *aussi* (as) before the adjective, followed by *que* (than/as):

	plus		richer than
Il est	moins	riche que mon père	not as rich as
	aussi		as rich as

Remember to make the adjective agree in the usual way:

Jean-Luc est plus âgé que Nicole.
Nicole est plus âgée que Robert.
Jean-Luc et Nicole sont plus âgés que Robert.

Notice these special forms:

| bon | meilleur (better) |
| mauvais | plus mauvais or pire (worse) |

Ce livre est meilleur que l'autre.
Cette maison est meilleure que l'autre.
Cet article est pire que l'autre.

3.4 The superlative

You use the superlative when you want to say that something is the best, the biggest, the most expensive etc.
*La Tour Eiffel est **le plus célèbre** monument de Paris.*
The Eiffel Tower is the most famous monument in Paris.
*Paris est **la plus belle** du monde.*
Paris is the most beautiful city in the world.
*Les TGV sont les trains français **les plus rapide**s.*
The TGV are the fastest French trains.
Notice that

- you use le plus, la plus, les plus and the correct form of the adjective, depending on whether you are describing something which is masculine, feminine, singular or plural.
- if the adjective normally goes after the noun, then the superlative also follows the noun:

  (C'est un monument moderne.)
  C'est le monument le plus moderne de Paris.
  It's the most modern monument in Paris.

- if the adjective normally goes before the noun, then the superlative can go before the noun:

  (C'est un haut monument.)
  C'est le plus haut monument de Paris.
  It's the tallest monument in Paris.

- you usually use le/la/les plus (meaning 'the most') but you can also use le/la/les moins (meaning 'the least'):

  J'ai acheté ce gâteau parce que c'était le moins cher.
  I bought this cake because it was the least expensive.

  Here are some useful expressions:

le moins cher	the least expensive
le plus cher	the most expensive
le plus petit	the smallest
le plus grand	the biggest
le meilleur	the best
le pire	the worst

4 Adverbs

4.1 Formation

Adverbs usually tell you how, when or where something happened, or how often something is done.

Many adverbs in English end in -ly, e.g. quietly. Similarly, many adverbs in French end in -ment, e.g. doucement.

To form an adverb in French you can often add -ment to the feminine singular of the adjective:

masculine singular	feminine singular		adverb
malheureux	malheureuse	+ ment	malheureusement unfortunately
lent	lente	+ ment	lentement slowly

If a masculine singular adjective ends in a vowel, just add -ment:

  vrai   + ment   vraiment (= really, truly)

If a masculine singular adjective ends in -ent, change to -emment:

  évident   évidemment (= obviously)

4.2 Comparative and superlative

As with adjectives, you can use the comparative or superlative to say that something goes more quickly or fastest etc.

*Marc skie **plus vite** que Lucie.* Marc skis faster than Lucie.
*Allez à la gare **le plus vite** possible.*
Go to the station as quickly as possible.

Notice these special forms:

bien	mieux	well	better
mal	pire	badly	worse

Ça va mieux aujourd'hui?   Are you feeling better today?
Non, je me sens encore pire.   No, I feel even worse.

4.3 Quantifiers

These are useful words which add more intensity to meaning.

assez	quite, rather	tout à fait	completely, quite
beaucoup	much	très	very
pas beaucoup	not much	trop	too
(un) peu	(a) little	vraiment	really

Here are some examples in use:

Elle est assez grande.   She's quite tall.
Ce n'est pas beaucoup plus loin.   It's not much further.
Tu as tout à fait raison.   You are absolutely right.
Il y a peu de place.   There's little room.
C'est trop cher.   It's too expensive.
C'était vraiment excellent.   It was really excellent.

4.4 Place, number, dates, time

See *Vocabulaire par thèmes* (General vocabulary, **2–4**).

5 Expressing possession

5.1 My, your, his, her, its, our, their

	singular			plural
	masculine	feminine	before a vowel	(all forms)
my	mon	ma	mon	mes
your	ton	ta	ton	tes
his/her/its	son	sa	son	ses
our	notre	notre	notre	nos
your	votre	votre	votre	vos
their	leur	leur	leur	leurs

These words show who something or somebody belongs to. They agree with the noun that follows them, NOT the person.

This means that *son, sa, ses* can mean 'his', 'her' or 'its'. The meaning is usually clear from the context.

Paul mange son déjeuner.   Paul eats his lunch.
Marie mange son déjeuner.   Marie eats her lunch.
Le chien mange son déjeuner.   The dog eats its lunch.

Before a feminine noun beginning with a vowel, use *mon, ton* or *son*:

Mon amie s'appelle Nicole.
Où habite ton amie, Françoise?
Son école est fermée aujourd'hui.

5.2 à + name

Another way of saying who something belongs to is to use *à* + the name of the owner or an emphatic pronoun (*moi, toi* etc)

C'est à qui, ce stylo?   Whose pen is this?
C'est à toi.   Is it yours?
Non, c'est à Paul.   No, it's Paul's.
Ah oui, c'est à moi.   Oh yes, it's mine.

This way of expressing possession is common in conversational French.

5.3 de + noun

There is no use of apostrophe '-s' in French, so to translate 'Marie's house' or 'Olivier's skis' you have to use *de* followed by the name of the owner:

C'est la maison de Marie.   It's Marie's house.
Ce sont les skis d'Olivier.   They are Olivier's skis.

If you don't actually name the person, you have to use the appropriate form of *de* (*du, de la, de l'* or *des*):

C'est la tente de la famille anglaise. It's the English family's tent.

6 Pronouns

6.1 Subject pronouns

Subject pronouns are pronouns like 'I', 'you' etc. which usually come before the verb. In French, the subject pronouns are:

je	I
tu	you (to a young person, close friend, relative)
il	he, it
elle	she, it
on	one, you
	we (often used in place of nous in spoken French)
	they, people in general
nous	we
vous	you (to an adult you don't know well)
	you (to more than one person)
ils	they (for a masculine plural noun)
	they (for a mixed group)
elles	they (for a feminine plural noun)

6.2 Object pronouns

These pronouns replace a noun, or a phrase containing a noun which is not the subject of the verb. They are used a lot in conversation and save you having to repeat a noun or phrase. The pronoun goes immediately before the verb, even when the sentence is a question or in the negative:

*Tu **le** vois?*   Can you see him?
*Non, je ne **le** vois pas.*   No, I can't see him.

If a verb is used with an infinitive, the pronoun goes before the infinitive:

*Quand est-ce que tu vas **les** voir?* When are you going to see them?
*Elle veut **l'**acheter tout de suite.*   She wants to buy it straight away.

In the perfect tense, the object pronoun goes before the auxiliary verb (*avoir* or *être*):

*C'est un bon film. Tu **l'**as vu?*   It's a good film. Have you seen it?

6.2a *le, la, les* (direct object pronouns)

Le replaces a masculine noun and *la* replaces a feminine noun to mean 'it', 'him' or 'her'. *Les* means 'them'.

*Tu prends **ton vélo**?*	*Oui, je **le** prends.*
Are you taking your bike?	Yes, I'm taking it.
*Vous prenez **votre écharpe**?*	*Oui, je **la** prends.*
Are you taking your scarf?	Yes, I'm taking it.
*N'oubliez pas **vos gants**!*	*Ça va, je **les** porte.*
Don't forget your gloves.	It's OK, I'm wearing them.
*Tu as vu **Philippe** en ville?*	*Oui, je **l'**ai vu au café.*
Did you see Philippe in town?	Yes, I saw him in the café.
*Tu verras **Nadia** ce soir?*	*Non, je ne **la** verrai pas.*
Will you see **Nadia** tonight?	No, I won't be seeing her.

These pronouns can also be used with *voici* and *voilà*:

*Tu as **ta carte**?*	***La** voilà.*	Here it is.
*Vous avez **votre billet**?*	***Le** voilà.*	Here it is.
*Où sont **Philippe et Claire**?*	***Les** voilà.*	Here they are.

6.2b *lui, leur* (indirect object pronouns)

– *Qu'est-ce que tu vas offrir **à ta sœur**?*
What will you give your sister?

– *Je vais **lui** offrir un CD.*	I'll give her a CD.
– *Et **à ton frère**?*	And your brother?
– *Je vais **lui** offrir un livre.*	I'll give him a book.

Lui is used to replace masculine or feminine singular nouns, often in a phrase beginning with *à*. It usually means 'to him' or 'for him' or 'to her' or 'for her'.

In the same way, *leur* is used to replace masculine or feminine plural nouns, often in a phrase beginning with *à* or *aux*. It usually means 'to them' or 'for them'.

– *Tu as déjà téléphoné **à tes parents**?*
– *Non, mais je vais **leur** téléphoner ce soir.*
Have you already phoned your parents?
No, but I'll phone them tonight.

6.2c *me, te, nous, vous*

These are used as both direct and indirect object pronouns.

Me (or *m'*) means 'me', 'to me' or 'for me':
– *Est-ce que tu peux **m'**acheter un timbre?*
– *Oui, si tu **me** donnes de l'argent.*
Can you buy me a stamp?
Yes, if you give me some money.

Te (or *t'*) means 'you', 'to you' or 'for you':
*Henri … Henri, je **te** parle. Qui **t'**a donné cet argent?*
Henri, I'm speaking to you. Who gave you this money?

Nous means 'us', 'to us' or 'for us':
*Jean-Pierre vient **nous** chercher à la maison.*
*Les autres **nous** attendent au café.*
Jean-Pierre is picking us up at home.
The others are waiting for us at the café.

Vous means 'you', 'to you' or 'for you':
*Je **vous** dois combien?* How much do I owe you?
*Je **vous** rendrai les skis la semaine prochaine.*
I'll give you the skis back next week.

6.3 *y*

Y usually means 'there' and is used instead of repeating the name of a place.

– *Quand vas-tu au marché?* When are you going to the market?
– *J'**y** vais dimanche.* I'm going there on Sunday.

It is also used to replace *à* or *dans* + a noun or phrase which does not refer to a person.

Est-ce que tu penses quelquefois à l'accident?
Do you sometimes think about the accident?
*Oui, j'**y** pense souvent.* Yes, I often think about it.

It is also used in the following:

il y a	there is, there are
il y a deux ans	two years ago
On y va?	Shall we go? Let's go
J'y vais	I'll go
Ça y est	It's done, that's it
Vas-y!/Allez-y!	Go on! Come on!
Je n'y peux rien	I can't do anything about it

6.4 *en*

En can mean 'of it', 'of them', 'some' or 'any'.

*J'aime le pain/les légumes, j'**en** mange beaucoup.*
I like bread/vegetables, I eat a lot of it/of them.

*Il y a un gâteau: tu **en** veux?* There is a cake: do you want some (of it)?

*Non merci, je n'**en** mange jamais.* No thank you, I never eat any (of it).

In French it is essential to include *en*, whereas in English the pronoun is often left out.

En is also used to replace an expression beginning with *de, d', du, de la, de l'* or *des*:

*Quand es-tu revenu **de Paris**?* When did you get back from Paris?

*J'**en** suis revenu samedi dernier.*
I got back (from there) last Saturday.

*Est-ce que j'aurai besoin **d'argent**?* Will I need any money?

*Oui, tu **en** auras besoin.* Yes, you will need some.

En is also used in the following expressions:

J'en ai assez	I have enough
J'en ai marre	I'm fed up with it
Il n'en reste plus	There's none (of it) left
Il n'y en a pas	There isn't/aren't any
Je n'en sais rien	I don't know anything about it

6.5 *qui* and *que*

Qui means 'who' when talking about people

*Voici l'infirmière **qui** travaille à la clinique à La Rochelle.*
There's the nurse who works in the hospital in La Rochelle.

When talking about things or places, *qui* means 'which' or 'that':

*C'est une ville française **qui** est très célèbre.*
It's a French town which is very famous.

It links two parts of a sentence together, or joins two short sentences into a longer one. It is never shortened before a vowel.

Que in the middle of a sentence means 'that' or 'which':

*C'est le cadeau **que** Christine a acheté pour son amie.*
It's the present that Christine bought for her friend.

*C'est un plat célèbre **qu'**on sert en Provence.*
It's a famous dish which is served in Provence.

Que can also refer to people:

*C'est le garçon **que** j'ai vu à Paris.* It's/He's the boy (that) I saw in Paris.

Sometimes you would miss 'that' out in English, but you can never leave *que* out in French.

Like *qui*, it links two parts of a sentence together or joins two short sentences into a longer one. But *que* is shortened to *qu'* before a vowel. The word or phrase which *que* replaces is the object of the verb, and not the subject:

– *Qu'est-ce que c'est comme livre?*
– *C'est le livre **que** Paul m'a offert à Noël.*

(In this example *que* refers to *le livre*. It (the book) didn't give itself to me, Paul gave it to me.)

Grammaire *(side margin)*

7 Prepositions

7.1 à (to, at)

singular			plural
masculine	feminine	before a vowel	(all forms)
au parc	à la piscine	à l'épicerie à l'hôtel	aux magasins

The word *à* can be used on its own with nouns which do not have an article (*le, la, les*):

Il va à Paris.　　　　　　　He's going to Paris.

7.2 de (of, from)

singular			plural
masculine	feminine	before a vowel	(all forms)
du centre-ville	de la gare	de l'hôtel	des magasins

Ce bus part du centre-ville.
This bus leaves from the town centre.

Je vais de la gare à la maison en taxi.
I go home from the station by taxi.

Elle téléphone de l'hôtel.
She is phoning from the hotel.

Elle est rentrée des magasins avec beaucoup d'achats.
She's come back from the shops with a lot of shopping.

De can be used on its own with nouns which do not have an article:

Elle vient de Boulogne.　　　She's come from Boulogne.

7.3 en (in, by, to, made of)

En is often used with the names of countries and regions:

Arles se trouve en Provence.　　Arles is in Provence.

Nous passons nos vacances en Italie.
We are spending our holidays in Italy.

You use *en* with most means of transport:

en bus　　　　　　　by bus
en voiture　　　　　　by car

You use *en* with dates, months and the seasons (except **le printemps**):

en 1900　　　　　in 1900
en janvier　　　　in January
en hiver　　　　　in winter
(but *au printemps*)　(in spring)

7.4 Other prepositions

à côté de	beside	entre	between
dans	in	loin de	far from
derrière	behind	près de	near to
devant	in front of	sur	on
en face de	opposite	sous	underneath

Le collège est en face du parc.　The school is opposite the park.
J'habite près de la piscine.　　I live near the swimming pool.

7.5 Prepositions with countries and towns

You use *à* (or *au*) with names of towns:

Je vais à Paris　　　　　I go to Paris.
Je passe mes vacances au Havre.
I spend the holidays at Le Havre

You use *en* (or *au* or *aux*) with names of countries:

Elle va en France. (**la** France)
Il passe ses vacances au Canada. (**le** Canada)
Je prends l'avion aux États-Unis. (**les** États-Unis)

To say where someone or something comes from, you use *de* (or *du* or *des*):

Je viens de Belgique. (**la** Belgique)
Ils viennent du Canada. (**le** Canada)
Elle vient des États-Unis. (**les** États-Unis)

8 The negative

8.1 ne ... pas

To say what is **not** happening or **didn't** happen (in other words to make a sentence negative), put *ne* (*n'*) and *pas* round the verb.

Je ne joue pas au badminton.　I don't play badminton.

In the perfect tense, *ne* and *pas* go round the auxiliary verb.

Elle n'a pas vu le film.　　She didn't see the film.

In reflexive verbs, the *ne* goes before the reflexive pronoun.

Il ne se lève pas.　　　　He's not getting up.

To tell someone not to do something, put *ne* and *pas* round the command.

N'oublie pas ton argent.　　Don't forget your money.
Ne regardez pas!　　　　Don't look!
N'allons pas en ville!　　Let's not go to town.

If two verbs are used together, *ne* and *pas* usually go round the first verb:

Je ne veux pas faire ça.　　I don't want to do that.

If there is an extra pronoun before the verb, *ne* goes before it:

Je n'en ai pas.　　　　I haven't any.
Il ne lui a pas téléphoné.　He didn't phone her.

Sometimes *pas* is used on its own:

Pas encore　　　　Not yet
Pas tout à fait　　Not quite
Pas du tout　　　Not at all

Remember to use *de* after the negative instead of *du, de la, des, un* or *une* (except with the verb *être*):

– *Avez-vous du lait?*　　Have you any milk?
– *Non, je ne vends pas de lait.*　No, I don't sell milk.

8.2 Other negative expressions

Here are some other negative expressions which work in the same way as *ne ... pas*:

* *ne ... plus*　　　　no more, no longer, none left
* *ne ... rien*　　　　nothing, not anything
* *ne ... jamais*　　　never, not ever

Je n'habite plus en France.　I no longer live in France.
Il n'y a rien à la télé.　　There's nothing on TV.
Je ne suis jamais allé à Paris.　I've never been to Paris.

The following expression works like *ne ... pas* in the present tense:

* *ne ... personne*　　　nobody, not anybody

However, in the perfect tense: the second part (*personne*) goes after the past participle:

Elle n'a vu personne ce matin.
She didn't see anyone this morning.

Rien, jamais and *personne* can be used on their own:

Qu'est-ce que tu as fait?　What did you do?
Rien de spécial.　　　　Nothing special.

Qui est dans le garage?　Who is in the garage?
Personne.　　　　　　Nobody

Avez-vous déjà fait du ski?　Have you ever been skiing?
Non, jamais.　　　　　No, never.

9 Asking questions

9.1 Ways of asking questions

There are several ways of asking a question in French.
You can just raise your voice in a questioning way:

Tu viens? ↗ Are you coming?
Vous avez décidé? ↗ Have you decided?

You can add *Est-ce que* to the beginning of the sentence:

Est-ce que vous êtes allé à Paris? Have you been to Paris?

You can turn the verb around:

Jouez-vous au badminton? Do you play badminton?

Notice that if the verb ends in a vowel in the third person you have to add -*t*- when you turn it round:

Joue-t-il au football? Does he play football?
Marie, a-t-elle ton adresse? Has Marie got your address?

In the perfect tense you just turn the auxiliary verb round:

As-tu écrit à Paul? Have you written to Paul?
Karima, a-t-elle téléphoné à Sophie?
Did Karima phone Sophie?

9.2 Question words

Qui est-ce? Who is it?
Quand arriverez-vous? When will you arrive?
Combien l'avez-vous payé? How much did you pay for it?
Combien de temps restez-vous en France?
How long are you staying in France?
Comment est-il? What is it (he) like?
Comment allez-vous? How are you?
Pourquoi avez-vous fait ça? Why did you do that?
Qu'est-ce que c'est? What is it?
C'est quoi? What is it?
À quelle heure? At what time?
Depuis quand? Since when?
D'où? From where?
Qui ...? Who ...?
Que?/Qu'est-ce que ...? What ...?

9.2a *quel*

Quel is an adjective and agrees with the noun that follows:

Quel âge avez-vous? How old are you?
De quelle nationalité est-elle? What nationality is she?
Quels sont vos horaires? What hours do you work?
Quelles matières préfères-tu? Which subjects do you prefer?

10 Verbs – main uses

10.1 Infinitive

This is the form of the verb which you would find in a dictionary. It means 'to ... ', e.g. 'to speak', 'to have'. Regular verbs in French have an infinitive which ends in -*er*, -*re* or -*ir*, e.g. *parler*, *vendre* or *finir*. The infinitive never changes its form.

Many common French verbs are irregular. These are listed in **Les verbes** (pages 158–160).

10.2 Tense

The tense of the verb tells you when something happened, is happening or is going to happen. Each verb has several tenses. There are several important tenses, such as the present tense, the perfect tense, the future tense and the imperfect tense.

10.3 The present tense

The present tense describes what is happening now, at the present time or what happens regularly.

Je travaille ce matin. I am working this morning.
Il vend des glaces aussi. He sells ice cream as well.
Elle joue au tennis le samedi. She plays tennis on Saturdays.

The expressions *depuis* and *ça fait ... que* are used with the present tense when the action is still going on:

Je l'attends depuis deux heures.
I've been waiting for him for two hours (and still am!).
Ça fait trois mois que je travaille en France.
I've been working in France for three months.

10.4 Imperative

To tell someone to do something, you use the imperative or command form.

Attends! Wait! (to someone you call *tu*)
Regardez ça! Look at that! (to people you call *vous*)

It is often used in the negative.

Ne fais pas ça! Don't do that!
N'effacez pas ... ! Don't rub out .... !

To suggest doing something, use the imperative form of *nous*.

Allons au cinéma! Let's go to the cinema!

It is easy to form the imperative: in most cases you just leave out *tu*, *vous* or *nous* and use the verb by itself. With -*er* verbs, you take the final -*s* off the *tu* form of the verb.

10.5 The perfect tense

The perfect tense is used to describe what happened in the past, an action which is completed and is not happening now.
It is made up of two parts: an auxiliary (helping) verb (either *avoir* or *être*) and a past participle.

Samedi dernier, j'ai chanté dans un concert.
Last Saturday, I sang in a concert.
Hier, ils sont allés à La Rochelle.
Yesterday, they went to La Rochelle.

10.5a Forming the past participle

Regular verbs form the past participle as follows:

-**er** verbs change to -**é**, e.g. *travailler* becomes *travaillé*
-**re** verbs change to -**u**, e.g. *attendre* becomes *attendu*
-**ir** verbs change to -**i**, e.g. *finir* becomes *fini*

Many verbs have irregular past participles.

10.5b *avoir* as the auxiliary verb

Most verbs form the perfect tense with *avoir*. This includes many common verbs which have irregular past participles, such as

avoir	*eu*		*faire*	*fait*
boire	*bu*		*mettre*	*mis*
comprendre	*compris*		*pouvoir*	*pu*
connaître	*connu*		*prendre*	*pris*
croire	*cru*		*savoir*	*su*
devoir	*dû*		*voir*	*vu*
dire	*dit*		*vouloir*	*voulu*
être	*été*			

With *avoir*, the past participle doesn't change to agree with the subject.

10.5c *être* as the auxiliary verb

About thirteen verbs, mostly verbs of movement like *aller* and *partir*, form the perfect tense with *être* as their auxiliary. Some compounds of these verbs (e.g. *revenir* and *rentrer*) and all reflexive verbs also form the perfect tense with *être*.

Here are three ways to help you remember which verbs use *être*.

1 If you have a visual memory, this picture may help you.

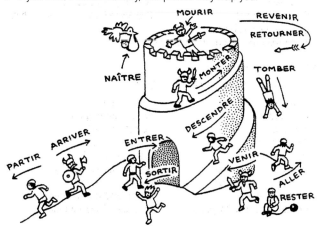

2 Learn them in pairs of opposites according to their meaning. Here are ten of them in pairs:

aller	to go	je suis allé
venir	to come	je suis venu
entrer	to go in	je suis entré
sortir	to go out	je suis sorti
arriver	to arrive	je suis arrivé
partir	to leave, to depart	je suis parti
descendre	to go down	je suis descendu
monter	to go up	je suis monté
rester	to stay, to remain	je suis resté
tomber	to fall	je suis tombé

and one odd one:

retourner	to return	je suis retourné*

Here is one more pair of opposites:

naître	to be born	il est né
mourir	to die	il est mort

*revenir (like *venir*) and *rentrer* (like *entrer*) can often be used instead of *retourner*.

3 Each letter in the phrase '**Mrs van de Tramp**' stands for a different verb. Can you work them out?

When you form the perfect tense with *être*, the past participle agrees with the subject of the verb (the person doing the action). This means that you need to add an extra -e if the subject is feminine, and to add an extra -s if the subject is plural (more than one). Often the past participle doesn't actually sound any different when you hear it or say it.

je suis allé/allée	nous sommes allés/allées
tu es allé/allée	vous êtes allé/allée/allés/allées
il est allé	ils sont allés
elle est allée	elles sont allées
on est allé/allée/allés/allées	

10.6 The imperfect tense

The imperfect tense is another past tense.
It is used to describe something that used to happen frequently or regularly in the past:

Quand j'étais petit, j'allais chez ma tante tous les week-ends.
When I was small, I used to go to my aunt's every weekend.

It is also used for description in the past, particularly of weather:

J'étais en vacances. Il faisait beau.
I was on holiday. The weather was fine.
L'homme, comment était-il? What was the man like?
Est-ce qu'il portait des lunettes? Did he wear glasses?

It describes how things used to be:

À cette époque, il y avait beaucoup moins de circulation.
At that time, there was much less traffic.

It often translates 'was ... ing' and 'were ... ing':

Que faisiez-vous quand j'ai téléphoné?
What were you doing when I phoned?

It can be used to describe something you wanted to do, but didn't:

Nous voulions aller à Paris, mais il y avait une grève des transports.
We wanted to go to Paris but there was a transport strike.

It describes something that lasted for a long period of time:

En ce temps-là, nous habitions à Marseille.
At that time we lived in Marseille.

C'était + adjective can be used to say what you thought of something:

C'était magnifique.	It was great.
C'était affreux.	It was awful.

The imperfect tense can often be used for making excuses, for example in the following expressions:

Ce n'était pas de ma faute.	It wasn't my fault.
Je croyais/pensais que ...	I thought that ...
Je voulais seulement ...	I only wanted to ...
Je ne savais pas que ...	I didn't know that ...

10.6a Forming the imperfect tense

The endings for the imperfect tense are the same for all verbs:

je	... **ais**	nous	... **ions**
tu	... **ais**	vous	... **iez**
il	... **ait**	ils	... **aient**
elle	... **ait**	elles	... **aient**
on	... **ait**		

To form the imperfect tense, you take the *nous* form of the present tense, e.g. *nous allons*. Take away the *nous* and the -ons ending. This leaves the imperfect stem *all-*. Then add the imperfect endings:

j'all**ais**	nous all**ions**
tu all**ais**	vous all**iez**
il all**ait**	ils all**aient**
elle all**ait**	elles all**aient**
on all**ait**	

A few verbs form the imperfect stem (the part before the endings) in a different way, but the endings are always the same.
The most important exception is *être*. The imperfect stem is *ét-*.

j'étais	nous étions
tu étais	vous étiez
il était	ils étaient
elle était	elles étaient
on était	

In the present tense, verbs like *manger*, *ranger* etc. take an extra -e in the *nous* form. This is to make the g sound soft (like a j sound). However, the extra -e is not needed before -i:

je mang**e**ais	nous mangions
tu mang**e**ais	vous mangiez
il mang**e**ait	ils mang**e**aient
elle mang**e**ait	elles mang**e**aient
on mang**e**ait	

Similarly, with verbs like *commencer*, *lancer* etc. the final c becomes ç before *a* or *o* to make it sound soft. This gives *je commençais* but *nous commencions* etc.

10.7 Using the perfect and imperfect tenses

The imperfect tense and the perfect tense are often used together. One way to help you decide which tense to use is to imagine a river running along, with bridges crossing over it at intervals. The river represents something going on continuously, a state of affairs. The bridges cut across the river: they represent single actions, things that happened and are completed.

The imperfect tense is like the river: it describes the state of things, what was going on, e.g. *il faisait beau*. The perfect tense is like the bridges: it is used for the actions and events, for single things which happened and are completed, e.g. *Nous sommes allés à la plage*.

10.8 The future tense

The future tense is used to describe what will (or will not) happen at some future time:

> *L'année prochaine, je passerai mes vacances à Paris.*
> Next year I'll spend my holidays in Paris.
> *Qu'est-ce que tu feras quand tu quitteras l'école?*
> What will you do when you leave school?

The future tense must be used after *quand* if the idea of future tense is implied. (This differs from English.)

> *Je lui dirai de vous téléphoner quand il rentrera.*
> I'll ask him to phone you when he gets home.

The endings for the future tense are the same as the endings of the verb *avoir* in the present tense.

je	... **ai**	nous	... **ons**
tu	... **as**	vous	... **ez**
il	... **a**	ils	... **ont**
elle	... **a**	elles	... **ont**
on	... **a**		

10.8a Regular *-er* and *-ir* verbs

To form the future tense of these verbs, you just add the endings to the infinitive of the verb:

travailler	je travaillerai	partir	nous partirons
donner	tu donneras	jouer	vous jouerez
finir	il finira	sortir	ils sortiront

10.8b Regular *-re* verbs

To form the future tense, you take the final -e off the infinitive and add the endings:

prendre	je prendrai
attendre	elles attendront

10.8c Irregular verbs

Some common verbs don't form the first part of the verb (the future stem) in this way. But they still have the same endings:

acheter	j'achèterai	faire	je ferai
aller	j'irai	pouvoir	je pourrai
avoir	j'aurai	recevoir	je recevrai
courir	je courrai	savoir	je saurai
devoir	je devrai	venir	je viendrai
envoyer	j'enverrai	voir	je verrai
être	je serai	vouloir	je voudrai

You will notice that, in all cases, the endings are added to a stem which ends in -r. This means that you will hear an r sound whenever the future tense is used.

10.8d *aller* + infinitive

You can use the present tense of the verb *aller* followed by an infinitive to talk about the future and what you are going to do:

> *Qu'est-ce que vous allez faire ce week-end?*
> What are you going to do this weekend?
> *Je vais passer le week-end à Paris.*
> I'm going to spend the weekend in Paris.

11 Reflexive verbs

11.1 Infinitive

Reflexive verbs are listed in a dictionary with the pronoun *se* (called the reflexive pronoun) in front of the infinitive, e.g. *se lever*. The *se* means 'self' or 'each other' or 'one another'.

Je me lave.	I get (myself) washed.
Ils se regardaient.	They were looking at each other.
Quand est-ce qu'on va se revoir?	
When shall we see one another again?	

11.2 The present tense

Many reflexive verbs are regular *-er* verbs:

Je me lave	I get washed
Tu te lèves?	Are you getting up?
Il se rase	He gets shaved
Elle s'habille	She gets dressed
On s'amuse	We have fun
Nous nous débrouillons	We manage/We get by
Vous vous dépêchez?	Are you in a hurry?
Ils se présentent	They introduce themselves
Elles se disputent (toujours)	They are (always) arguing

11.3 Commands

To tell someone to do (or not to do) something, use the imperative or command form.

Reflexive verbs follow this pattern – in the *tu* form, *te* changes to *toi*:

Lève-toi!	Stand up!
Amusez-vous bien!	Have a good time!
Dépêchons-nous!	Let's hurry!

In the negative, this changes as follows:

Ne te lève pas!	Don't get up!
Ne vous inquiétez pas!	Don't worry!
Ne nous dépêchons pas!	Let's not rush!

11.4 The perfect tense

Reflexive verbs form the perfect tense with *être*. Add an **-e** to the past participle if the subject is feminine and an **-s** if it is plural.

se réveiller

je me suis réveillé(e)	*nous nous sommes réveillé(e)s*
tu t'es réveillé(e)	*vous vous êtes réveillé(e)(s)*
il s'est réveillé	*ils se sont réveillés*
elle s'est réveillée	*elles se sont réveillées*
on s'est réveillé(e)(s)	

12 Verbs – some special uses

12.1 *avoir*

In French, *avoir* is used for certain expressions where the verb 'to be' is used in English:

J'ai ...	*... quatorze ans.*	I'm fourteen.
Tu as ...	*... quel âge?*	How old are you?
Il a ...	*... froid.*	He's cold.
Elle a ...	*... chaud.*	She's hot.
Nous avons ...	*... faim.*	We're hungry.
Vous avez ...	*... soif?*	Are you thirsty?
Ils ont ...	*... mal aux dents.*	They've got toothache.
Elles ont ...	*... peur.*	They're afraid.

Avoir is also used in *avoir besoin de* (to need; to have need of).

> *J'ai besoin d'argent.*   I need some money.

12.2 *devoir*

The verb *devoir* has different uses:

1 to owe

When it means 'to owe', *devoir* is not followed by an infinitive:

*Je te **dois** combien?*	How much do I **owe** you?

2 to have to, must

With this meaning, *devoir* is nearly always followed by a second verb in the infinitive:

*Je **dois** partir à 10 heures.*	I have to leave at 10.00.
*Elle **a dû** travailler tard.*	She had to work late.

12.3 *faire*

The verb *faire* is used with weather phrases:

Il fait beau.	The weather's fine.
Il fait froid.	It's cold.

It is also used to describe some activities and sports:

faire des courses	to go shopping
faire du vélo	to go cycling

12.4 *savoir* and *connaître* (to know)

Savoir is used when you want to talk about knowing specific facts or knowing how to do something.

Je ne savais pas que son père était mort.	
I didn't know that his father was dead.	
Tu sais faire du ski?	Do you know how to ski?

Connaître is used to say you know people or places. It has the sense of 'being acquainted with'.

Vous connaissez mon professeur de français?	
Do you know my French teacher?	
Il connaît bien Paris.	He knows Paris well.

12.5 *savoir* and *pouvoir* (know how to, can)

Savoir is used to say you can (know how to) do something.

Tu sais jouer du piano?	
Can you (Do you know how to) play the piano?	

Pouvoir is used to say whether something is possible or not.

Tu peux venir à la maison, samedi?	
Can you (Is it possible for you to) come to the house on Saturday?	

12.6 *venir de*

To say something has just happened, you use the present tense of *venir* + *de* + the infinitive:

Elle vient de téléphoner.	She's just phoned.
Vous venez d'arriver?	Have you just arrived?
Ils viennent de partir.	They've just left.

To say something had just happened, you use the imperfect tense of *venir de* + the infinitive:

Elle venait de partir, quand il a téléphoné.	
She had just left when he phoned.	

13 Verb constructions

It is common to find two verbs in sequence in a sentence: a main verb followed by an **infinitive**.
Sometimes the infinitive follows directly, sometimes you must use *à* or *de* before the infinitive.

13.1 Verbs followed directly by the infinitive

adorer	to love
aimer	to like, love
aller	to go
détester	to hate
devoir	to have to, must
espérer	to hope
penser	to think, intend
pouvoir	to be able, can
préférer	to prefer
savoir	to know how
vouloir	to want, wish

*Que **pensez**-vous faire l'année prochaine?*	
What are you thinking of doing next year?	
***Aimez**-vous **étudier**?*	Do you like studying?

13.2 Verbs followed by *à* + infinitive

A small number of verbs are followed by *à* + infinitive:

aider qqn à	to help someone to
s'amuser à	to enjoy doing
apprendre à	to learn to
commencer à	to begin to
consentir à	to agree to
continuer à	to continue to
encourager à	to encourage to
hésiter à	to hesitate to
s'intéresser à	to be interested in
inviter qqn à	to invite someone to
se mettre à	to begin to
passer (du temps) à	to spend time in
réussir à	to succeed in

*Il **a commencé à pleuvoir**.*	
It started to rain/It started raining.	
*J'**ai passé** tout le week-end **à faire** mes devoirs.*	
I spent all weekend doing my homework.	

13.3 Verbs followed by *de* + infinitive

Many verbs are followed by *de* + infinitive. Here are some of the most common:

arrêter de	to stop
cesser de	to stop
décider de	to decide to
se dépêcher de	to hurry
empêcher de	to prevent
essayer de	to try to
éviter de	to avoid
menacer de	to threaten to
être obligé de	to be obliged to
oublier de	to forget to
refuser de	to refuse to

*Il **a cessé de neiger**.*	
It's stopped snowing.	
*Nous **étions obligés de rester** jusqu'au matin.*	
We had to stay until the morning.	

Many expressions with *avoir* are followed by *de* + infinitive:

avoir besoin de	to need to
avoir l'intention de	to intend to
avoir peur de	to be afraid of
avoir le droit de	to have the right to, be allowed to
avoir le temps de	to have time to
avoir envie de	to wish, want to

*Elle **avait peur de dire** la vérité.*	
She was afraid of telling the truth.	

14 Les verbes

14.1 Regular verbs

The following verbs show the main patterns for regular verbs. There are three main groups: those whose infinitives end in -er, -ir or -re. Verbs which do not follow these patterns are called irregular verbs.

infinitive	present	perfect	imperfect	future
jouer *to play*	je jou**e** tu jou**es** il jou**e**	j'ai jou**é** tu as jou**é** il a jou**é**	je jou**ais** tu jou**ais** il jou**ait**	je jouer**ai** tu jouer**as** il jouer**a**
imperative joue! jouons! jouez!	elle jou**e** on jou**e** nous jou**ons** vous jou**ez** ils jou**ent** elles jou**ent**	elle a jou**é** on a jou**é** nous avons jou**é** vous avez jou**é** ils ont jou**é** elles ont jou**é**	elle jou**ait** on jou**ait** nous jou**ions** vous jou**iez** ils jou**aient** elles jou**aient**	elle jouer**a** on jouer**a** nous jouer**ons** vous jouer**ez** ils jouer**ont** elles jouer**ont**
choisir *to choose*	je chois**is** tu chois**is** il chois**it**	j'ai chois**i** tu as chois**i** il a chois**i**	je chois**issais** tu chois**issais** il chois**issait**	je choisir**ai** tu choisir**as** il choisir**a**
imperative choisis! choisissons! choisissez!	elle chois**it** on chois**it** nous chois**issons** vous chois**issez** ils chois**issent** elles chois**issent**	elle a chois**i** on a chois**i** nous avons chois**i** vous avez chois**i** ils ont chois**i** elles ont chois**i**	elle chois**issait** on chois**issait** nous chois**issions** vous chois**issiez** ils chois**issaient** elles chois**issaient**	elle choisir**a** on choisir**a** nous choisir**ons** vous choisir**ez** ils choisir**ont** elles choisir**ont**
vendre *to sell*	je vend**s** tu vend**s** il vend	j'ai vend**u** tu as vend**u** il a vend**u**	je vend**ais** tu vend**ais** il vend**ait**	je vendr**ai** tu vendr**as** il vendr**a**
imperative vends! vendons! vendez!	elle vend on vend nous vend**ons** vous vend**ez** ils vend**ent** elles vend**ent**	elle a vend**u** on a vend**u** nous avons vend**u** vous avez vend**u** ils ont vend**u** elles ont vend**u**	elle vend**ait** on vend**ait** nous vend**ions** vous vend**iez** ils vend**aient** elles vend**aient**	elle vendr**a** on vendr**a** nous vendr**ons** vous vendr**ez** ils vendr**ont** elles vendr**ont**

Some verbs are only slightly irregular. Here are some which you have met.
The main difference in the verbs **acheter** and **jeter** is in the *je*, *tu*, *il/elle/on* and *ils/elles* forms of the present tense and in the stem for the future tense:

infinitive	present	future	infinitive	present	future
acheter *to buy* **imperative** achète! achetons! achetez!	j'ach**è**te tu ach**è**tes il ach**è**te nous achetons vous achetez ils ach**è**tent	j'ach**è**terai tu ach**è**teras il ach**è**tera nous ach**è**terons vous ach**è**terez ils ach**è**teront	**jeter** *to throw* **imperative** jette! jetons! jetez!	je je**tt**e tu je**tt**es il je**tt**e nous jetons vous jetez ils je**tt**ent	je je**tt**erai tu je**tt**eras il je**tt**era nous je**tt**erons vous je**tt**erez ils je**tt**eront

manger (and **arranger**, **nager**, **partager**, **ranger**, **voyager** etc.)
There is an extra e before endings starting with a, o or u to make the g sound soft.
present: nous mang**e**ons; **imperfect:** je mang**e**ais etc.

commencer (and **placer**, **remplacer** etc.)
The second c becomes ç before endings starting with a, o or u to make the c sound soft.
present: nous commen**ç**ons; **imperfect:** je commen**ç**ais etc.

14.2 Reflexive verbs

Reflexive verbs are used with a reflexive pronoun (*me*, *te*, *se*, *nous*, *vous*). Sometimes this means 'self' or 'each other'.
Many reflexive verbs are regular -er verbs and they all form the perfect tense with *être* as the auxiliary, so add -e if the subject is feminine, add -s if the suject is plural.

infinitive	present		perfect		imperative
se laver *to get washed,* *wash oneself*	je **me** lave tu **te** laves il **se** lave elle **se** lave on **se** lave	nous **nous** lavons vous **vous** lavez ils **se** lavent elles **se** lavent	je **me** suis lavé(e) tu **t'**es lavé(e) il **s'**est lavé elle **s'**est lavée on **s'**est lavé(e)(s)	nous **nous** sommes lavé(e)s vous **vous** êtes lavé(e)(s) ils **se** sont lavés elles **se** sont lavées	lave-**toi**! lavons-**nous**! lavez-**vous**!

Grammaire

14.3 Irregular verbs

In the following verbs the *il* form is given. The *elle* and *on* forms follow the same pattern unless shown separately. The same applies to *ils* and *elles*.

infinitive	present	perfect	imperfect	future
aller	je vais	je suis allé(e)	j'allais	j'irai
to go	tu vas	tu es allé(e)	tu allais	tu iras
	il va	il est allé	il allait	il ira
imperative		elle est allée		
va!	nous allons	nous sommes allé(e)s	nous allions	nous irons
allons!	vous allez	vous êtes allé(e)(s)	vous alliez	vous irez
allez!	ils vont	ils sont allés	ils allaient	ils iront
		elles sont allées		
apprendre *to learn*	see **prendre**			
avoir	j'ai	j'ai eu	j'avais	j'aurai
to have	tu as	tu as eu	tu avais	tu auras
imperative	il a	il a eu	il avait	il aura
aie!	nous avons	nous avons eu	nous avions	nous aurons
ayons!	vous avez	vous avez eu	vous aviez	vous aurez
ayez!	ils ont	ils ont eu	ils avaient	ils auront
boire	je bois	j'ai bu	je buvais	je boirai
to drink	tu bois	tu as bu	tu buvais	tu boiras
imperative	il boit	il a bu	il buvait	il boira
bois!	nous buvons	nous avons bu	nous buvions	nous boirons
buvons!	vous buvez	vous avez bu	vous buviez	vous boirez
buvez!	ils boivent	ils ont bu	ils buvaient	ils boiront
comprendre *to understand*	see **prendre**			
connaître	je connais	j'ai connu	je connaissais	je connaîtrai
to know	tu connais	tu as connu	tu connaissais	tu connaîtras
imperative	il connaît	il a connu	il connaissait	il connaîtra
connais!	nous connaissons	nous avons connu	nous connaissions	nous connaîtrons
connaissons!	vous connaissez	vous avez connu	vous connaissiez	vous connaîtrez
connaissez!	ils connaissent	ils ont connu	ils connaissaient	ils connaîtront
considérer *to consider*	see **espérer**			
courir	je cours	j'ai couru	je courais	je courrai
to run	tu cours	tu as couru	tu courais	tu courras
imperative	il court	il a couru	il courait	il courra
cours!	nous courons	nous avons couru	nous courions	nous courrons
courons!	vous courez	vous avez couru	vous couriez	vous courrez
courez!	ils courent	ils ont couru	ils couraient	ils courront
croire	je crois	j'ai cru	je croyais	je croirai
to believe,	tu crois	tu as cru	tu croyais	tu croiras
to think	il croit	il a cru	il croyait	il croira
imperative	nous croyons	nous avons cru	nous croyions	nous croirons
crois!	vous croyez	vous avez cru	vous croyiez	vous croirez
croyons!	ils croient	ils ont cru	ils croyaient	ils croiront
croyez!				
devoir	je dois	j'ai dû	je devais	je devrai
to have to	tu dois	tu as dû	tu devais	tu devras
imperative	il doit	il a dû	il devait	il devra
dois!	nous devons	nous avons dû	nous devions	nous devrons
devons!	vous devez	vous avez dû	vous deviez	vous devrez
devez!	ils doivent	ils ont dû	ils devaient	ils devront
dire	je dis	j'ai dit	je disais	je dirai
to say	tu dis	tu as dit	tu disais	tu diras
imperative	il dit	il a dit	il disait	il dira
dis!	nous disons	nous avons dit	nous disions	nous dirons
disons!	vous dites	vous avez dit	vous disiez	vous direz
dites!	ils disent	ils ont dit	ils disaient	ils diront

infinitive	present	perfect	imperfect	future
écrire	j'écris	j'ai écrit	j'écrivais	j'écrirai
to write	tu écris	tu as écrit	tu écrivais	tu écriras
imperative	il écrit	il a écrit	il écrivait	il écrira
écris!	nous écrivons	nous avons écrit	nous écrivions	nous écrirons
écrivons!	vous écrivez	vous avez écrit	vous écriviez	vous écrirez
écrivez!	ils écrivent	ils ont écrit	ils écrivaient	ils écriront
envoyer	j'envoie	j'ai envoyé	j'envoyais	j'enverrai
to send	tu envoies	tu as envoyé	tu envoyais	tu enverras
imperative	il envoie	il a envoyé	il envoyait	il enverra
envoie!	nous envoyons	nous avons envoyé	nous envoyions	nous enverrons
envoyons!	vous envoyez	vous avez envoyé	vous envoyiez	vous enverrez
envoyez!	ils envoient	ils ont envoyé	ils envoyaient	ils enverront
espérer	j'espère	j'ai espéré	j'espérais	j'espérerai
to hope	tu espères	tu as espéré	tu espérais	tu espéreras
imperative	il espère	il a espéré	il espérait	il espérera
espère!	nous espérons	nous avons espéré	nous espérions	nous espérerons
espérons!	vous espérez	vous avez espéré	vous espériez	vous espérerez
espérez!	ils espèrent	ils ont espéré	ils espéraient	ils espéreront
essayer	j'essaie	j'ai essayé	j'essayais	j'essayerai
to try	tu essaies	tu as essayé	tu essayais	tu essayeras
imperative	il essaie	il a essayé	ils essayait	il essayera
essaie!	nous essayons	nous avons essayé	nous essayions	nous essayerons
essayons!	vous essayez	vous avez essayé	vous essayiez	vous essayerez
essayez!	ils essaient	ils ont essayé	ils essayaient	ils essayeront
être	je suis	j'ai été	j'étais	je serai
to be	tu es	tu as été	tu étais	tu seras
imperative	il est	il a été	il était	il sera
sois!	nous sommes	nous avons été	nous étions	nous serons
soyons!	vous êtes	vous avez été	vous étiez	vous serez
soyez!	ils sont	ils ont été	ils étaient	ils seront
faire	je fais	j'ai fait	je faisais	je ferai
to do, make	tu fais	tu as fait	tu faisais	tu feras
imperative	il fait	il a fait	il faisait	il fera
fais!	nous faisons	nous avons fait	nous faisions	nous ferons
faisons!	vous faites	vous avez fait	vous faisiez	vous ferez
faites!	ils font	ils ont fait	ils faisaient	ils feront
se lever	je me lève	je me suis levé(e)	je me levais	je me lèverai
to get up	tu te lèves	tu t'es levé(e)	tu te levais	tu te lèveras
imperative	il se lève	il s'est levé	il se levait	il se lèvera
lève-toi!		elle s'est levée		
levons-nous!	nous nous levons	nous nous sommes levé(e)s	nous nous levions	nous nous lèverons
levez-vous!	vous vous levez	vous vous êtes levé(e)(s)	vous vous leviez	vous vous lèverez
	ils se lèvent	ils se sont levés	ils se levaient	ils se lèveront
		elles se sont levées		
lire	je lis	j'ai lu	je lisais	je lirai
to read	tu lis	tu as lu	tu lisais	tu liras
imperative	il lit	il a lu	il lisait	il lira
lis!	nous lisons	nous avons lu	nous lisions	nous lirons
lisons!	vous lisez	vous avez lu	vous lisiez	vous lirez
lisez!	ils lisent	ils ont lu	ils lisaient	ils liront
mettre	je mets	j'ai mis	je mettais	je mettrai
to put, put on	tu mets	tu as mis	tu mettais	tu mettras
imperative	il met	il a mis	il mettait	il mettra
mets!	nous mettons	nous avons mis	nous mettions	nous mettrons
mettons!	vous mettez	vous avez mis	vous mettiez	vous mettrez
mettez!	ils mettent	ils ont mis	ils mettaient	ils mettront

Les verbes

infinitive	present	perfect	imperfect	future
ouvrir	j'ouvre	j'ai ouvert	j'ouvrais	j'ouvrirai
to open	tu ouvres	tu as ouvert	tu ouvrais	tu ouvriras
imperative	il ouvre	il a ouvert	il ouvrait	il ouvrira
ouvre!	nous ouvrons	nous avons ouvert	nous ouvrions	nous ouvrirons
ouvrons!	vous ouvrez	vous avez ouvert	vous ouvriez	vous ouvrirez
ouvrez!	ils ouvrent	ils ont ouvert	ils ouvraient	ils ouvriront
partir	je pars	je suis parti(e)	je partais	je partirai
to leave, depart	tu pars	tu es parti(e)	tu partais	tu partiras
imperative	il part	Il est parti	il partait	il partira
pars!		elle est partie		
partons!	nous partons	nous sommes parti(e)s	nous partions	nous partirons
partez!	vous partez	vous êtes parti(e)(s)	vous partiez	vous partirez
	ils partent	ils sont partis	ils partaient	ils partiront
		elles sont parties		
pouvoir	je peux	j'ai pu	je pouvais	je pourrai
to be able to	tu peux	tu as pu	tu pouvais	tu pourras
(I can etc.)	il peut	il a pu	il pouvait	il pourra
	nous pouvons	nous avons pu	nous pouvions	nous pourrons
	vous pouvez	vous avez pu	vous pouviez	vous pourrez
	ils peuvent	ils ont pu	ils pouvaient	ils pourront
prendre	je prends	j'ai pris	je prenais	je prendrai
to take	tu prends	tu as pris	tu prenais	tu prendras
imperative	il prend	il a pris	il prenait	il prendra
prends!	nous prenons	nous avons pris	nous prenions	nous prendrons
prenons!	vous prenez	vous avez pris	vous preniez	vous prendrez
prenez!	ils prennent	ils ont pris	ils prenaient	ils prendront
préférer *to prefer*	see **espérer**			
recevoir	je reçois	j'ai reçu	je recevais	je recevrai
to receive	tu reçois	tu as reçu	tu recevais	tu recevras
imperative	il reçoit	il a reçu	il recevait	il recevra
reçois!	nous recevons	nous avons reçu	nous recevions	nous recevrons
recevons!	vous recevez	vous avez reçu	vous receviez	vous recevrez
recevez!	ils reçoivent	ils ont reçu	ils recevaient	ils recevront
savoir	je sais	j'ai su	je savais	je saurai
to know	tu sais	tu as su	tu savais	tu sauras
imperative	il sait	il a su	il savait	il saura
sache!	nous savons	nous avons su	nous savions	nous saurons
sachons!	vous savez	vous avez su	vous saviez	vous saurez
sachez!	ils savent	ils ont su	ils savaient	ils sauront
sortir *to go out*	see **partir**			
venir	je viens	je suis venu(e)	je venais	je viendrai
to come	tu viens	tu es venu(e)	tu venais	tu viendras
imperative	il vient	il est venu	il venait	il viendra
viens!		elle est venue		
venons!	nous venons	nous sommes venu(e)s	nous venions	nous viendrons
venez!	vous venez	vous êtes venu(e)(s)	vous veniez	vous viendrez
	ils viennent	ils sont venus	ils venaient	ils viendront
		elles sont venues		
voir	je vois	j'ai vu	je voyais	je verrai
to see	tu vois	tu as vu	tu voyais	tu verras
imperative	il voit	il a vu	il voyait	il verra
vois!	nous voyons	nous avons vu	nous voyions	nous verrons
voyons!	vous voyez	vous avez vu	vous voyiez	vous verrez
voyez!	ils voient	ils ont vu	ils voyaient	ils verront
vouloir	je veux	j'ai voulu	je voulais	je voudrai
to want	tu veux	tu as voulu	tu voulais	tu voudras
imperative	il veut	il a voulu	il voulait	il voudra
veuille!	nous voulons	nous avons voulu	nous voulions	nous voudrons
veuillons!	vous voulez	vous avez voulu	vous vouliez	vous voudrez
veuillez!	ils veulent	ils ont voulu	ils voulaient	ils voudront

1 Asking and answering questions

a Des questions — Question words

c'est quoi?	what is it?
combien?	how many?
combien de temps?	how long? how much time?
comment?	how, what ... like?
de quelle couleur?	what colour?
où?	where?
pourquoi?	why?
qu'est-ce que c'est?	what is it/that?
qu'est-ce que tu aimes comme ...?	what sort of ... do you like?
quand?	when?
que?/qu'est-ce que?	what?
que veut dire ...?	what does ... mean?
quel/quelle/ quels/ quelles ...?	what ...? which ...?
qui?	who?
quoi?	what?

b Pour répondre aux questions — Answering questions

il y a ...	there is .../there are ...
il n'y a pas ...	there isn't .../ there aren't ...
c'est ...	it's ...
ce n'est pas ...	it isn't ...
voici ...	here is .../here are ...
voilà ...	there is .../there are ...
voilà pourquoi	that's why
parce que	because
peut-être	perhaps
c'est possible	it's possible
je ne sais pas	I don't know

2 Saying where things are

a C'est où? — Where is it?

à	in, at, to
à côté de	next to
au bord de	on the edge of
au bout de	at the end of
au centre de	at the centre of
au coin de	at the corner of
au-dessous de	below
au-dessus de	above
au milieu de	in the middle of
avant	before
contre	against
dans	in
derrière	behind
devant	in front of
en bas	below
en haut	above
en face de	opposite
entre	in between
ici	here
jusqu'à	as far as
là	there
là-bas	over there
loin de	far from
vers	towards

continuer	to continue
descendre	to go down
monter	to go up

b À quelle distance? — How far?

loin de	far from
près de	near
près d'ici	near here
proche	nearby, close
tout près	very close
à ... kilomètres de	... kilometres from
à ... milles de	... miles from

c Quelle direction? — Which direction?

à droite	(on the) right
à gauche	(on the) left
tout droit	straight ahead

d Les points cardinaux — Points of the compass

nord	north
sud	south
est	east
ouest	west
nord-est	north-east
nord-ouest	north-west
sud-est	south east
sud-ouest	south-west

3 Numbers

a Les nombres — Numbers

0	zéro	21	vingt et un
1	un	22	vingt-deux
2	deux	23	vingt-trois
3	trois	30	trente
4	quatre	31	trente et un
5	cinq	40	quarante
6	six	41	quarante et un
7	sept	50	cinquante
8	huit	51	cinquante et un
9	neuf	60	soixante
10	dix	61	soixante et un
11	onze	70	soixante-dix
12	douze	71	soixante et onze
13	treize	72	soixante-douze
14	quatorze	80	quatre-vingts
15	quinze	81	quatre-vingt-un
16	seize	82	quatre-vingt-deux
17	dix-sept	90	quatre-vingt-dix
18	dix-huit	91	quatre-vingt-onze
19	dix-neuf	100	cent
20	vingt	1000	mille
		1 000 000	(un) million

b Dans l'ordre — In order

premier (première)	first
deuxième	second
troisième	third
quatrième	fourth
cinquième	fifth
vingtième	twentieth
vingt et unième	twenty-first

4 Time and date

a L'heure — Time

Il est une heure/deux heures/trois heures ...

... moins cinq 11 12 1 ... cinq
... moins dix 10 2 ... dix
... moins le quart 9 Quelle heure est-il? 3 ... et quart
... moins vingt 8 4 ... vingt
... moins vingt-cinq 7 6 5 ... vingt-cinq
... et demi

| 12:00 | Il est midi. / Il est minuit. | 12:30 | Il est midi et demi. / Il est minuit et demi. |

b Les jours de la semaine — Days of the week

lundi	Monday
mardi	Tuesday
mercredi	Wednesday
jeudi	Thursday
vendredi	Friday
samedi	Saturday
dimanche	Sunday

c Les mois de l'année — Months of the year

janvier	January
février	February
mars	March
avril	April
mai	May
juin	June
juillet	July
août	August
septembre	September
octobre	October
novembre	November
décembre	December

d Les saisons — Seasons

en hiver (m)	in winter
au printemps (m)	in spring
en été (m)	in summer
en automne (m)	in autumn

e Expressions utiles — General time expressions

après	after
combien de temps?	how long?
combien de fois?	how often?
d'abord	first of all
d'habitude	normally
de temps en temps	now and again
durer	to last
encore une fois	once more
enfin	at last
en général	in general
ensuite	next
généralement	usually
longtemps	for a long time
normalement	normally
plus tard	later
puis	then
quelquefois	sometimes
seulement	only
souvent	often

toujours	always
tous les jours	every day
toutes les (dix) minutes	every (ten) minutes
très peu de	very little, not much

5 Giving descriptions

a *Des caractéristiques physiques* — **Physical appearance**

avoir environ ... ans	to be aged about ...
barbe (f)	beard
beau (bel, belle)	beautiful/lovely/good looking
chauve	bald
cheveux (m pl)	hair
court(e)	short
fort	well built, strong
frisé	curly
grand	tall
gros(se)	big
joli	pretty
long(ue)	long
lunettes (f pl)	glasses
mince	slim
moustache (f)	moustache
petit	small
raide	straight
sembler	to seem
de taille moyenne	medium size
yeux (m pl)	eyes

b *Des caractéristiques personnelles* — **Personal characteristics**

agréable	pleasant
aimable	polite, kind, likeable
ambitieux(-euse)	ambitious
amusant	amusing, funny
calme	quiet
content	happy, contented
fatigant	tiring
fort	strong
généreux(-euse)	generous
gentil(le)	nice, kind
heureux(-euse)	happy
honnête	honest
impatient	impatient
impoli	impolite, rude
intelligent	intelligent
malheureux (-euse)	unhappy
méchant	naughty, bad, spiteful
mignon(ne)	sweet, cute
paresseux(-euse)	lazy
patient	patient
poli	polite
sportif(-ive)	sporty, athletic
sympa (inv.)	nice
timide	shy
travailleur(-euse)	hard working

c *Les couleurs* — **Colours**

blanc (blanche)	white
bleu	blue
bleu marine	navy blue (inv.)
blond	blond
brun	brown
châtain	brown (hair)
(bleu) clair	light (blue)
(vert) foncé	dark (green)
gris	grey
jaune	yellow, tan
marron (inv. doesn't agree)	brown (eyes)
noir	black
orange	orange
pourpre	purple
rose	pink
rouge	red
roux (rousse)	red/auburn (hair)
vert	green
violet(te)	violet

6 Opinions

a *On donne son avis* — **Giving your opinion**

à mon avis	in my opinion
je n'ai vraiment pas d'opinion	I have no strong feelings about it
ça, c'est très important	that's very important
par contre	on the other hand
il y a du pour et du contre	there are points for and against
je pense que ...	I think that ...
je trouve cela amusant/ étonnant/ intéressant	I think it's enjoyable/ astonishing/ interesting etc.

b *On fait une réflexion* — **Commenting on something**

ça me fait rire	it makes me laugh
ça me fait pleurer	it makes me cry
ça m'énerve	it gets on my nerves
c'est très bien	that's very good
c'est bien triste	that's very sad
c'est vraiment affreux	that's really awful
c'est difficile	that's difficult

c *Des réflexions positives* — **Positive comments**

c'est .../ c'était ...	it is .../it was ...
amusant	amusing
bien	good
drôle	funny
excellent	excellent
fantastique	fantastic
formidable	great
génial	brilliant
intéressant	interesting
pas mal	not bad
passionnant	exciting
super	super
touchant	touching

d *Des réflexions négatives* — **Negative comments**

c'est .../c'était ...	it is .../it was ...
affreux	dreadful
bête	stupid
ennuyeux	boring
mauvais	bad
moche	lousy
nul	rubbish
pénible	painful, tiresome

e *On est d'accord* — **Agreeing with someone**

je suis de votre avis	I'm of the same opinion
c'est exactement ce que je pense	that's exactly what I think
je suis d'accord	I agree
c'est bien mon avis	that's certainly my opinion
c'est ça	that's right
voilà	that's it
tu as/vous avez raison	you're right
moi aussi, je pense ...	I also think ...
... mais pas tout à fait	... but only to a degree
oui, mais ...	yes, but ...
ça dépend	it depends
c'est possible	it's possible
peut-être	perhaps
je ne suis pas tout à fait d'accord	I don't entirely agree
je n'en suis pas sûr(e)/certain(e)	I'm not sure

f *On n'est pas d'accord* — **Disagreeing with someone's view**

là, je ne suis (absolument) pas d'accord	there I disagree (entirely)
je ne suis pas du tout d'accord	I disagree entirely

7 Communications

a *À l'ordinateur* — **Using a computer**

base de données (f)	database
brancher	to plug in
cartouche (f)	cartridge
CD-ROM/ cédérom (m)	CD-ROM
charger	to load
clavier (m)	keyboard
cliquer sur la souris	to click on the mouse
connecter	to log on
couper-coller	to cut and paste
curseur (m)	cursor
déconnecter	to log off
disque dur (m)	hard disk
disquette (f)	floppy disk
écran (m)	screen
effacer	to delete
en ligne	on line
envoi	return
fermer	to close, shut down
fichier (m)	file
forum (m)	discussion group
imprimante (f)	printer
imprimer	to print
lecteur CD-ROM (m)	CD-ROM drive
lien (m)	link
marquer	to highlight
menu (m)	menu

message (m)	message
moniteur (m)	monitor
mot de passe (m)	password
moteur de recherche (m)	search engine
ordinateur (m)	computer
ouvrir (un fichier)	to open (a file)
en panne	not working
papier (m)	paper
réseau (m)	network
sauvegarder	to save
scanner (m)	scanner
site web (m)	website
souris (f)	mouse
surfer sur Internet	to surf the net
tableur (m)	spreadsheet
taper	to type
télécharger	to download
touche (f)	key
touche-espace (f)	space bar
traitement de texte (m)	word processing
virus (m)	virus
visualiser	to display

b *Au téléphone* — **Using the telephone**

âllo	hello
à l'appareil	speaking
c'est de la part de qui?	who's speaking?
coup de téléphone (m)	phone call
coup de fil (m)	phone call
laisser un message	to leave a message
lentement	slowly
numéro (m)	number
occupé	engaged
(téléphone) portable (m)	mobile (phone)
prendre un message	to take a message
rappeler	to call back
remercier	to thank
répéter	to repeat
répondeur automatique (m)	answering machine
se tromper de numéro	to get a wrong number
sonner	to ring
téléphoner	to phone

c *Des expressions de politesse* — **Social conventions**

à tout à l'heure!	see you later!
au revoir	goodbye
bonjour!	hello/good morning!
bonne nuit!	good night!
bonsoir!	good evening!
bravo!	well done!
félicitations!	congratulations!
(à votre) santé!	good health!
(comment) ça va?	how are you?
bien, merci	fine, thanks
pas mal	not bad

comme ci comme ça	not too bad
et toi/vous?	how about you?
salut!	hello!/hi!
à ce soir/ demain/bientôt	see you this evening/ tomorrow/soon

c *On écrit des lettres aux amis* — **Writing letters to friends**

Salut!	Hallo! Hi!
(Mon) cher/ (Ma) chère/(Mes) chers ...	(My) dear ...
Chers (Chères) ami(e)s	Dear friends
Maintenant, je dois terminer ma lettre.	I must stop now.
J'espère te/vous lire bientôt	I hope to hear from you soon
En attendant de tes/vos nouvelles	Waiting to hear from you
Écris/Écrivez-moi bientôt	Write soon
Encore merci pour tout	Once again, thanks for everything
Bien à vous	Yours,
Amicalement	Best wishes
(Meilleures) amitiés	Best wishes
Ton ami(e)	Your friend
Ton/Ta correspondant(e)	Your penfriend
Je t'embrasse	Love
Bises/Bisous	Love and kisses

d *On écrit des lettres formelles* — **Writing formal letters**

Monsieur/ Messieurs	Dear Sir(s)
Madame/ Mademoiselle	Dear Madam
Veuillez m'envoyer ...	Please send me ...
Je voudrais vous demander de ...	I would like to ask you to ...
Je vous prie de ...	Please ...
Je serais très reconnaissant(e) si vous pouviez ...	I would be very grateful if you could ...
Vous seriez très aimable de me faire savoir ...	Would you kindly let me know ...
Dans l'attente de votre réponse	Looking forward to hearing from you
Par avance, je vous remercie de votre réponse	Thanking you in advance for your reply
Je vous prie de croire en mes sentiments les meilleurs	Yours sincerely
Veuillez agréer, Monsieur/Madame/ Mademoiselle, l'expression de mes sentiments les plus distingués	Yours sincerely

8 Describing events

a *On parle du passé* — **Talking about the past**

à cette époque(-là)	at that time
l'année dernière	last year
auparavant	previously, beforehand
autrefois	formerly, in the past
avant-hier	the day before yesterday
ce jour-là	that day
dans le temps	in the past, in olden days
en ce temps-là	at that time
hier	yesterday
hier matin/soir	yesterday morning/ evening
un jour d'hiver	one winter's day
pendant les dernières vacances	during the last holidays
la semaine dernière	last week
samedi dernier	last Saturday
dimanche dernier, je suis allé(e) ...	last Sunday, I went ...
j'ai vu ...	I saw
je me suis très bien amusé(e)	I had a good time
il faisait chaud/ froid	it was hot/ cold
c'était amusant/ fatigant	it was fun/ tiring
ce n'était pas très intéressant	it wasn't very interesting

b *On parle du présent* — **Talking about the present**

à présent	at present
aujourd'hui	today
chaque année, au mois de ...	every year, in the month of ...
en ce moment	at the moment

c *On parle de l'avenir* — **Talking about the future**

après-demain	the day after tomorrow
bientôt	soon
ce soir	this evening (tonight)
cet été	this summer
dans cinq jours/semaines	in five days/weeks
dans dix ans	in ten years
dans dix minutes	in ten minutes
dans l'avenir	in the future
demain	tomorrow
demain après-midi	tomorrow afternoon
l'année prochaine	next year
la semaine prochaine	next week
plus tard	later
un de ces jours	one of these day
un jour dans l'avenir	one day in the future

l'année prochaine, je voudrais voyager ...	next year, I would like to travel...
un jour, je voudrais travailler en France	one day I would like to work in France.
quand je quitterai l'école, je voudrais travailler dans l'informatique	when I leave school, I would like to work in the computer industry
je ne sais pas ce que je ferai plus tard dans la vie	I don't know what I'll do later in life
il y aura ...	there will be ...

d *Des mots et des phrases de liaison* — **Linking words and phrases**

à la fin	in the end
alors	in that case, then, so
car	for, because
cependant	however
c'est-à-dire	that is to say
d'abord	(at) first
d'ailleurs	moreover, besides
déjà	already
de toute façon	in any case
donc	therefore, so
en effet	indeed, as a matter of fact
en fait	in fact
en général	in general
enfin	at last, finally
ensuite	then, next
finalement	finally
heureusement	fortunately
mais	but
malheureusement	unfortunately
naturellement	of course
parce que	because
par conséquent	as a result, consequently
peut-être	perhaps
pourtant	however
puis	then, next
quand	when
quand même	all the same
soudain	suddenly
surtout	above all
tandis que	while, whereas
tout à coup	suddenly
tout de suite après	immediately afterwards

9 Classroom language and instructions

a *Des activités de classe* — **Classroom activities**

il s'agit de	it's about
aider	to help
allumer	to switch on
apprendre (par cœur)	to learn (by heart)
avoir raison	to be right
avoir tort	to be wrong

chercher dans le dictionnaire	to look up in a dictionary
choisir	to choose
cocher	to tick
commencer	to begin
comparer	to compare
compléter	to complete
comprendre	to understand
corriger	to correct
dessiner	to draw, design
deviner	to guess
distribuer	to give out
donner	to give
écouter	to listen
écrire	to write
effacer	to rub out
emprunter	to borrow
encore une fois	once more
entendre	to hear
essayer	to try
éteindre	to switch off
expliquer	to explain
fermer	to close
finir	to finish
gagner	to win
mettre dans le bon ordre	to put in the right order
montrer	to show
noter	to make a note of
oublier	to forget
ouvrir	to open
parler	to speak
penser	to think
perdre	to lose
poser une question	to ask a question
pouvoir	to be able
prêter	to lend
ranger	to tidy up, put away
remplir	to fill in
répéter	to repeat
répondre	to reply
savoir	to know
souligner	to underline
tourner	to turn
travailler (à deux/en équipes)	to work (in pairs/in teams)
trouver	to find
vérifier	to check

b *Le matériel scolaire* — **School materials**

baladeur (m)	personal stereo
bic (m)	biro
bureau (m)	desk
cahier (m)	exercise book
calculette (f)	calculator
calculatrice (f)	calculator
cartable (m)	school bag
cassette (vidéo) (f)	(video) cassette
chaise (f)	chair
classeur (m)	ringbinder
craie (f)	chalk
crayon (m)	pencil
feuille (f)	sheet of paper
feutre (m)	felt-tip pen
gomme (f)	rubber
lecteur de CD (m)	CD player

livre (m)	book
magnétophone (m)	cassette recorder
magnétoscope (m)	video recorder
ordinateur (m)	computer
règle (f)	ruler, rule
rétroprojecteur (m)	overhead projector
stylo (à bille) (m)	(ballpoint) pen
table (f)	table
tableau (m)	board; picture
taille-crayon (m)	pencil sharpener
trousse (f)	pencil case

c *Des difficultés de langue* — **Language difficulties**

Tu comprends?/ Vous comprenez?	Do you understand?
Excusez-moi, mais je n'ai pas compris.	Sorry, but I didn't understand.
Je ne comprends pas (très bien).	I don't understand (very well).
Pouvez-vous/ Peux-tu répéter cela?	Could you repeat that?
Pouvez-vous/ Peux-tu parler plus fort/plus lentement, s'il vous/te plaît?	Could you speak more loudly/more slowly, please?
Qu'est-ce que ça veut dire (en anglais)?	What does that mean (in English)?
Comment dit-on 'computer' en français?	What's the French for computer?
Ça s'écrit comment?	How is that spelt?
C'est pour ...	It's for/to ...
C'est le contraire de ...	It's the opposite of ...
Comment?	Pardon? What was that?
Pouvez-vous/ Peux-tu écrire cela?	Could you write that down?
machin (m)	thing, gadget
truc (m)	trick, knack; thingummy

Vocabulaire par thèmes
Topic vocabulary

This lists topic vocabulary which is additional to the *Sommaire* in each unit.
The topic vocabulary listed in each unit of **Encore Tricolore 3** is shown below:

Unité 1 (page 17)
personal information
animals
friends
useful questions
some reflexive verbs

Unité 2 (page 31)
in a town
tourist information
weather
the métro

Unité 3 (page 45)
talking about leisure
giving opinions
expressions of time
talking about a TV programme,
film or book

Unité 4 (page 59)
school life
expressions of future time
work experience
careers (page 58)

Unité 5 (page 74)
a theme park
at an hotel
the weather forecast

Unité 6 (page 87)
saying when
some reflexive verbs
at the chemist's
at the doctor's/dentist's
an accident

Unité 7 (page 103)
holiday plans
at a campsite
at a youth hostel

Unité 8 (page 118)
describing a region
continents
countries
towns and villages
the environment

la famille	*the family*
beau-frère (m)	brother-in-law
beau-père (m)	step-father father-in-law
belle-mère (f)	step-mother mother-in-law
belle-sœur (f)	sister-in-law
cousin(e) (m/f)	cousin
demi-frère (m)	half/step brother
demi-sœur (f)	half/step sister
enfant (m)	child
famille nombreuse (f)	large family (four children or more)
femme (f)	wife, woman
fille (unique) (f)	(only) daughter
fils (unique) (m)	(only) son
frère (m)	brother
grand-mère (f)	grandmother
grands-parents m pl	grandparents
grand-père (m)	grandfather
jumeaux (m pl) (**jumelles** f pl)	twins
mari (m)	husband
mère (f)	mother
oncle (m)	uncle
parent (m)	parent, relation
père (m)	father
petits-enfants (m pl)	grandchildren
sœur (f)	sister
tante (f)	aunt

les fêtes et les vœux	*festivals and greetings*
le jour de l'An	New Year's Day
la fête du 14 juillet/ la Fête Nationale	Bastille Day (14th July)
Pâques	Easter
Noël	Christmas
Mardi gras	Shrove Tuesday
Bonne année	Happy New Year
Joyeuses Pâques	Happy Easter
Joyeux Noël	Happy Christmas
Bon anniversaire	Happy Birthday
Bonne fête	Best Wishes on your Saint's Day

les vêtements	*clothing*
anorak (m)	anorak

baskets (f pl)	trainers
bottes (f)	boots
casque (m)	helmet (for cycling etc.)
casquette (f)	baseball hat, cap
chaussette (f)	sock
chaussure (f)	shoe
chemise (f)	shirt
cravate (f)	tie
imper(méable) (m)	mac(intosh)
jean (m)	jeans
jogging (m)	jogging trousers
jupe (f)	skirt
logo (m)	logo
lunettes de soleil (f pl)	sunglasses
maillot de bain (m)	swimming costume
marque (f)	designer label, brand
mode (f)	fashion
pantalon (m)	trousers
pull (m)	jumper
pyjama (m)	pyjamas
robe (f)	dress
sandales (f pl)	sandals
short (m)	shorts
tenue (f)	outfit
T-shirt (m)	T-shirt
veste (f)	jacket

l'argent	*money*
acheter	to buy
argent de poche (m)	pocket money
assez	enough
billet (m)	bank note
boulot (m) **(fam.)**	job (slang)
cent (m)	cent
dépenser	to spend
euro (m)	euro
faire des économies	to save
mettre de l'argent de côté	to put money aside
monnaie (f)	small change
payer	to pay
pièce (f)	coin
porte-monnaie (m)	purse
recevoir	to receive

aider à la maison	*helping at home*
faire les courses	to go shopping
faire la cuisine	to do the cooking
faire la lessive	to do the washing
faire la vaisselle	to do the washing up
laver la voiture	to wash the car
mettre la table/ le couvert	to lay the table
passer l'aspirateur	to vacuum
travailler dans le jardin	to work in the garden

les transports	*transport*
(en) bus (m)	(by) bus
(en) avion (m)	(by) plane
(en) bateau (m)	(by) boat
(en) car (m)	(by) coach
(en) métro (m)	(by) underground
(en) taxi (m)	(by) taxi
(en) train (m)	(by) train
(en) voiture (f)	(by) car
(à/en) moto (f)	(by) motorbike
(à) pied (m)	(on) foot
(à) vélo (m)	(by) bike
(à) mobylette (f)	(by) moped
(à) cheval (m)	(on) horseback

les transports en commun	*public transport*
à bord	on board
à l'heure	on time
aéroport (m)	airport
aller simple (m)	a single ticket
aller-retour (m)	a return ticket
arrivées (f pl)	arrivals
avion (m)	plane
billet (m)	ticket
buffet (m)	buffet
bureau de renseignements (m)	information office
composter votre billet	to validate ('date stamp') your ticket
consigne (f)	left luggage
de bonne heure	early
en retard	delayed
fumeurs/non-fumeurs	smoking/non-smoking
gare routière (f)	bus station
gare SNCF (f)	railway station
guichet (m)	ticket office
horaire (m)	timetable
kiosque (m)	kiosk
libre	free, unoccupied
occupé	occupied
quai (m)	platform

cent soixante-cinq **165**

réservation (f)	reservation, reserved seat	film (m)	film	les quantités	quantities
salle d'attente (f)	waiting room	~ comique	comedy film	assez	enough
toilettes (f pl)	toilets	~ d'amour	love story	beaucoup	a lot
trains au départ	departure board	~ d'aventures	adventure film	boîte (f)	box, tin
voie (f)	track, platform	~ d'épouvante	thriller	bouteille (f)	bottle
vol (m)	flight	~ de science fiction	science fiction film	demi	half
		~ fantastique	fantasy film	douzaine (f)	dozen
le sport	**sport**	~ policier (un polar)	crime film	encore du/de la/	some more …
athlétisme (m)	athletics	jouer	to act	de l'/des	
badminton (m)	badminton	sous-titré	subtitled	gramme (f)	gram
cricket (m)	cricket	star (f)	star	kilo (m)	kilo
cyclisme (m)	cycling	vedette de cinéma (f)	film star	litre (m)	litre
équitation (f)	horse riding			moins	less
football (m)	football	**les matières scolaires**	**school subjects**	morceau (m)	piece
golf (m)	golf	allemand (m)	German	paquet (m)	packet
gymnastique (f)	gymnastics	anglais (m)	English	un peu (plus)	a little (more)
planche à voile (f)	wind surfing	arts plastiques (m pl)	art and craft	plus de	more
roller (m)	roller blading/skating	biologie (f)	biology	portion (f)	portion
rugby (m)	rugby	chimie (f)	chemistry	pot (m)	pot
skate (m)	skate boarding	dessin (m)	art	presque	almost
ski (m)	skiing	EPS (éducation	P.E.	rien	nothing
tennis (m)	tennis	physique et sportive) (f)		rondelle (f)	round slice
voile (f)	sailing	espagnol (m)	Spanish	tablette (f)	bar (chocolate etc.)
VTT (m)	mountain biking	français (m)	French	tout	everything
		géographie (f)	geography	tranche (f)	slice
la musique	**music**	gymnastique (f)	gymnastics	très	very
piano (m)	piano	histoire (f)	history	trop	too much
violon (m)	violin	informatique (f)	computing		
guitare (f)	guitar	instruction civique (f)	citizenship	**les plats d'un repas**	**courses of a meal**
flûte (f)	flute	instruction	religious instruction	hors-d'œuvre (m)	starter
flûte à bec (f)	recorder	religieuse (f)		plat principal (m)	main course
batterie (f)	drums	langues vivantes (f pl)	modern languages	dessert (m)	sweet/dessert
		latin (m)	Latin	fromage (m)	cheese
d'autres loisirs	**other leisure activities**	maths (f pl)	maths	jambon (m)	ham
		musique (f)	music	omelette (f)	omelette
boum (f)	party	physique (f)	physics	pâté (m)	pâté
concert (m)	concert	sciences économiques (f pl)	economics	pâtes (f pl)	pasta
aller en	to go to a disco	sciences naturelles (f pl)	natural sciences	pizza (f)	pizza
discothèque (f)		sciences physiques (f pl)	physical sciences	poisson (m)	fish
exposition (f)	exhibition	sport (m)	sport	potage (m)	soup
		technologie (f)	technology	poulet (m)	chicken
la télévision	**TV**	TME (travail manuel	technology, practical sciences	viande (f)	meat
acteur (actrice)	actor	éducatif) (m)			
chaîne (f)	TV channel			**des légumes**	**vegetables**
débat (m)	debate, discussion	**les matières et moi**	**school subjects and me**	carottes (f pl)	carrots
dessin animé (m)	cartoon			champignon (m)	mushroom
documentaire (m)	documentary	je suis faible en …	I'm weak/not very good at …	chou (m)	cabbage
émission (f)	programme			chou-fleur (m)	cauliflower
feuilleton (m)	serial, soap	je suis fort(e) en …	I'm good at …	frites (f)	chips
film (m)	film	je suis moyen(ne) en …	I'm average at …	haricots verts (m pl)	French beans
informations (f pl)	news	je suis nul(le) en …	I'm hopeless at …	petits pois (m pl)	peas
jeu (m)	game	ma matière préférée	my favourite	pommes de terre (f pl)	potatoes
journal télévisé (m)	news	est …	subject is …	salade (f)	lettuce salad
magazine (m)	general interest programme			tomate (f)	tomato
		les magasins	**shops**		
publicité (f)	advertising	boucherie (f)	butcher's	**des fruits**	**fruit**
série (f)	series	boulangerie (f)	baker's	banane (f)	banana
star (f)	star	charcuterie (f)	pork butcher's/ delicatessen	citron (m)	lemon
variétés (f pl)	variety programme			fraise (f)	strawberry
vedette (f)	star, personality	épicerie (f)	the grocer's	kiwi (m)	kiwi fruit
		librairie (f)	bookshop	melon (m)	melon
Au cinéma	**At the cinema**	marchand de	ice cream seller	orange (f)	orange
cinéma (m)	cinema	glaces (m)		pêche (f)	peach
dessin animé (m)	cartoon	marchand de	greengrocer	poire (f)	pear
durer	to last	légumes/		pomme (f)	apple
effets spéciaux (m pl)	special effects	de fruits (m)		raisins (m pl)	grapes
en version originale	with original soundtrack	pâtisserie (f)	the cake shop		
		pharmacie (f)	chemist's	**les desserts**	**desserts**
entrée (f)	entrance, ticket	(bureau de) tabac (m)	tobacconist's	gâteau (m)	cake
				tarte aux pommes (f)	apple tart
				yaourt (m)	yoghurt

le petit déjeuner — breakfast

beurre (m)	butter
céréales (f pl)	cereal
confiture (f)	jam
confiture d'oranges (f)	marmalade
croissants (m pl)	croissants
œuf (m)	egg
œufs au bacon (m pl)	bacon and egg
pain (m)	bread
sucre (m)	sugar
toasts (m pl)	toast

des boissons — drinks

boissons froides (f pl)	cold drinks
café (m)	coffee
chocolat chaud (m)	hot chocolate
coca (m)	coke
eau (f)	water
eau minérale (f)	mineral water
jus de fruit (m)	fruit juice
lait (m)	milk
limonade (m)	lemonade
thé (m)	tea
vin (m)	wine

le corps humain — the human body

bouche (f)	mouth
bras (m)	arm
cou (m)	neck
cœur (m)	heart
dent (f)	tooth
doigt (m)	finger
dos (m)	back
estomac (m)	stomach
genou (m)	knee
gorge (f)	throat
jambe (f)	leg
main (f)	hand
nez (m)	nose
œil (les yeux) (m)	eye
oreille (f)	ear
peau (f)	skin
pied (m)	foot
sang (m)	blood
tête (f)	head
ventre (m)	stomach
visage (m)	face
voix (f)	voice

la santé — health

Je mange équilibré.	I eat a balanced diet
Je ne mange pas de …	I don't eat any …
Je ne bois pas d'alcool.	I don't drink alcohol
Je ne fume pas.	I don't smoke
Je me couche de bonne heure.	I go to bed early
Je fais du sport/ du yoga/ de l'aérobic.	I do sport/ yoga/ aerobics
Ça me donne le moral.	It cheers me up
Ça fait du bien.	It does good
Ça me détend.	It relaxes me
J'aime jouer en équipe.	I like playing in a team
Je ne vais pas très bien.	I'm not very well.
Ça ne va pas très bien.	I'm not very well.
Ça ne va pas mieux.	I'm no better.
Je suis (un peu) malade.	I am ill (I am not very well)
J'ai mal au cœur.	I feel sick.
Je suis asthmatique.	I have asthma.
Je suis allergique à …	I am allergic to …
Je ne peux pas dormir.	I can't sleep.
J'ai mal à la tête.	I have a headache./ My head hurts.
J'ai chaud.	I'm hot.
J'ai froid.	I'm cold.
J'ai de la fièvre.	I have a temperature.
J'ai faim.	I'm hungry.
J'ai soif.	I'm thirsty.

à la maison — at home

chaise (f)	chair
chambre (f)	bedroom
chauffage central (m)	central heating
chauffe-eau (m)	water heater
cuisine (f)	kitchen
cuisinière (f)	cooker
fenêtre (f)	window
frigo (m)	refrigerator
garage (m)	garage
jardin (m)	garden
lit (m)	bed
micro-ondes (m)	microwave

(continued)

pelouse (f)	lawn
porte (f)	door
réfrigérateur (m)	fridge
robinet (m)	tap
salle à manger (f)	dining room
salle de bains (f)	bathroom
salon (m)	lounge
salon de jardin (m)	set of garden seats
table (f)	table

les ustensiles — utensils

assiette (f)	plate
bol (m)	bowl
casserole (f)	saucepan
cintre (m)	coat hanger
couteau (m)	knife
couverts (m pl)	cutlery
cuillère (f)	spoon
fourchette (f)	fork
nappe (f)	tablecloth
poêle (f)	frying pan
poubelle (f)	rubbish bin
soucoupe (f)	saucer
tasse (f)	cup
vaisselle (f)	crockery
verre (m)	glass

au gîte — at a gîte

allumer l'électricité/ le gaz	to turn on the electricity/gas
couverture (f)	blanket
en bon état	in good condition
fermer l'électricité/ le gaz	to turn off the electricity/gas
fermer la porte à clef	to lock the door
inventaire (f)	inventory
locataire (m/f)	tenant, lodger
prise de courant (f)	socket, plug
propriétaire (m/f)	owner
règle (f)	rule
se servir de	to use, make use of
utiliser	to use

A

à (au, à la, à l', aux) in, at, to
d' **abord** first, at first
absolument absolutely
absorber to absorb
accélérer to speed up
un **accident** accident
un **accord** agreement
d' **accord** OK, agreed
accueillant welcoming, friendly
accueillir to welcome, greet
des **achats** (m pl) shopping
faire des ~ to go shopping
acheter to buy
actif(-ive) active
administratif(-ive) administrative
admis admitted
un(e) **adolescent(e)** teenager
adorer to love
un(e) **adulte** adult
une **aérogare** air terminus
un **aéroport** (m) airport
les **affaires** (f pl) things, belongings
affectueusement yours affectionately
l' **Afrique** (f) Africa
affreux(-euse) terrible
l' **âge** (m) age
âgé old
une **agence de publicité** advertising agency
une **agence de voyages** travel agency
un(e) **agent de police** police officer
agité rough (sea)
agréable pleasant
agréer to agree
agricole agricultural
aider to help
aimer to like
aîné older, oldest
à l' **aise** relaxed, comfortable
ajouter to add
l' **alcool** (m) alcohol
l' **Algérie** (f) Algeria
l' **alimentation** (f) food
les **aliments** (m pl) foods
l' **Allemagne** (f) Germany
allemand German
aller to go
~ chercher to fetch
un **aller simple** single ticket
une **allergie** allergy
allonger to stretch out
allumer to switch on; light
alors so
~ que whereas, while
l' **alphabet** (m) alphabet
les **Alpes** (m pl) Alps
améliorer to improve
américain American
l' **Amérique (du Sud)** (f) (South) America
un(e) **ami(e)** friend
petit(e) ~ boy/girlfriend
amicalement kind regards, best wishes
amusant entertaining
s' **amuser** to enjoy yourself, have a good time
un **an** year
j'ai … ans I'm … years old

ancien(ne) very old; former
un **âne** donkey
anglais English
l' **Angleterre** (f) England
un **animal** (pl **animaux**) animal
un(e) **animateur(-trice)** presenter
animé lively
une **année** year
un **anniversaire** birthday
annuler to cancel
l' **Antarctique** (f) Antarctic
un **anti-vol** padlock
août August
un **apéritif** aperitif, drink (before dinner)
un **appareil** electrical appliance
un **appareil(-photo)** camera
appeler to call
s' **appeler** to be called
un **appendicite** appendicitis
apporter to bring
apprécier to appreciate
apprendre to learn
après after
après-demain the day after tomorrow
un **après-midi** afternoon
arabe Arabic
un **arbre** tree
un **arc** bow
une **arche** arch
un(e) **architecte** architect
l' **Arctique** (f) Arctic
l' **argent** (m) money
~ de poche pocket money
s' **arranger** to work itself out
ça m'arrange bien that suits me (fine)
un **arrêt d'autobus** bus-stop
arrêter to stop (something); to arrest
s' **arrêter** to stop
l' **arrivée** (f) arrival
arriver to arrive
~ à to manage to
arroser to water
l' **art** (m) art
artificiel(le) artificial
un(e) **artiste** artist
les **arts plastiques** (m pl) arts and crafts
un **ascenseur** lift
l' **Asie** (f) Asia
l' **aspect (physique)** (m) (physical) appearance
l' **aspirine** (f) aspirin
s' **asseoir** to sit down
assez quite
~ de enough
une **assiette** plate
l' **astronomie** (f) astronomy
un(e) **astronome** astronomer
un **atelier** studio
un(e) **athlète** athlete
l' **athlétisme** (m) athletics
atlantique Atlantic
une **attaque** attack
attendre to wait (for)
dans l' **attente de** looking forward to
l' **attention** (f) attention
faire ~ à to watch out for, be careful of
une **attraction** attraction
une **auberge de jeunesse** youth hostel

augmenter to increase
aujourd'hui today
aussi also, as well
aussitôt straight away
l' **Australie** (f) Australia
un **autobus** bus
une **autoroute** motorway
autre other
d'autre part on the other hand
autrefois formerly
il y **avait** there was/were
à l' **avance** in advance
avant before
avant-hier the day before yesterday
avec with
l' **avenir** (m) future
une **aventure** adventure
une **avenue** avenue
une **averse** shower (of rain)
aveugle blind
un **aviateur** airman
l' **aviation** (f) aviation
un **avion** plane
un **avis** opinion
à mon ~ in my opinion
un **avocat** lawyer
avoir to have
avril April

B

le **badminton** badminton
se **baigner** to swim
baisser to lower, go down
une **baleine** whale
une **balle** ball
un **ballon** ball
une **banane** banana
une **bande** tape
~ dessinée cartoon strip
la **banlieue** suburbs, outskirts
en ~ in the suburbs
une **banque** bank
un **bar** bar
barbant boring, dull
un **barbecue** barbecue
bas(se) low
en **bas** below, down
le **basket** basketball
les **baskets** (m pl) trainers
une **bataille** battle
un **bateau** boat
un **bâtiment** building
un **bâton** stick, pole
bavard talkative
bavarder to chat, gossip
une **BD (bande dessinée)** cartoon strip
beau (bel, belle) beautiful
il fait ~ the weather is fine
beaucoup a lot of, many
un **beau-père** step-father
la **beauté** beauty
belge Belgian
la **Belgique** Belgium
une **belle-mère** step-mother
une **belle-sœur** sister-in-law
un **berger** shepherd
un **besoin** need
avoir ~ de to need
une **bête** animal
le **beurre** butter
le **bi-centenaire** bi-centenary
une **bibliothèque** library
bien fine, well
~ sûr of course

bientôt soon
à ~ see you soon
la **bière** beer
un **bijou** jewel
bilingue bilingual
un **billet** ticket, (bank) note
la **biologie** biology
un **biscuit** biscuit
bizarre strange, odd
blanc (blanche) white
blessé injured
un(e) **blessé(e)** injured person
blesser to injure, wound
bleu blue
le **bloc sanitaire** washing facilities
blond blonde
boire to drink
le **bois** wood
une **boisson** drink
une **boîte** tin, box
~ de conserves tin of food
~ de couleurs paintbox
un **bol** bowl
une **bombe aérosol** aerosol (spray)
bon(ne) good
de bonne heure early
un **bonbon** sweet
~ praliné praline
bonjour hello, good morning
au **bord de la mer** the seaside
une **botte** boot
la **bouche** mouth
une ~ de métro metro entrance
un(e) **boucher(-ère)** butcher
une **boucherie** butcher's shop
un **bouchon** cork
bouger to move
se **bouger** to move
un(e) **boulanger(-ère)** baker
une **boulangerie** baker's shop
un **boulot** job
je fais de petits ~s I do odd jobs
une **boum** party
un **bouquet** bouquet, bunch (of flowers)
le **bout** end
à l'autre ~ at the other end
une **bouteille** bottle
un **bouton** spot, button
un **bowling** bowling alley
le **branchement électrique** connection to electricity
le **bras** arm
bref in short, briefly
la **Bretagne** Brittany
breton(ne) Breton, from Brittany
le **Brésil** Brazil
le **bricolage** DIY
le **bridge** bridge (game)
brillant bright
une **brochure** brochure, pamphlet
bronzer to get a suntan
une **brosse à dents** toothbrush
se **brosser les dents** to clean your teeth
le **brouillard** fog
un **bruit** noise
brûler to burn
la **brume** mist, fog

brumeux(-euse) misty, foggy
Bruxelles Brussels
brun brown
une **bûche** log
un **buffet** snack bar
une **bulle** speech bubble
un **bulletin scolaire**
school report
un **bureau** office
~ **d'accueil**
reception office
~ **de poste** post office
un **bus** bus

C

ça that
une **cabane** hut, cabin
un **cabinet de toilette**
washing area
avec ~ with washing
facilities
un **cabaret** nightclub
cacher to hide (something)
se **cacher** to hide (self)
un **cadeau** gift, present
un **café** café; coffee
le **caféine** caffeine
un **cahier** jotter, exercise book
un **caillou** (pl **cailloux**) pebble
une **caisse** cash desk; cashbox
un(e) **caissier(-ère)** cashier
calamiteux(-euse)
calamitous, hapless
calme quiet
un(e) **camarade** friend
la **campagne** country,
countryside
un **camping** campsite
faire du ~ to go camping
le **Canada** Canada
canadien(ne) Canadian
le **cancer** cancer
une **canette** can
la **canne à sucre** sugar cane
une **canne à pêche** fishing rod
une **cantine** canteen, dining hall
une **capitale** capital city
un **car** coach
un **caractère** character
une **caravane** caravan
le **carburant** fuel
la **carie** (dental) caries, tooth
decay
un **carnet** book of (metro)
tickets; notebook
une **carotte** carrot
une **carrière** career
un **cartable** schoolbag
une **carte** card; menu; map
~ **d'adhérent**
membership card
~ **de crédit** credit card
~ **postale** postcard
le **carton** cardboard
une **case** box (in diagram)
c'est **casse-pieds** it's boring
casser to break
une **casserole** saucepan
un **castor** beaver
une **catastrophe** disaster
une **cathédrale** cathedral
un **CD** CD, compact disc
c'est it is
c'est-à-dire that is (to say)
c'était it was
ce (cet, cette, ces) this, that,
these, those
une **ceinture** belt
célèbre famous

célébrer to celebrate
célibataire single,
unmarried
le **centenaire** centenary
le **centre** centre
~ **commercial**
shopping centre
~ **sportif** sports centre
le **centre-ville** town centre
cependant however
un **cercle** circle
une **cerise** cherry
les **céréales** (f pl) cereals
cesser to stop, cease
une **chaise** chair
une **chambre** bedroom
~ **à deux lits** twin-
bedded room
~ **d'hôte** bed and
breakfast
un **champ** field
un(e) **champion(ne)** champion
un **championnat** championship
la **chance** luck
avoir de la ~ to be lucky
un **changement** change
une **chanson** song
chanter to sing
un(e) **chanteur(-euse)** singer
chaque each, every
un(e) **charcutier(ère)** pork butcher
une **charcuterie** pork
butcher's, delicatessen
un **chat** cat
châtain brown, chestnut
un **château** castle
chaud warm, hot
j'ai ~ I'm hot
il fait ~ it's hot
le **chauffage central**
central heating
un **chauffe-eau** water heater
un(e) **chauffeur(-euse) (de taxi)**
(taxi) driver
une **chaussure** shoe
les ~s **de marche**
walking shoes
un **chelem** slam
le Grand Chelem
Grand Slam
un **chemin** path
cher (chère) dear, expensive
chercher to look for
un **cheval** (pl **chevaux**) horse
les **cheveux** (m pl) hair
une **cheville** ankle
une **chèvre** goat
chez at, to (someone's
house)
chic smart
un **chien** dog
un **chiffre** number
le **Chili** Chile
la **chimie** chemistry
la **Chine** China
chinois(e) Chinese
des **chips** (m pl) crisps
un **chocolat** chocolate
choisir to choose
un **choix** choice
le **chômage** unemployment
une **chorale** choir
une **chose** thing
un **chou** cabbage
chouette great
le **chou-fleur** cauliflower
un(e) **chrétien(ne)** Christian
une **chute de neige** snowfall

ci-dessous below
un **cimetière** cemetery
un **cinéma** cinema
en **cinquième** in the second
year of high school
un **cintre** coathanger
les **circonstances** (f pl)
circumstances
la **circulation** traffic
la **cire** wax
des **ciseaux** (m pl) scissors
une **cité** city; large town;
housing estate
un **citron** lemon
civique civic
clair clear, light
une **classe** class
un **clavier** keyboard
une **clé/clef** key
un(e) **client(e)** customer
le **climat** climate
cliquer (sur) to click (on)
un **club** club
un **cobaye** guinea pig
un **coca** Coca-Cola
une **coccinelle** ladybird
un **cochon** pig
~ **d'Inde** guinea pig
une **cocotte** casserole, pot
le **cœur** heart
au ~ **de** at the heart of
un(e) **coiffeur(-euse)** hairdresser
un **coin** corner
un **collège** secondary school
(11–15 years)
un(e) **collègue** colleague
une **colline** hill
une **colonie** colony
coloré coloured
combien? how much?
commander to order
comme as, for
commencer to begin
le **commerce** trade,
business
un **commissariat de police**
police station
commun common
une **compagnie** company
un **compagnon** companion
complet (complète) full
complètement
completely
un **complexe sportif** sports
centre
compliqué complicated
un **compotier** fruit bowl
comprendre to understand
compris included
un **comptable** accountant
compter to count
un **comptoir** counter
un **comte** count
un **concert** concert
le **concombre** cucumber
un **concours** competition
un(e) **concurrent(e)** competitor
conduire to drive
le **confort** comfort
confortable comfortable
un **congélateur** freezer
connaître to know (a person
or place)
se **connecter** to get in touch
connu well known
un **conseil** piece of advice
conseiller to advise

un **conservatoire**
conservatory
la **conservation** preserving,
preservation
conserver to keep, save
considérer to consider
consommer to use, consume
construire to build
un **costume** costume, suit
en ~ **d'Arlequin** in a
harlequin outfit
un **conte de fée** fairy tale
un **conteneur** container
contenir to contain
content happy, pleased
le **contraire** the opposite
contre against
par ~ on the other hand
une **contrôle** test
un **contrôleur** ticket inspector
un(e) **copain (copine)** friend
un **corps** body
une **correspondance** change
(of train), connection
un(e) **correspondant(e)** penfriend
la **Corse** Corsica
la **côte** coast
un **côté** side
à ~ next to
le **coton** cotton wool; cotton
le **cou** neck
la **couche d'ozone** the ozone
layer
se **coucher** to go to bed
un **coude** elbow
une **couleur** colour
un **coup** hit, blow
~ **de main** help, hand
donner un ~ **de main**
to help out
~ **de soleil** sunstroke
une **cour** school yard, grounds
une **courbature** curve
courir to run
un **cours** lesson, class, course
~ **particulier** private
lesson
une **course** race
faire des **courses** to go shopping
court short
un(e) **cousin(e)** cousin
un **couteau** knife
coûter to cost
la **couture** sewing
un **couvercle** lid
couvert overcast, cloudy
une **couverture** blanket
une **crèche** crib
créer to create
une **crème** cream
~ **solaire** sun-tan cream
une **crêpe** pancake
une **crêperie** pancake restaurant
les **crevettes** (f pl) prawns,
shrimps
crier to shout
un **cristal** crystal
croire to think, believe
un **croissant** croissant
une **croisée** crossing
une **cuillère** spoon
une petite ~ teaspoon
la **cuisine** kitchen; cooking
faire la ~ to do the
cooking
un(e) **cuisinier (-ère)** cook
une **cuisinière (à gaz)** (gas)
cooker

une **cuisse** thigh
cultiver to cultivate, grow
la **culture** cultivation
curieux(-euse) curious
le **cyclisme** cycling
un(e) **cycliste** cyclist

D un **danger** danger
dangereux(-euse) dangerous
danois Danish
dans in
la **danse** dance
danser
un **dauphin** dolphin
de of, from
débarrasser to clear away
~ **la table** to clear the
table
se **débarrasser de** to get
rid of
se **débrouiller** to cope, manage
le **début** beginning
décembre December
décharger to discharge
les **déchets (m pl)** rubbish
se **déconcentrer** to be distracted
déconnecter to disconnect
découragé depressed,
discouraged
découvrir to discover
décrire to describe
une **défense** tusk (of an elephant)
un **défi** challenge
un **déguisement** disguise;
costume, fancy dress
un **degré** degree
dehors outside
en ~ de outside of
déjà already
le **déjeuner** lunch
petit ~ breakfast
déjeuner to have lunch
délicieux(-euse) delicious
demain tomorrow
déménager to move house
demi half
un **demi-frère** half-brother;
step-brother
une **demi-heure** half an hour
une **demi-journée** half-day
un(e) **demi-pensionnaire** pupil
who has lunch at school
une **demi-sœur** half-sister;
step-sister
une **dent** tooth
dentaire dental
le **dentifrice** toothpaste
un(e) **dentiste** dentist
le **départ** departure
un **département**
administrative area of
France (like a county);
department
se **dépêcher** to hurry
ça **dépend (de)** it depends (on)
dépenser to spend
un **dépliant** leaflet
déposer to leave, deposit
depuis since, for
déranger to disturb
un(e) **dermatologue** skin specialist
dernier(-ère) latest, last
derrière behind
dès que as soon as
descendre to go down
une **descente** descent
un **désert** desert
désolé very sorry

un **dessin animé** cartoon
un(e) **dessinateur(-trice)** illustrator
dessiner to draw
au **dessous de** below
au **dessus de** above
un(e) **détectif(-ive)** detective
se **détendre** to relax
détester to hate
détruire to destroy
deuxième second
devant in front of
devenir to become
deviner to guess
devoir to have to, 'must'
les **devoirs** homework
j'ai fait mes ~ I did
my homework
une **différence** difference
difficile difficult
dimanche Sunday
le **dîner** dinner
un **dinosaure** dinosaur
dire to say
une **discothèque** disco(theque)
discuter to discuss
disparaître to disappear
la **disparition** disappearance
se **disputer** to argue
un **disque** record
la **distance** distance
distribuer to give out, deliver
divers varied, different
diviser to divide
un **divorce** divorce
un **docteur** doctor
un **doigt** finger
un **doigt de pied** toe
un **dôme** dome
donner to give
dormir to sleep
un **dortoir** dormitory
le **dos** back
un **dossier** file
doucement quietly, gently
une **douche** shower
se **doucher** to have a shower
doux gentle; quiet
un **drap** sheet
droit right
le **droit** law
à **droite** on the right
drôle funny
drôlement strangely
dur hard
durer to last

E l' **eau (f)** water
~ **(non-)potable**
(not) drinking water
~ **minérale** mineral water
écarté remote, isolated
en **échange de** in exchange for
s' **échapper** to escape
les **échecs (m pl)** chess
une **éclaircie** sunny period
éclairé illuminated
s' **éclairer** to light up
une **école** school
~ **maternelle**
nursery school
~ **primaire** primary school
~ **publique** state school
~ **privée** private school
~ **secondaire**
secondary school
l' **écologie (f)** ecology
économe thrifty, careful
with money

économique economic(al)
écossais(e) Scottish
l' **Écosse (f)** Scotland
écouter to listen to
les **écouteurs (m pl)** headphones
un **écran** screen
écrire to write
comment ça s'écrit
how is that spelt
l' **écriture (f)** writing
Édimbourg Edinburgh
éducatif(-ive) educational
l' **éducation physique et**
sportive (EPS) (f)
physical education
un **effet** effect
en ~ in fact
l'~ de serre
greenhouse effect
efficace effective, efficient
égoïste selfish
une **église** church
les **égouts (m pl)** sewers
un(e) **électricien(ne)** electrician
l' **électricité (f)** electricity
l' **électroménager (m)**
household appliances
électronique electronic
un **éléphant** elephant
un(e) **élève** pupil
un **e-mail** email
une **émission** broadcast
emménager to move (house)
emmener to take
émouvant moving, touching
empêcher to prevent
un **emplacement** place (on a
campsite)
un **emploi** job
~ **du temps** timetable
un(e) **employé(e)** employee
~ **de bureau** office worker
empoisonner to poison
en in; of it/them
encore again; more; another
endommagé damaged
s' **endormir** to go to sleep
un **endroit** place
énerver to annoy
ça m'énerve it really gets
on my nerves
s' **énerver** to get excited,
get worked up
l' **enfance (f)** childhood
un(e) **enfant** child
enfin at last, finally
enlever to take off
s' **ennuyer** to be bored
ennuyeux (-euse) boring
énorme enormous
énormément greatly
une **enquête** inquiry; research
enseigner to teach
ensemble together
ensoleillé sunny
ensuite next
s' **entendre (avec)** to get on
(with)
entier(-ère) entire, whole
entouré de surrounded by
un **entracte** interval
s' **entraider** to help one another
l' **entraînement (m)** training
s' **entraîner** to train
un(e) **entraîneur(-euse)** trainer,
coach
entre between
une **entrée (f)** entrance; entry fee

une **entreprise** company, business
entrer (dans) to go in
avoir **envie de** to wish, want
environ about, around
l' **environnement (m)**
environment
envoyer to send
une **épaule** shoulder
épicé spicy
une **épicerie** grocer's
une **époque** time, period
l' **EPS (éducation physique**
et sportive) (f) PE
épuisé exhausted
l' **équateur (m)** equator
équilibré balanced
une **équipe** team
équipé equipped
l' **équipement (m)** equipment
l' **équitation (f)** horse riding
faire de ~ to go horse
riding
une **erreur** mistake
l' **escalade (f)** climbing
un **escalier** staircase
des **escargots (m pl)** snails
l' **escrime (f)** fencing
l' **espace (f)** space
l' **Espagne (f)** Spain
espagnol(e) Spanish
une **espèce** species
espérer to hope
l' **esprit (m)** mind, attitude
~ **d'équipe** team spirit
essayer to try
l' **est (m)** east
(à l') **est (de)** (to the) east (of)
l' **estomac (m)** stomach
et and
un **étage** storey
un **étalage** stall, display
un **état** state, condition
les **États-Unis (m pl)** United
States
l' **été (m)** summer
éteindre to turn out/off
étendu far-reaching, extensive
une **étoile** star
étonnant amazing
étonné astonished
étrange strange
à l' **étranger** abroad
être to be
les **études (f pl)** studies
faire les ~ en ...
to study ...
étudier to study
un **euro** euro
l' **Europe (f)** Europe
un(e) **Européen(ne)** European
un **événement** event
éviter to avoid
une **excursion** excursion
un **exemple** example
par ~ for example
un **exercice** exercise
exiler to exile
une **expérience** experience
~ **scientifique**
scientific experiment
expliquer to explain
un(e) **explorateur(-trice)** explorer
une **exposition** exhibition
exprès on purpose
s' **exprimer** to express oneself
un **extrait** extract

F

face à face face to face
en face de opposite
se fâcher to get angry
facile easy
facilement easily
les facilités (f pl) facilities
un(e) facteur(-trice) postal worker
la faim hunger
j'ai ~ I'm hungry
faire to do; go; make
une famille family
~ nombreuse
large family
toute la ~
the whole family
fana de mad about
fantaisie novelty
fantôme ghost
un fast-food fast food
restaurant
fatigant tiring
fatigué tired
il faut you need; it is necessary
une faute fault
un fauteuil armchair
faux (fausse) false
favori favourite
une femme woman; wife
une fenêtre window
le fer iron
une ferme farm
fermé closed
fermer to close; turn off
~ à clé/clef to lock
la fermeture closing
~ annuelle: janvier
closed for the holidays
in January
un(e) fermier(-ière) farmer
fêter to celebrate
un feu fire
~ d'artifice firework
display
une feuille leaf; sheet of paper;
page
février February
les fibres (m pl) fibre (dietary)
un fichier file (computer)
fidèle faithful
la fièvre fever
avoir de la ~ to have
a (high) temperature
une fille girl; daughter
un film film
un fils son
la fin end
finalement finally
finir to finish
la Finlande Finland
une fleur flower
un fleuve river
une fois time
la première ~
the first time
le fond bottom, back
au ~ basically
le foot(ball) football
un footballeur footballer
une forêt forest
un forfait package,
all-inclusive price
la forme fitness, shape
en ~ fit
un formulaire form
fort strong, well-built
je suis ~ en …
I'm good at …

un forum forum, discussion
group
fou (folle) mad
un four oven
~ à micro-ondes
microwave (oven)
une fourchette fork
les frais (m) costs
français French
la France France
francophone French-
speaking
frapper to knock
un frère brother
un frigo fridge
un frigidaire refrigerator
les fringues (f pl) clothes
frisé curly
un frisson shiver
les frites (f pl) chips
froid cold
j'ai ~ I'm cold
il fait ~ it's cold
le fromage cheese
une frontière border, frontier
fumer to smoke
un funiculaire cable car
le futur future

G

gagner to win
une galerie gallery
Galles, le pays de ~ Wales
un garage garage
un garçon boy
garder to look after, keep
un gardien warden
une gare station
~ routière bus station
un gâteau cake
à gauche on the left
le gaz gas
gazeux(-euse) fizzy, gassy
géant huge
un gendarme armed policeman
en général generally, usually
généralement normally
généreux(-euse) generous
génial brilliant
le genou knee
un genre kind, type
les gens (m pl) people
gentil(le) nice, kind
gentiment kindly
la géographie geography
une gerbille gerbil
un gîte holiday house
la glace ice; ice cream; mirror
glisser to slip, slide
les glucides (m pl)
carbohydrates
le golf golf
la gorge throat
un goût taste
un gouvernement government
grand large; tall; great
grandir to grow, grow up
une grand-mère grandmother
un grand-parent grandparent
un grand-père grandfather
gras(se) fat, fatty
gratuitement free of charge
grave serious
une gravure engraving
la Grèce Greece
grec (grecque) Greek
grignoter to nibble, snack
gris grey
gros(se) big

une grotte cave
la Guadeloupe Guadeloupe
la Guyane Guiana
une guerre war
la deuxième ~
mondiale the Second
World War
une guirlande garland
une guitare guitar
un gymnase gym(nasium)
la gymnastique gymnastics

H

s' habiller to get dressed
un habitant inhabitant
habiter to live (in)
une habitude habit, custom
d'~ normally
s' habituer to get used to
un hamburger hamburger
un hamster hamster
le handball handball
handicapé handicapped,
disabled
les haricots (verts) (m pl)
(green) beans
haut high
en ~ up
la hauteur height
un hélicoptère helicopter
un héros hero
hésiter to hesitate
l' heure (f) hour; the time
de bonne ~ early
heureux(-euse) happy
hier yesterday
l' hindi Hindi (language)
une histoire story
l' histoire (f) history
l' hiver (m) winter
le hockey hockey
les Hollandais Dutch people
un homme man
un hôpital hospital
l' horaire (m) timetable
des horaires
(working) hours
les horaires d'ouverture
(m pl) opening hours
l' horreur (f) horror
j'ai ~ de I hate
un hot-dog hotdog
un hôtel hotel
une hôtesse de l'air air hostess
l' huile (f) oil
~ d'olive olive oil
l' humeur (f) humour
le sens de l'~ sense of
humour
humide humid

I

ici here
une idée idea
idiot stupid
il y a there is, there are
une île island
une image picture
immédiatement immediately
un immeuble block of flats
l' imparfait (m) imperfect
tense
avec impatience impatiently
un imper(méable) raincoat
impressionnant impressive
une imprimante printer
inconnu unknown
un inconvénient disadvantage
incroyable unbelievable
indéfiniment indefinitely

indiquer to show, indicate
indispensable necessary
un individu individual
individuel(le) individual
individuellement
individually
une industrie industry
industriel(le) industrial
un(e) infirmier(-ière) nurse
une influence influence
l' informatique (f)
computer studies, ICT
les initiales (f pl) initials
une inondation flood
inoubliable unforgettable
inquiet (inquiète)
worried, anxious
s' inquiéter to worry, be
anxious
s' inscrire à to enrol in, sign
up for
un inspecteur (de police)
(police) inspector
s' installer to settle
un(e) instituteur(-trice)
primary school teacher
l' instruction civique (f)
citizenship
l' instruction religieuse (f)
religious education
insupportable unbearable
j'ai l' intention de I intend to
interactif(-ive) interactive
interdire to forbid
intéressant interesting
s' intéresser à to be
interested in
l' intérêt (m) interest
à l' intérieur inside
un internat boarding school
(sur) Internet (on the) Internet
une interview interview
inutile useless
un inventaire inventory
un inventeur inventor
inverser to reverse
irlandais Irish
l' Irlande (f) Ireland
l' Italie (f) Italy
italien(ne) Italian
l' ivoire (m) ivory

J

jamais never; ever
la jambe leg
le jambon ham
janvier January
le Japon Japan
japonais Japanese
un jardin garden
le jardinage gardening
jaune yellow
un jean pair of jeans
un jet jet, gush
~ d'eau fountain
jeter to throw
un jeton counter
un jeu game
~ électronique
electronic game
~ de société indoor
(usually board) game
jeudi Thursday
jeune young
les Jeux Olympiques
Olympic Games
un job job
un jogging tracksuit

le **jogging** jogging
  faire du ~ to go jogging
joli pretty
jouer to play
un(e) **joueur(-euse)** player
un **jour** day
  ~ férié holiday
un **journal** (pl **journaux**)
  newspaper, journal
le **journalisme** journalism
un(e) **journaliste** journalist
une **journée** day
le **judo** judo
juillet July
juin June
les **jumeaux** (**jumelles**) twins
une **jupe** skirt

K le **karaté** karate
un **kilomètre** kilometre
un **kiosque** kiosk

L **là(-bas)** (over) there
  par ~ that way
un **laboratoire** laboratory
  ~ de langues
  language lab(oratory)
un **labyrinthe** maze
un **lac** lake
un **lagon** lagoon
laisser to leave
  ~ tomber to drop
le **lait** milk
laitier(-ère) milk, dairy
une **lampe** (**de poche**) torch
une **langue** language
  ~ maternelle native
  language
  ~ vivante modern
  language
un **lapin** rabbit
le **latin** Latin
un **lavabo** wash basin
laver to wash
se **laver** to get washed
une **lave-vaisselle** dishwasher
le **lèche-vitrine** window
  shopping
une **leçon** lesson
un **lecteur de CD** CD player
la **lecture** reading
la **légende** legend;
  key (to diagram)
léger(-ère) light
un **légume** vegetable
lent slow
lentement slowly
les **lentilles** (f pl) (contact) lenses
une **lettre** letter
leur(s) their; to them
lever to raise
se **lever** to get up
une **lèvre** lip
la **liberté** freedom
libre free
un **lien** bond, link
lier to bind, link
en **lieu** place
un **lièvre** hare
en **ligne** on line
une **limite** limit
  ~ d'âge age limit
la **limonade** lemonade
lire to read
une **liste** list
un **lit** bed
  un grand ~ double bed
un **livre** book

un(e) **locataire** tenant
loger to stay
loin (**de**) far (from)
lointain distant, far away
les **loisirs** (m pl) leisure
Londres London
long(ue) long
la **loterie** lottery
louer to hire
un **loup** wolf
la **lumière** light
lundi Monday
des **lunettes** (f pl) glasses
un **lycée** senior school (15+)

M **mâcher** to chew
une **machine à laver** washing
  machine
un **magasin** shop
  grand ~ department store
magique magic
un **magazine** magazine
magnifique splendid
mai May
maigrir to lose weight
un **maillot** top, vest
  ~ de bain swimming
  costume
la **main** hand
maintenant now
mais but
le **maïs** maize
une **maison** house
  à la ~ at home
un **maître** master
une **majorité** majority
mal badly
  avoir ~ to have a pain
  j'ai mal au/à la/aux ...
  I have a sore ...
  pas ~ not bad
malade ill
un(e) **malade** ill person, patient
une **maladie** disease
malgré in spite of
malheureusement
  unfortunately
la **Manche** English Channel
le **mandarin** Mandarin
  Chinese (language)
manger to eat
la **manière de vie** life style
une **manifestation** event
manquer to miss, be
  missing
un **manteau** coat
une **maquette** model, sketch
un(e) **maquilleur(-euse)**, make-
  up artist
un **marché** market
marcher to work
  (machine); walk
mardi Tuesday
la **marée** tide
  ~ noire oil slick
la **margarine** margarine
une **marge** margin
un **mari** husband
un **mariage** wedding
se **marier** to get married
la **marine** navy
le **Maroc** Morocco
une **marque** brand name
marrant funny
marron brown
mars March
la **Martinique** Martinique
masqué masked

le **matériel** material
les **math(ématiques)** (f pl)
  math(ematics)
une **matière** school subject;
  material
les **matières grasses** (f pl)
  fat, fat content
un **matin** morning
une **matinée** morning
mauvais bad
  il fait ~ the weather is
  bad
la **mayonnaise** mayonnaise
un(e) **mécanicien(ne)** mechanic
un **médecin** doctor
la **médecine** medicine
un **médicament** medication,
  drugs
une **méduse** jellyfish
meilleur better, best
un(e) **membre** member
même same
une **mémoire** memory
menacer to threaten
le **menton** chin
un **menu** menu
la **mer** sea
mercredi Wednesday
une **mère** mother
la **méridienne** meridian line
merveilleux(-euse)
  marvellous
un **message** message
le **métal** metal
la **météo** weather forecast
météorologique weather,
  meteorological
une **méthode** method
un **métier** career, trade
le **métro** the underground
mettre to put
  ~ à côté to put aside
  se ~ à to start to
meublé furnished
le **Mexique** Mexico
le **Midi** South of France
mieux better, best
au **milieu de** in the middle of
un **millier** thousand
mince slim, thin
les **minéraux** (m pl) minerals
minuit midnight
une **minute** minute
une **mise en scène** production
  (of a play, etc)
mixte mixed
la **mode** fashion
le **mode de vie** way of life
modéré moderate
modérément
  in moderation
moderne modern
un **moineau** sparrow
moins less
  au ~ at least
  moins cher (**chère**)
  cheaper
un **mois** month
la **moitié** half
un **moment** moment
  en ce ~ just now
le **monde** world
mondial of the world
la **monnaie** small change
une **montagne** mountain
monter to go up
une **montgolfière** hot-air balloon
montrer to show

un **monument** sight, monument
se **moquer de** to make fun of
le **moral** morale
  ça me donne le ~
  it cheers me up
  je n'ai pas le ~
  I'm feeling down
un **morceau** piece
mort dead
la **mort** death
une **mosquée** mosque
un **mot** word
une **motoneige** snowmobile
mourir to die
un **mouvement** movement
un **moyen** means
moyen average
le **Moyen Âge** Middle Ages
en **moyenne** on average
un **mur** wall
un **musée** museum
un(e) **musicien(ne)** musician
la **musique** music
  ~ classique classical
  music
musulman Moslem
mystérieux(-euse)
  mysterious

N la **naissance** birth
naître to be born
une **nappe** tablecloth
la **natation** swimming
la **nature** nature
naturel(le) natural
naufragé shipwrecked
nautique nautical, water
une **navette** shuttle bus
ne ... jamais never
ne ... pas not
ne ... personne no-one,
  nobody
ne ... plus de no more,
  none left
ne ... rien nothing
il **neige** it's snowing
la **neige** snow
neiger to snow
neigeux(-euse) snowy
n'est-ce pas? isn't that so?,
  don't you think?
nettoyer to clean
neuf (**neuve**) new
le **nez** nose
un **noble** nobleman
nocturne nocturnal
Noël Christmas
noir black
un **nom** name
un **nombre** number
nombreux(-euse) numerous
non no
le **nord** north
le **nord-est** north-east
normalement normally
la **Norvège** Norway
norvégien(ne) Norwegian
une **note** mark
se **nourrir** (**de**) to eat
la **nourriture** food
nouveau (**nouvel,**
  nouvelle) new
novembre November
un **nuage** cloud
nuageux cloudy
une **nuit** night
  la ~ at night

nul(le) hopeless, no good
    je suis ~ en …
    I'm no good at …
numérique digital
un **numéro** number
un **nymphéa** water lily

O un **objectif** objective
obligatoire obligatory
obligé de obliged to, have to
un **observatoire** observatory
s' **occuper de** to be busy with
un **océan** ocean
octobre October
une **odeur** smell
un **œil** (pl **yeux**) eye
un **œuf** egg
une **œuvre (d'art)** work (of art)
l' **office de tourisme** (m)
    tourist office
un **oiseau** bird
un **oncle** uncle
l' **or** (m) gold
un **orage** storm
orageux(-euse) stormy
une **orange** orange
une **orangeade** orangeade drink
un **orchestre** orchestra, band
un **ordinateur** computer
un **organisme** organisation
    ~ humanitaire charity
l' **oreille** (f) ear
originaire de (originally)
    from
d' **origine** (originally) from
ou or
où? where?
oublier to forget
l' **ouest** (m) west
oui yes
un **ours** bear
un **outil** tool
d' **outre-mer** overseas
ouvert open
l' **ouverture** (f) opening
    les heures d'~ (f pl)
    opening hours
    les horaires d'~ (m pl)
    opening hours
un **ouvre-boîte(s)** tin opener
ouvrir to open
l' **oxygène** (m) oxygen

P le **Pacifique** Pacific
c'est la **pagaille** it's a shambles
le **pain** bread, loaf
    ~ au chocolat bread
    roll with chocolate inside
une **paire** pair
un **palais** palace
pâlir to go pale
un **panda** panda
un **panier** basket
en **panne** out of order,
    broken down
un **panneau** sign
un **pantalon** pair of trousers
le **papier** paper
un **papillon** butterfly
Pâques Easter
un **paquet** packet, parcel
par by
    ~ contre on the other
    hand
    ~ exemple for example
    ~ là that way
un **parachute** parachute
parallèle parallel

le **parapente** paragliding
    faire du ~ to go
    paragliding
un **parc** park
    ~ d'attractions
    theme park
parce que because
pareil(le) the same
un **parent** parent; relation
paresseux lazy
parfait perfect
parisien(ne) Parisian
un **parking** car park
parler to talk, speak
parmi amongst
une **part** part
    d'autre ~ on the
    other hand
partager to share
un(e) **partenaire** partner
participer (à) to take part (in)
une **partie** part
à **partir de** starting from
partir to leave
pas not
un **passage** crossing
un **passager** passenger
le **passé** past
passer to spend (time)
un **passe-temps** hobby, pastime
une **passion** passion
passionnant exciting
passionné (par) really
    interested (in)
une **pastille** pastille, lozenge
une **patate douce** sweet potato
le **pâté** meat paste, pâté
les **pâtes** (f pl) pasta
le **patinage (sur glace)**
    (ice) skating
    ~ à roulettes
    roller skating
une **patinoire** skating rink
une **paume** palm
la **pause(-déjeuner)** (lunch)
    break
pauvre poor
un **pavillon** house, pavillion
payer to pay (for)
un **pays** country
les **Pays-Bas** (m pl) the
    Netherlands, Holland
le **pays de Galles** Wales
un **paysage** landscape,
    scenery
la **peau** skin
une **pêche** peach
pêcher to fish
un **pêcheur** fisherman
la **peinture** painting
une **pelouse** lawn
une **peluche** soft toy
une **pelure** peel, piece of peel
pendant during
pénible tiresome
penser to think
une **pente** slope
perdre to lose
un **père** father
permettre to allow
un **perroquet** parrot
un **personnage** character
la **personnalité** personality
ne **personne** no-one, nobody
une **personne** person
peser to weigh
le **petit déjeuner** breakfast

petit small, little
    petit(e) ami(e)
    boy/girlfriend
les **petit(e)s-enfants** (m pl)
    grandchildren
les **petit(e)s pois** (m pl) peas
le **pétrole** oil
un **peu** a little, rather
peut-être perhaps
une **pharmacie** chemist
un(e) **pharmacien(ne)** chemist
un **phoque** seal
une **photo** photo
un(e) **photographe** photographer
la **physique** physics
physique physical
physiquement physically
un **piano** piano
un **pichet** jug, carafe
une **pièce** piece; room; play;
    coin
un **pied** foot
    à ~ on foot
une **pile** battery
    pile ou face heads or tails
une **pilote** pilot
un **pique-nique** picnic
une **piqûre d'insecte** insect
    bite
une **piscine** swimming pool
une **piste** track, ski run
    ~ cyclable cycle track
un **pistolet** pistol, gun
une **pizza** pizza
une **place** seat; square
un **placement** placement
un **plafond** ceiling
une **plage** beach
le **plaisir** pleasure
    ça me fait ~ I enjoy it
un **plan** map
une **planche** board
    ~ de surf surfboard
la **planche à voile**
    windsurfing
une **planète** planet
une **plante** plant
le **plastique** plastic
plat flat
un **plat** dish
une **platine-laser** CD player
plein full
    en ~ air in the open air
    en ~ centre right in
    the middle
pleuvoir to rain
plier to fold
un **plombage** filling
plomber to fill (a tooth)
un **plombier** plumber
la **plongée** diving
la **pluie** rain
la **plupart** most
    la ~ du temps most
    of the time
    pour la ~ mostly, for
    the most part
ne **plus** no longer
plusieurs several
plutôt rather
pluvieux rainy
une **poche** pocket
un **poêle** stove
une **poêle** frying pan
un **poème** poem
un **poignet** wrist
une **poire** pear

un **poisson** fish
    ~ rouge goldfish
polluer to pollute
la **Pologne** Poland
la **police** police
la **Polynésie** Polynesia
une **pomme** apple
une **pomme de terre** potato
des **pommes frites** (f pl) chips
un **pompier** fireman
un **pont** bridge
populaire popular
une **population** population
le **porc** pork
un **porc-épic** porcupine
un **port** port
un **portable** mobile phone
une **porte** door
un **porte-clés** key ring
un **porte-monnaie** purse
à la **portée** within reach
un **portefeuille** wallet
porter to wear; to carry
un **portrait-robot** Photofit
    picture
poser une question to
    ask a question
la **poste** post-office
    par la ~ by post
l'eau **potable** (f) drinking water
la **poterie** pottery
une **poubelle** dustbin
un **pouce** thumb
le **poulet** chicken
pour for
un **pourcentage** percentage
pourchasser to hunt,
    pursue
pourquoi? why?
pourpre purple
pourtant however
pouvoir to be able; can
pratique practical
pratiquer to practise
préférer to prefer
premier(-ère) first
prendre to take
    ~ un bain to have a bath
un **prénom** Christian/first name
préparatoire preparatory
près de near
le **présent** present
    à ~ just now
se **présenter** to introduce
    oneself
presque nearly, almost
la **presse** the press
prêt ready
prêter to lend
les **prévisions météorologiques**
    (f pl) weather forecast
prévoir to predict, forecast
une **prime** bonus
une **princesse** princess
principal main
une **principauté** principality
le **printemps** spring
une **prise d'électricité** electric
    socket
une **prison** prison
privé private
le **prix** price
un **problème** problem
prochain next
proche near
se **produire** to take place

Glossaire

un **produit** product
    produits laitiers dairy
    products
un **professeur** teacher
une **profession** profession
    professionnel(le)
    professional
    profiter de to take
    advantage of
    profond deep
un **programmeur** programmer
le **progrès** progress
    faire des ~ to make
    progress
un **projet** project
une **promenade** a walk; trip
    faire une ~ to go for
    a walk
se **promener** to go for a walk
la **prononciation**
    pronunciation
à **propos de** about
    proposer to suggest
    propre own
un(e) **propriétaire** owner
une **propriété** property
se **protéger** to protect yourself
la **protéine** protein
une **province** province
    provoquer to cause
avec **prudence** carefully
un **pseudonyme** pseudonym,
    assumed name
la **psychologie** psychology
la **publicité** advertising
    publique public
un **puceron** greenfly
    puis then
    puissant powerful
un **pull** pullover, jumper
les **Pyrénées** (f pl) Pyrenees

Q

    quand when
un **quart** quarter
    ... heure(s) moins le ~
    quarter to ...
un **quartier** quarter, part (of
    a town)
en **quatrième** in the third
    year of high school
    que than; as; what?
    quel(le) which, what
    quelque chose something
    quelquefois sometimes
    quelqu'un someone
une **question** question
une **queue** tail; queue
    faire la ~ to queue
    qui who, which
une **quiche** quiche
    quinze jours a fortnight
    quitter to leave

R

    raconter to talk about
une **radio** radio
    à la ~ on the radio
le **rafting** white water rafting
la **rage** rabies
    raide steep; stiff
les **raisins** (m pl) grapes
une **raison** reason
une **randonnée** hike, long walk
    ranger to tidy up
    rapide quick, fast
    rapidement quickly
une **raquette de tennis** tennis
    racquet
    rarement rarely

un **rassemblement** gathering
la **RATP (Régie Autonome**
    des Transports Parisiens)
    Paris transport authority
un **rayon** department; range
les **rayons du soleil** (m pl)
    sun's rays
une **réaction** reaction
    réagir to react
    récemment recently
la **réception** reception
    recevoir to receive
le **réchauffement de la planète**
    global warming
(se) **réchauffer** to warm up
    rechercher to look for
les **recherches** (f pl) research
une **récompense** reward
se **réconcilier** to make (it) up
    reconnaître to recognise
la **récré(ation)** break
le **recyclage** recycling
    recycler to recycle
    réduire to reduce
    réfléchir to reflect
un **regard** glance, look
    regarder to watch, look at
un **régime** diet
une **région** region
une **règle** rule
les **règlements** (m pl) rules
    regner to reign
je **regrette** I'm sorry
    regulier(-ère) regular
    régulièrement regularly
    rejeter to give off; throw out
    réligieux(-euse) religious
    remarquer to notice
    rembourser to reimburse
une **remontée mécanique** ski lift
    remplacer to replace
    remplir to fill (in),
    to complete
une **rencontre** meeting
    faire de nouvelles
    rencontres to meet
    new people
    rencontrer to meet
un **rendez-vous** appointment,
    date
    rendre to make; to give back
les **renseignements** (m pl)
    information
la **rentrée** return to school
    rentrer to return, go home
    réparer to repair
un **repas** meal
    répondre to reply
une **réponse** reply
se **reposer** to rest
un(e) **représentant(e)**
    representative
    répugnant disgusting
le **RER (Réseau Express**
    Régional) fast train
    service in Paris and
    its suburbs
un **réseau** network
une **réservation** booking
    respirer to breathe
se **ressembler** to look alike
un **restaurant** restaurant
    rester to stay
en **retard** late
se **retrouver** to meet
une **réunion** meeting
    réussir to succeed
en **revanche** on the other hand

un **rêve** dream
se **réveiller** to wake up
    revenir to return, come back
au **revoir** good-bye
une **revue** magazine
le **rez-de-chaussée** ground
    floor
un **rhume** cold
    riche rich
ne **rien** nothing, not anything
    rigolo funny
    rire to laugh
une **rive** river bank
une **rivière** river
le **riz** rice
une **robe** dress
un **robinet** tap
un **rocher** rock
    rocheux(-euse) rocky
un **roi** king
un **rôle** role
le **roller** rollerskating
    faire du ~ to go
    rollerskating
    rond round
    rose pink
    rouge red
    rougir to blush, go red
    rouler to drive, move
    (vehicle)
une **route** road
    roux red (haired)
un **royaume** kingdom
le **Royaume-Uni** United
    Kingdom
une **rue** street
    ~ piétonne
    pedestrian street
le **rugby** rugby
    russe Russian

S un **sac** bag
    ~ à dos rucksack
    ~ en plastique plastic
    bag
    saisir to seize
une **saison** season
la **salade** salad
une **salle** room
    ~ de bain(s) bathroom
    ~ de classe classroom
    ~ à manger dining room
    ~ de séjour living room
un **salon** lounge
    ~ de jardin garden
    furniture
    Salut! Hello! Hi!
    samedi Saturday
un **sandwich** sandwich
    sans without
la **santé** health
un **sapeur-pompier** fireman
un **sapin** fir (tree)
    ~ de Noël Christmas tree
    sauf except
un **saut** jump
    sauter to jump; skip
    sauvage wild, natural
    sauvegarder to save
    (computer file)/safeguard
    sauver to save
    savoir to know
le **savon** soap
un **scaphandre autonome**
    aqualung
les **sciences** (f pl) science
    les ~ économiques
    economics

    scientifique scientific
    scolaire to do with school
la **sculpture** sculpture
une **séance** session, showing
    (of film), performance
    sec (sèche) dry
    sécher to dry
la **sécheresse** drought; dryness
en **seconde** in the fifth year
    of high school
le **secours** help
un(e) **secrétaire** secretary
la **sécurité** safety
un **séjour** stay
    selon according to
une **semaine** week
le **Sénégal** Senegal
un **sens** meaning; direction;
    sense
    ~ de l'humour sense
    of humour
    sensas fantastic, great
    sensationnel fantastic
un **sentiment** feeling
    sentir to feel
    septembre September
une **série** series
    sérieux(-euse) serious
un **serpent** snake
un(e) **serveur(-euse)** waiter
    Servez-vous! Help
    yourself!
une **serviette** towel
se **servir de** to use
    seul alone, only
    seulement only
le **shampooing** shampoo
    si if
un **siècle** century
un **siège** seat
un **signe** sign
    s'il vous plaît please
    silencieusement silently
    silencieux(-euse) silent
    simplement simply
un **simulateur de vol** flight
    simulator
le **sirop** fruit drink
    ~ d'érable maple syrup
un **site (web)** (web)site
une **situation** situation
    situé situated
la **sixième** the first year of
    high school
un **skate** skateboard
    faire du ~ to go
    skateboarding
le **ski** skiing
    faire du ~ to go skiing
    ~ alpin downhill skiing
    ~ de fond cross-
    country skiing
une **sœur** sister
la **soif** thirst
    j'ai ~ I'm thirsty
    soigner to care for, look
    after
    soigneusement carefully
(le) **soir** (in the) evening(s)
un **soldat** soldier
le **soleil** sun
le **solstice d'hiver** winter
    solstice
une **solution** solution
    sombre dark
une **somme** sum
le **sommet** top
    au ~ de on/at the top of

un **son** sound
sonner to ring
un **sorcier** wizard
une **sorcière** witch
la **sortie** exit
sortir to go out
une **soucoupe** saucer
soudain suddenly
souhaiter to wish
souligné underlined
soupçonner to suspect
le **souper** supper
un **sourcil** eyebrow
une **souris** mouse
sous under
un **sous-marin** submarine
le **sous-sol** basement
souterrain underground
un **souvenir** souvenir
souvent often
le **snowboard** snowboarding
faire du ~ to go
snowboarding
le **sparadrap** sticking plaster
un **sport** sport
sportif(-ive) sporty
un **stade** stadium
un **stage** course
un ~ d'entreprise
work experience
une **station-service** petrol station
une **statue** statue
le **steak** steak
le **succès** success
le **sucre** sugar
sucré sweet, sugary
les **sucreries** (f pl) sweet things
le **sud** south
la **Suède** Sweden
suffisant enough
la **Suisse** Switzerland
à la **suite de** following
suivre to follow
un **sujet** subject
super great
un **supermarché** supermarket
supporter to tolerate
sur on
le **surf** surfing
surfer sur Internet to surf
the (Inter)net
surtout above all, especially
survoler to fly over
un **sweat** sweatshirt
un **symbole** symbol
sympa(thique) nice
le **syndicat d'initiative**
tourist office
un **système** sytem

T un **tabac (bureau de ~)**
tobacconist's
une **table** table
un **tableau** table; diagram
une **taille** size
de ~ moyenne
medium sized
un **talon** heel
tandis que whereas
tant de so much, so many
une **tante** aunt
un **tapis** carpet
une **tapisserie** tapestry
tard late
plus ~ later
tarder to be late
un **tarif** charge; price list
~ unique flat-rate fare

une **tasse** cup
un **taxi** taxi
tchatcher to chat, yak
un(e) **technicien(ne)** technician
technique technical
la **technologie** technology
télécharger to download
le **téléphone** telephone
(à) la **télé(vision)** (on) TV/television
le **témoignage** evidence
un **témoin** witness
la **température** temperature
une **tempête** storm, tempest
le **temps** weather; time
à ~ on time
de ~ en ~ from time
to time
quel ~ fait-il? what's
the weather like?
tenir to hold
le **tennis** tennis
une **tente** tent
la **terminale** last year at
high school
un **terminus** end of line
un **terrain** ground, pitch
la **terre** earth
la **tête** head
un **TGV (Train de Grande
Vitesse)** high speed
train
le **thé** tea
~ au citron lemon tea
un **théâtre** theatre
faire du ~ to do drama
un **thème** theme
un **ticket** ticket (for metrobus)
tigré striped
un chat ~ tabby cat
un **timbre** stamp
timide shy
le **tir** shooting
un **tire-bouchon** corkscrew
un **titre** title, heading
les **toilettes** (f pl) toilets
un **toit** roof
une **tomate** tomato
un **tombeau** tomb
tomber to fall
une **tortue** tortoise
tôt early
toujours always
la **Tour Eiffel** Eiffel Tower
une **tour** tower
un **tour** trip, excursion, turn
à ~ de rôle in turn
le **tourisme** tourism
un(e) **touriste** tourist
tourner to turn, spin
un **tournoi** tournament
tout all, every, everything
tous les jours
every day
~ le monde everybody
~ de suite
immediately, at once
la **toux** cough
les **traces** (f pl) tracks
un **train** train
en ~ de (faire) while
(doing)
traiter to treat
un **traiteur** delicatessen
un **trajet** journey
un **trampoline** trampolining
un **tramway** tram, streetcar
tranquille quiet, calm

transformer (en) to
change (into)
le **travail** work
travailler to work
traverser to cross
très very
les **tribunes** grandstand
un **tricot** jumper
le **tricot** knitting
faire du ~ to knit
tricoter to knit
trier to sort
triste sad, unhappy
une **trompette** trumpet
trop too
~ de too much, too many
un **trou** hole
trouver to find
se **trouver** to be situated
les **trucages** (m pl) special
effects
un **T-shirt** T-shirt
un **tube** tube; hit song
tuer to kill

U un **uniforme** uniform
unique only
uniquement only
l' **univers** (m) universe
une **université** university
une **usine** factory
utiliser to use

V les **vacances** (f pl) holiday(s)
un **vaccin** vaccine
la **vaisselle** dishes
faire la ~ to do the
washing up
une **valise** suitcase
un **vampire** vampire
une **vedette** star, TV
personality
végétarien(ne) vegetarian
la **végétation** vegetation
un **vélo** bike
faire du ~ to go cycling
un(e) **vendeur(-euse)**
sales/shop assistant
vendre to sell
vendredi Friday
venir to come
le **vent** wind
il y a du ~ it's windy
le **ventre** stomach
vérifier to check
un **verre** glass (tumbler, etc.)
le **verre** glass (material)
vers towards; around
vert green
les **vêtements** (m pl) clothes
un(e) **vétérinaire** vet
la **viande** meat
un(e) **victime** victim
une **victoire** victory
vide empty
une **vidéo** video
en ~ on video
vider to empty
une **vie** life
vieux (vieil, vieille) old
vif (vive) bright
un **village** village
une **ville** town
le **vin** wine
un **violon** violin
un **visage** face
les **vitamines** (f pl) vitamins
vite quickly

la **vitesse** speed
à toute ~ at top speed
vivre to live
une **voie** track, platform
en ~ de disparition
becoming extinct
voilà here is, here are
la **voile** sailing
voir to see
un(e) **voisin(e)** neighbour
une **voiture** car
une **voix** voice
un **vol** flight
voler to steal; to fly
un(e) **voleur (voleuse)** thief, crook
le **volley** volleyball
vouloir to want, wish
un **voyage** journey
voyager to travel
une **voyelle** vowel
vrai true
vraiment really
un **VTT (Vélo Tout Terrain)**
mountain bike
une **vue** view

W un **W.-C.** toilet
un **week-end** weekend

Y **y** there
il ~ a there is, there
are; ago
un **yaourt** yoghurt
les **yeux** (m pl) eyes

Z une **zone** pedestrian
piétonne area

Acknowledgements

The authors and publisher would like to thank the following people, without whose support they could not have created **Encore Tricolore 3 nouvelle édition**:

Asja Xyda, David Rubin and colleagues from Heathfield High School, Pinner, Harrow; Isabelle Linney-Drouet from Dartford Grammar School for Boys, Dartford, Kent; Susan Hotham of Wakefield Girls' High School; Philippe Bourgeois; Katy and Sarah Chapman; Christopher and Olivia Swan; Frances O'Donnell; Michel, Brigitte, Cécile and Sophie Denise; Claude, Wendy and Charlotte Ribeyrol; Jacqueline and Camille Donnezan-Nicolau; Bethany Honnor.

Tasha Goddard and Sara McKenna for editing the materials.

Front cover photography by: Corbis (NT)
Photographs courtesy of David Simson/B-6490 Septon (DASPHOTOGB@aol.com) with the exception of:
Sylvia Honnor (p. 95); Heather Mascie-Taylor (pp. 6, 7, 12, 25, 69, 106, 112 and 140); © Michael Spencer (pp.34, 90, 93, 102 and 110); Keith Gibson, www.photosfromfrance.co.uk (pp. 12, 18, 34, 67, 73, 97 and 140); Claire Varlet (p. 10); Nigel Chapman (p. 12); Jacqueline Donnezan-Nicolau (p. 20); Jon Arnold Images (p. 90); La Cité des Sciences et de l'industrie (p. 28 La Géode – CSI/A. Legrain, Architecte A. Fainsilber, Hall central and l'Argonaute – CSI/M. Lamoureux,); Planète Futuroscope (p. 62-64 T-Rex – Vimenet; Superstition – Vimenet/nWave pictures; Couleurs Brésil – M. Vimenet; Sur les Traces du Panda – An imax experience; Le Défi d'Atlantis – Vimenet; Le Lac aux Images – Vimenet; Images Studio – M. Vimenet; La Vienne Dynamique – Planète Futuroscope; Cyberworld – An imax experience; p. 65 brochure; p. 69 Destination Cosmos – Planète Futuroscope; p. 73 Vue générale du parc – Vimenet); EMPICS (p. 82 Tony Marshall/EMPICS); Gîtes de France (p. 90 logo); Associated Press (p. 114 A – Associated Press; B – Claude Paris/Associated Press; C – Jacques Brinon/ Associated Press; D – Paul Chiasson/ Associated Press; E – Marine Nationale/Associated Press); Sipa Press/REX FEATURES (p. 36); Getty Images (pp. 21 and 36); Diamar (NT) p. 6; Corbis (NT) (pp. 11, 19); Corel (NT) (pp. 10, 20, 21, 25, 26, 34, 38, 47 ('Apple Basket' by Paul Cézanne, 'Water Lillies' by Claude Monet), 66, 90, 97, 107, 110, 112,); Digital Stock (pp. 12,); Digital Vision (NT) (p. 106, Photodisc (p. 20, 34, 127); Image 100 (NT) (p. 58); 'Impression: Sunrise, Le Havre' 1872 (oil on canvas) by Claude Monet (1840 – 1926) Musée Marmottan, Paris, France/Giraudon/Bridgeman Art Library (p. 47); 'Mont Saint Victoire', 1900 (oil on canvas) by Paul Cézanne (1839 – 1906) Hermitage, St. Petersburg, Russia/Bridgeman Art Library (p. 47); 'Paul as a Harlequin', 1924 by Pablo Picasso (1881 – 1973) Musée Picasso, Paris, France/Giraudon/Bridgeman Art Library © Succession Picasso/DACS 2002 (p. 88); 'Portrait de Nusch Éluard' © Photo RMN-Gérard Blot, Portrait de Nusch Éluard, Pablo Picasso (1881 – 1973), Paris, Musée Picasso © Succession Picasso/DACS 2002 (p. 88); 'The Red Room or Dessert Harmony in Red' 1908 by Henri Matisse (1869 – 1954) Hermitage, St. Petersburg, Russia/Bridgeman Art Library © Succession H. Matisse/DACS 2002 (p. 88); 'L'escargot', 1953 by Henri Matisse photograph © Tate, London 2002 © Succession H Matisse/DACS 2002.

The authors and publishers would also like to acknowledge the following for the use of copyright material:
Bayard Jeunesse for Okapi extract © Bayard Presse (p. 79 – 'Soyez bien dans votre assiette: B. Costa – numéro spécial été 1995); Éditions Moulinsart (p. 33 © Hergé/Moulinsart 2002); www.asterix.tm.fr (p. 33 © 2002 Les Éditions Albert René/Goscinny – Uderzo); Éditions Dargaud (p. 33 © Lucky Comics by Morris); www.gastonlagaffe.com (p. 33 © Marsu by Franquin 2002 – www.gastonlagaffe.com); www.smurf.com (p. 33 Les Schtroumpfs, © Peyo 2002, Licence IMPS (BRUXELLES)); Editions Gallimard for 'Familiale' from Paroles by Jacques PRÉVERT © Editions GALLIMARD (p. 61).

Every effort has been made to trace copyright holders but the publisher will be pleased to make the necessary arrangements at the first opportunity if there are any omissions.

Recorded at Air Edel, London with Marianne Borgo, Evelyne Celerien, Natacha Chapman, Marie-Virginie Dutrieu, Catherine Graham, Matthieu Hagg, Sebastian Korwin, Pierre Maubouche, Daniel Pageon, Sophie Pageon and Pascal Tokunaga; produced by Frances Ratchford, Grapevine Productions.